《华侨大学哲学社会科学文库》编辑委员会

主　编　贾益民

副主编　曾　路

编　委　（以姓氏笔画为序）

马海生　王四达　王丽霞　庄国土　许少波　许斗斗　许培源
孙　锐　孙汝建　孙德明　李拉亚　李景源　宋振镇　张向前
张禹东　陈旋波　林怀艺　周世兴　郑向敏　郑锦扬　赵昕东
胡日东　胡培安　骆克任　贾益民　郭克莎　黄小萍　黄远水
梁　宁　程一辉　曾　路

华侨大学哲学社会科学文库·管理学系列

文库主编：贾益民

家族企业与员工的双赢互动

海峡两岸企业民主参与实证研究

THE INTERACTION FOR WIN-WIN
BETWEEN FAMILY BUSINESS AND THEIR EMPLOYEES

郑文智　著

社会科学文献出版社
SOCIAL SCIENCES ACADEMIC PRESS (CHINA)

国家社科基金项目:海峡两岸民营企业劳动关系民主化管理对比研究(12CGL072)

发展哲学社会科学　推动文化传承创新
——《华侨大学哲学社会科学文库》总序

　　哲学社会科学是研究人的活动和社会历史发展规律、构建人类价值世界和意义世界的科学，是人类文化的核心组成部分，其积极成果有助于提升人的素质、实现人的价值。中国是世界文明古国，拥有丰富的文化历史资源，中华文化的发展是世界文化发展进程中不可或缺的重要一环。因此，努力打造具有中国特色的哲学社会科学，全面继承和发展中华文化，对于推进中华文明乃至世界文明进程具有深远的意义。

　　当代中国，全面深化改革已经进入关键时期，中国特色社会主义建设迫切需要对社会历史发展规律的科学认识，需要哲学社会科学发挥其认识世界、传承文明、创新理论、资政育人和服务社会的作用。因此，深化文化体制改革、繁荣哲学社会科学，不仅是建设社会主义文化强国、丰富人民精神世界的需要，也是实现中华民族伟大复兴的中国梦的必由之路。中共中央高度重视哲学社会科学在实现中华民族伟大复兴的历史进程中的重要作用，先后出台《中共中央关于进一步繁荣发展哲学社会科学的意见》《中共中央关于深化文化体制改革　推动社会主义文化大发展大繁荣若干重大问题的决定》《中共中央办公厅　国务院办公厅转发〈教育部关于深入推进高等学校哲学社会科学繁荣发展的意见〉的通知》《高等学校哲学社会科学繁荣计划（2011—2020年）》等一系列重要文件，全面部署繁荣哲学社会科学、提升中华文化软实力的各项工作，全面深化教育体制改革，为我国哲学社会科学事业的繁荣和发展创造了前所未有的历史机遇。

　　高等学校是哲学社会科学研究的重要阵地，高校教师和科研人员是哲学社会科学研究的主要承担者。因此，高校有责任担负起繁荣哲学社会科学的使命,激发广大教师和科研人员的科研积极性、主动性和创造性,为哲学社会科学发展提供良好的制度和环境,致力于打造符合国家发展战略和经济社会发展需要的精品力作。

华侨大学是我国著名的华侨高等学府,也是中国面向海外开展华文教育的重要基地,办学55年以来,始终坚持"面向海外、面向港澳台"的办学方针,秉承"为侨服务,传播中华文化"的办学宗旨,贯彻"会通中外,并育德才"的办学理念,坚定不移地走内涵发展之路、特色兴校之路、人才强校之路,全面提升人才培养质量和整体办学水平,致力于建设基础雄厚、特色鲜明、海内外著名的高水平大学。

在这个充满机遇与挑战的历史时期,华侨大学敏锐洞察和把握发展机遇,贯彻落实党的十七大、十七届六中全会、十八大、十八届三中全会、十八届四中全会精神,发挥自身比较优势,大力繁荣哲学社会科学。

一方面,华侨大学扎根侨校土壤,牢记侨校使命,坚持特色发展、内涵发展,其哲学社会科学的发展彰显独特个性。"为侨服务,传播中华文化"是华侨大学的办学宗旨与神圣使命,其办学活动及其成果直接服务于国家侨务工作与地方经济社会发展。为此,华侨大学积极承担涉侨研究,整合、利用优势资源,努力打造具有侨校特色的新型智库,在海外华文教育、侨务理论、侨务政策、海上丝绸之路研究、海外华人社团、侨务公共外交、华商研究、海外宗教文化研究等诸多领域形成具有特色的研究方向,推出了以《华侨华人蓝皮书:华侨华人研究报告》《世界华文教育年鉴》等为代表的一系列标志性成果。

另一方面,华侨大学紧紧抓住国家繁荣哲学社会科学的时代机遇,积极响应教育部繁荣哲学社会科学的任务部署,颁布实施《华侨大学哲学社会科学繁荣计划(2012—2020)》,为今后学校哲学社会科学的发展提供发展纲领与制度保证。该计划明确了学校哲学社会科学发展的战略目标,即紧抓国家繁荣发展哲学社会科学的战略机遇,遵循哲学社会科学的发展规律,发挥综合大学和侨校优势,通过若干年努力,使华侨大学哲学社会科学学科方向更加凝练,优势更加突出,特色更加鲜明,平台更加坚实;形成结构合理、素质优良、具有国家竞争力的高水平学术队伍;研究创新能力显著增强,服务国家侨务工作的能力明显提升,服务经济社会发展的水平不断提高,适应文化建设新要求、推进文化传承创新的作用更加凸显；对外学术交流与合作的领域不断拓展，国际文化对话与传播能力进一步增强。到 2020 年，力争使华侨大学成为国内外著名的文化传承与知识创新高地，国家侨务工作的核心智库，提供社会服务、解决重大理论和现实问题的重要阵地。

为切实有效落实《华侨大学哲学社会科学繁荣计划（2012—2020）》，学校先后启动了"华侨大学哲学社会科学青年学者成长工程""华侨大学哲学社会科学学术论文专项资助计划""华侨大学哲学社会科学学术著作专项资助计划""华侨大学哲学社会科学百名优秀学者培育计划""华侨大学人文社会科学研究基地培育与发展计划"五大计划，并制定了相应的文件保证计划的有效实施，切实推进学校哲学社会科学的繁荣发展。

"华侨大学哲学社会科学学术著作专项资助计划"作为《华侨大学哲学社会科学繁荣计划（2012—2020）》的重要配套子计划，旨在产出一批在国内外有较大影响力的高水平原创性研究成果，打造学术精品力作。作为此资助计划的重要成果——《华侨大学哲学社会科学文库》将陆续推出一批具有相当学术参考价值的学术著作。这些著作凝聚着华大文科学者的心力、心气与智慧；他们以现实问题为导向，关注国家经济社会发展；他们以国际视野为基础，不断探索开拓学术研究领域；他们以学术精品为目标，积聚多年的研判与思考。

《华侨大学哲学社会科学文库》按学科门类划分系列，共分为哲学、经济学、法学、教育学、文学、历史学、管理学、艺术学八个系列，内容涵盖哲学、应用经济、法学、国际政治、华商研究、旅游管理、依法治国、中华文化研究、海外华文教育等基础理论与特色研究，其选题紧跟时代问题和人民需求，瞄准学术前沿，致力于解决国家面临的一系列新问题、新困境，其成果直接或间接服务于国家侨务事业和经济社会发展，服务于国家华文教育事业与中华文化软实力的提升。可以说，该文库的打造是华侨大学展示自身哲学社会科学研究力、创造力、价值引领力，服务中国特色社会主义建设事业的一次大胆尝试。

《华侨大学哲学社会科学繁荣计划（2012—2020）》已经实施近两年，经过全校上下的共同努力，华侨大学的文科整体实力正在逐步提升，一大批高水平研究成果相继问世，一批高级别科研项目和科研成果奖成功获评。作为华侨大学繁荣哲学社会科学的成果,《华侨大学哲学社会科学文库》集中反映了当前华侨大学哲学社会科学的研究水平,充分发挥了优秀学者的示范带动作用,大力展示了青年学者的学术爆发力和创造力,必将鼓励和带动更多的哲学社会科学工作者尤其是青年教师以闽南地区"爱拼才会赢"的精神与斗志,不断营造积极向上、勇攀高峰的学术氛围,努力打造更多造福于国家与人民的精品力作。

当然,由于华侨大学面临的历史和现实等主客观因素的限制以及华大哲学社会科学工作者研究视野与学术积累的局限性,《华侨大学哲学社会科学文库》在研究水平、研究方法等方面难免存在不足之处,我们在此真诚地恳请各位读者批评指正。

最后,让我们共同期待《华侨大学哲学社会科学文库》付梓,为即将迎来55岁华诞的华侨大学献礼!让我们一起祝福华侨大学哲学社会科学事业蒸蒸日上!让我们以更大的决心、更宽广的视野、更精心的设计、更有效的措施、更优质的服务,培育华大社科的繁花硕果,以点滴江河的态势,加速推进华侨大学建设成基础雄厚、特色鲜明、海内外著名的高水平大学,更好地服务海外华侨华人,支持国家侨务工作,配合国家发展战略!

华侨大学校长、教授、博士生导师　贾益民
2015 年 4 月 28 日于华园

自　序

　　家族企业是融合家族、经济与控制三大系统的整体，系统之间与各子系统内部均存在多种力量的博弈，如经济系统内部存在家族企业成员与非家族企业成员的复杂利益关系。这导致非家族员工与企业目标难以统一，只能保持最基本的交易关系，即企业以最低价格购买最简单的劳动。而简单劳动难以给企业带来竞争力，为了激励员工提供优质的复杂劳动，近年来家族企业开始加大对非家族员工的投入，期望优化他们与企业间的关系。但企业并不知道哪些员工值得其增加投入，只能实施基于市场逻辑的传统人事管理，即根据对劳动成果的考核来支付报酬，并对优质劳动成果的提供者给予奖励和晋升等激励。这种期待员工努力劳动的管理模式是被动的，容易受到员工意愿等个体特征与宏观环境等的影响，"用工荒"现象和相关理论缺乏加剧了企业的这一困局。庆幸的是，先锋企业开始开发并正在实践主动的管理模式，如互动参与管理等，这为解决家族企业的困境提供了契机。

　　本书在考察海峡两岸家族企业管理实践的基础上并借鉴相关理论，提出了"劳资关系情境改变模型"，即从企业期待员工改变劳资情境的被动管理模式转化到互动参与管理的主动管理模式，通过探索劳资互动过程中的目标集以及目标的实现路径，构建劳资双赢的过程模型。其中，民主参与管理是实现互动参与管理的学术内涵，是全书的核心构念。企业内部的管理策略和员工行为均受到外部环境的影响，如劳动合同的签订受到外部劳动力市场规范程度与人们法制观念等的影响，员工的参与程度又受到社会民主意识与人本理念等的影响。家族企业互动管理策略的提出是基于企业内部环境的理性行为，因此带有企业内外部环境的烙印，如家族企业实施建言献策,既有通过员工的合理化建议提高劳动生产率的本能;又有想满足员工发言权建立雇主品牌的愿望;还有可能是基于外部企业社会责任要求的被动选择。因而在不同家族企业中有着不同的管理形式,并被具体化或命名为"意见箱""建议箱""留言板""热线电话(邮箱)""民意箱""听我说"等多种形式。为了便于理论研究,需要把这些蕴含内外部元素的具体管理形式抽象化,本书因此提出了综合的"民主参与管理"的构念。

全书分为三篇,第一篇主要交代"是什么",即什么是"民主参与管理";第二篇分析"为什么",主要回答民主参与管理对共享价值等结果变量的作用机制;第三篇是对策与建议,回答"怎么做"的问题。

首先,什么是"民主参与管理"?为了回答这一问题,本书通过扎根研究提出了适合于理论研究的构念。通过调查组织内外部相关人士对"民主"与"参与"的理解,归纳出中国情境下民主参与管理的内涵与外延。在工作场所,民主参与管理指的是以民主的方式引领员工参与管理,引导家族企业主动构建参与管理平台以实现高投入高忠诚的劳资关系情境,通过互动参与实现共享价值与共同发展的民主化管理实践。同时,通过量化分析,提炼出民主参与管理的具体维度,包括信息共享、决策参与、责任关怀与人文关怀四个维度。其中,关怀管理能够密切劳资关系,打消双方互动出现博弈陷阱的可能,在此基础上,信息共享与决策参与等参与平台才能够充分发挥激励作用,即能够充分挖掘员工潜能,实现员工的自我价值与组织的可持续发展。家族企业的民主权益与公民社会的民主权利不同,社会民主的选举权和被选举权等权利很难在家族企业内部实现。家族企业的员工民主权利主要表现为知情权、参与权、言论权以及部分监督权,这些权益可通过民主参与管理得到保障。

其次,企业为什么要实施民主参与管理?海峡两岸家族企业实施民主参与管理的意愿较低,因为社会民主意识与劳动力市场不够规范,导致家族企业改善员工关系的主动性不足,在企业内部表现为僵化的组织科层性与民主气氛的缺乏。直接原因在于民主参与管理对组织绩效的直接作用不明显,二者之间需要一系列的中介变量才能建立联系。中介作用弱化了企业施行民主参与管理的原动力,特别是其中的价值性中介效应更为明显,即民主参与管理更有利于员工成长而不是组织绩效的提升。民主参与管理首先具有价值性特征,企业实施民主参与管理必然能实现民主价值,民主参与管理是一种实现民主价值的"工具",因此表现为"作为目的的工具"。而且民主参与管理还是一种"作为工具的工具",即民主参与能够实现员工成长等更长远的终极价值目标,民主的自由平等价值是实现人的发展等终极价值的工具,因此平等自由是工具,民主参与则是工具的工具。另外,民主参与管理还具有"工具性"特征,是企业有效的管理工具,因为民主参与管理能带来企业所需要的员工行为,从民主参与到共享价值的显著路径可知,民主参与管理是一种有效提升员工认同与信任,并产生积极组织行为的管理工具,这可坚定企业通过民主参与管理迈出主动改变劳资关系情境的步伐的信心。总之,民主参与管理是价值性与工具性的统一。

最后,如何在家族企业中实践民主参与管理?民主参与管理的强价值性中介效应给企业改变管理观念带来了机会与挑战。机会表现在它必然能提升员工的积极行为,挑战表现在要改变劳资的市场交易理念与传统社会伦理法则,使中国劳资关系向更高阶段迈出关键的一步,需要企业先行,需要企业进行管理理念与管理哲学变革等艰难转型。这种转型需要外部力量的介入,但这种介入必须是理性且智慧的,需要强调职业经理人市场缺陷、企业人才不足等管理环境对企业的影响,通过劳资关系情境对员工行为的直接影响效应来引导家族企业建立共享价值观体系等,从人力资源战略管理的层面上引导企业决策者透过中介效应,去实现管理行为的最终结果,以建立组织与员工的双赢互动管理系统与互惠互利的组织气氛。理论研究有必要加大对民主参与管理与组织绩效间效应的分析,开发或提炼出有显著效应的管理行为;社会管理者则需要借助市场、法制与教育系统,来提升企业的实践动力,构建相应的平台,推动组织与员工的积极互动;家族企业则应当充分利用外部社会需求的制度安排如职代会等的功能,创新民主参与管理实践,通过去中间层等的直接关怀管理密切与员工间的关系,以及决策授权等参与管理为员工提供平台的两步走,以实现劳资互信与双赢。

民主参与管理本质上是一个社会、经济组织与个体互动的管理系统。

组织内部的互动不仅需要内部各主体的动力、压力与能力，也需要外部互动环境的支持与促进。互动讲求的是互惠互利原则，中国家族企业的互动管理却出现社会呼声大与政府推动不力、员工热切期盼与企业缺乏响应共存的局面。企业如果能通过关怀管理密切劳资间的关系，通过参与管理为员工提供机会与平台，以此启动劳资良性互动的按钮，上述被动局面的全面扭转将指日可待。

未来民主参与管理将成为中国理论研究的热点。首先，在移动互联网对管理实践产生越来越大的推进与变革作用的背景下，组织、客户与员工间的互动与参与管理将变得更为现实，企业决策者的民主参与管理需求也将逐步得以提升。其次，中国许多大家族企业不愿意上市，主要是为了避免家族财产被分割。因此，在非上市公司中，财务参与等职工所有制可能与家族创始人的理念以及中国的草根创业文化相冲突，一般性的参与管理将成为企业实践的重点。最后，在职业经理人与家族企业合作的困难期，一般性的员工参与管理将成为企业弥补家族人才不足、充分挖掘员工潜能以壮大企业实力的有效途径，因此需要加大对参与管理的实践归纳与理论研究，以发挥其对职业经理人制度安排的弥补或替代功能。基于家族企业的实践需求，为了尽早实现工业民主、社会民主与政治民主的互动发展，相关研究需要回答：移动互联网下家族企业具体应当实践哪些参与管理行为，如何通过提升员工与客户的参与意愿，来提升员工的创造力与组织的竞争力？这需要我们一起来关注与努力。

本书是国家社会科学基金项目"海峡两岸民营企业劳动关系民主化管理对比研究"（12CGL072）的成果。感谢国家社会科学基金的资助，没有这些物质与精神的支持，本研究将难以完成。本项目研究属于交叉学科的成果，在论证过程中，受到多个学科学者的关注与质疑，感谢在讨论与评审过程中提出宝贵意见的学者。感谢项目组成员，以及我的研究生，他们在资料搜集与校对过程中提供了辛勤的劳动。感谢社会科学文献出版社的郑茵中老师和赵慧英老师，谢谢你们的仔细审阅与校对。

作者：郑文智
2016 年 8 月 27 日

摘 要

非家族成员难以认可家族企业的目标,他们与家族企业一般只保持最基本的交易关系,即企业以最低价格购买最简单的劳动,而简单劳动难以给企业带来竞争力。如何激励员工加大投入成为家族企业管理的重点。

理论上,员工-组织关系研究也一直无法帮助家族企业实现企业与员工从简单交易关系上升为相互投资型关系。因为,学科分野下的目标差异导致员工与企业之间理想合作博弈均衡点难以出现,如以人力资源管理为代表的管理学主张效率第一,以劳动关系为代表的工业民主理论主张公平第一,如何兼顾目标差异,建立能够指引实践的理论已成为研究的难点。

在考察海峡两岸家族企业管理实践的基础上并借鉴相关理论,本书提出了"劳资关系情境改变模型",即从企业期待员工改变劳资情境的被动管理模式转化到互动参与管理的主动管理模式,通过探索劳资互动过程中的目标集以及目标的实现路径,构建劳资双赢的过程模型。首先,目标方面,家族企业与员工之间互动的期望结果是双方相互投资(和谐劳动关系),以实现组织发展(共同成长)的理想目标。相互投资首先需要双方相互认同,有共同的价值理念,实现共享价值因此成为劳资互动所要达到的可行与直接目标。其次,路径方面,在企业内部,劳资双方首先需要建立双方认可的基本的或底线的准则与契约,如劳动合同。在这些明示契约的基础上,通过参与互动与多阶段博弈,建立心理契约,实现互认、互信与互惠。

本书所提出的动态模型,包括系列目标集与动态策略集。家族企业可以根据自身现状,与员工一起选择并建立共同目标,然后采用相应的策略来实现目标。建议家族企业先通过关怀管理来密切劳资间的关系,然后通过参与管理为员工提供机会与平台,以此启动劳资良性互动的按钮,改变并扭转双方简单交易的不利局面。同样地,这也有助于改变中国家族企业互动管理出现的社会呼声大与政府推动不力,员工热切期盼与企业缺乏响应共存的局面。在移动互联网对管理实践产生越来越大的推进与变革的背景下,组织、客户与员工间的互动与参与管理将变得更为现实,企业决策者的民主参与管理需求也将逐步得以提升。移动互联网下家族企业具体应当实践哪些参与管理行为,如何通过提升员工与客户的参与意愿,来提升员工的创造力与组织的竞争力?希望本书也能起到抛砖引玉的作用。

Abstract

For non-family member, it is difficult to commit family business goals. Chinese family business and their non-family members keep the basic transaction relationship generally, namely, the enterprise buys the simple labor with the lowest price. While simple work cannot bring competitiveness to the enterprise. Therefore, how to motivate employees to increase investment is the key point of the family business management.

Employee organization relationship research has been unable to help family firms to turn transaction relations into mutual investment relationship. Because it is difficult to generate cooperative game equilibrium point for the division of research subject and the different goals between employees and enterprises. For example, management science such as human resource management focuses on efficiency, while labor relations and industrial democracy theory hold on fair first. How to balance the different goal and to establishment theory to guideline practice are the difficult area for researchers.

Examining family enterprise management practice of the Taiwan Strait, the book puts forward "changing labor relations situation" model on the basis of related theory. We expect family business can give up passive management and take interactive participation management to realize active management. In order to build win-win process model, we should explore goals during industrial interaction and its paths as well. Firstly, the ideal relationship of employee and organization is mutual investment (harmonious labor relations), which can get organization development. Mutual investment relationship needs agree with each other, and both sides have a common value. Therefore shared value became the feasible and immediate goal of employee – employer interaction. Secondly, employee – employer should build the basic rules such as labor contract. On the basis of these, they can realize recognition, trust and mutual benefit by interactive participation.

There are series of goals set and dynamic policy set in the book. Family business and its staff could choose and establish the common goal according to their situation, then use the corresponding strategy to achieve the goal. We hope enterprises can create a close relationship between labor and capital by care management in the initial stage, then provide employees opportunities and platform by participation management, which could reach the positive interaction by labor and capital and change the unfavorable situation of transaction relationship of them. There are coexistence situation of loudly social voices and ineffective government, and employees eagerly expectation and enterprises lacking of response in China. This could be also changed by the interaction management. Especially in the mobile internet situation, the interaction among the organization, customers and employees will become more realistic, decision – makers demand for democratic participation management will also be gradually enhanced. Therefore, what kinds of Democratic Participation management behavior should be practiced at the mobile Internet age? And how can they enhance the staff's creativity and the competitiveness of the organization by improving the participation willingness of the employee and customer? I hope this book can also play a role.

目 录

绪 言 1
  一　企业民主参与管理的相关研究 3
  二　本书的计划 14

第一篇　什么是民主参与管理

第一章　海峡两岸家族企业民主参与管理的理论背景与现状 24
  一　互动的理论背景：工业民主与员工参与的分野与融合 24
  二　互动主体：民主参与的功能与形式 37
  三　现实背景：工业化与两岸劳动关系对比研究 51

第二章　"盼盼食品"的案例研究 62
  一　互动参与动态过程的理论分析 62
  二　研究设计与方法 65
  三　案例发现 68
  四　结论 72

第三章　理论评述与研究模型 74
  一　理论综述：理论分野加剧劳资的独立行动 74
  二　模型设计：良性互动是劳资和谐的有效路径 80
  三　结语 91

第四章　民主参与管理：扎根研究 ··· 93
　　一　国内外企业民主参与管理概述 ······································· 93
　　二　扎根理论 ··· 96
　　三　研究过程 ··· 98
　　四　民主参与管理的内涵界定 ·· 105

第五章　民主参与管理指标体系与测量量表 ······························· 110
　　一　量表来源与开发 ·· 110
　　二　量表的因子分析与验证 ··· 113
　　三　量表的信度与效度分析 ··· 120
　　四　结论 ··· 122

第二篇　海峡两岸实施民主参与管理的实证研究

第六章　企业为什么不实施民主参与管理：两岸对比分析 ············ 128
　　一　影响企业民主参与管理实践的理论与假设 ····················· 128
　　二　变量、数据与方法 ··· 132
　　三　数据分析与假设验证 ·· 136
　　四　结论与讨论 ·· 140

第七章　价值性分析：民主参与管理的人本绩效 ························· 142
　　一　价值性：从政治民主目标到工业民主目标 ····················· 142
　　二　理论模型与假设 ·· 147
　　三　变量、数据与方法 ··· 149
　　四　数据分析与假设验证 ·· 151
　　五　结论 ··· 152

第八章　工具性分析：民主参与管理的组织绩效 ························· 154
　　一　工具性：民主参与的管理价值 ···································· 154
　　二　理论模型与假设 ·· 156

三　变量、数据与方法 …………………………………………… 158
　　四　数据分析与假设验证 ………………………………………… 159
　　五　结论 …………………………………………………………… 161

第九章　价值性与工具性的统一 ……………………………………… 163
　　一　民主参与管理的目标 ………………………………………… 163
　　二　统一于组织绩效目标的实证分析 …………………………… 166
　　三　以共享价值为目标的统一分析 ……………………………… 171
　　四　结论 …………………………………………………………… 179

第十章　价值性与工具性的动态统一 ………………………………… 181
　　一　多重中介效应的理论分析 …………………………………… 181
　　二　变量数据与方法 ……………………………………………… 184
　　三　结果与分析 …………………………………………………… 184
　　四　结论 …………………………………………………………… 186

第三篇　如何实践民主参与管理

第十一章　企业实施民主参与管理的理论探讨与对策建议 ………… 192
　　一　企业不实施民主参与管理的原因及对策 …………………… 192
　　二　借助于民主参与管理，提升家族企业竞争力 ……………… 196
　　三　双向因果关系与价值性的实现 ……………………………… 198
　　四　结论 …………………………………………………………… 203

第十二章　借助于民主参与管理，提升组织绩效 …………………… 205
　　一　样本企业基本情况与介绍 …………………………………… 205
　　二　人口统计学特征的民主参与管理 …………………………… 206
　　三　组织管理对策与建议 ………………………………………… 207

第十三章　提升民主参与管理价值性的社会管理策略 ……………… 214
　　一　社会民主与企业民主参与管理的互动 ……………………… 214

二　海峡两岸社会民主管理对比分析……………………… 219
　　三　社会民主管理对策……………………………………… 220

第十四章　结论与讨论……………………………………… 225
　　一　现实管窥与初步结论…………………………………… 225
　　二　大规模的实证研究与结论……………………………… 227
　　三　创新之处………………………………………………… 232
　　四　不足与展望……………………………………………… 233

参考文献……………………………………………………… 236

附件1　关于《家族企业员工关系管理》的访谈记录……… 266
附件2　关于《家族企业员工参与情况》的问卷调查……… 270
附件3　数据描述…………………………………………… 276
附件4　初始正态程度表…………………………………… 279
附件5　正态化数据表……………………………………… 282

Contents

Introduction / 1

  1. The Research on Democratic Participation Management in Enterprises / 3

  2. The Plan of This Book / 14

Part One What is the Democratic Participation Management

Chapter One The Theoretical Background and Current Situation of Democratic Participation Management in Family Business of the Cross Strait / 24

  1. Theoretical Background of Interaction: The Division and Integration of Industrial Democracy and Employee Participation / 24

  2. Interactive Subject: the Function and Form of Democratic Participation / 37

  3. Realistic Background: A Comparative Study of Industrialization and Labor Relationship between the Cross Strait / 51

Chapter Two The Case study of "Panpan Food" / 62

  1. Theoretical Analysis of Interactive Participation on the Dynamic Process / 62

  2. Research Design and Methodology / 65

  3. The Findings of Case / 68

  4. Conclusions / 72

Chapter Three Theoretical Review and Research Model / 74
1. Theoretical Review: Theoretical Distinction Aggravates the Independent Action between Labor and Capital / 74
2. Model Design: Optimum Interaction is an Effective Way of Building Harmonious Labor – Capital Relationship / 80
3. Conclusions / 91

Chapter Four Democratic Participation Management: A Grounded Research / 93
1. An Overview of the Democratic Participation Management / 93
2. Grounded Theory / 96
3. Research Process / 98
4. The Conceptual Definition of Democratic Participation Management / 105

Chapter Five The Index System and Measurement Scale of Democratic Participation Management / 110
1. The Source and Development of Scale / 110
2. The Factor Analysis and Verification of Scale / 113
3. The Reliability and Validity of Scale / 120
4. Conclusions / 122

Part Two An Empirical Study on the Implementation of Democratic Participation Management in the Cross Strait

Chapter Six Why Enterprises Do Not Implement Democratic Participation Management: A Comparative Analysis in the Cross Strait / 128
1. The Theory and Hypothesis of Affecting the Practice of Democratic Participation Management in Enterprises / 128

2. Variable, Data and Method / 132

3. Data analysis and Hypothesis Verification / 136

4. Conclusions and Discussion / 140

Chapter Seven　Value analysis: The Humanistic Performance of Democratic Participation Management / 142

1. Value: From Political Democracy Goal to Industrial Democracy Goal / 142

2. Theoretical Model and Hypothesis / 147

3. Variable, Data and Method / 149

4. Data analysis and Hypothesis Verification / 151

5. Conclusions / 152

Chapter Eight　Instrumentality Analysis: The Organization Performance of Democratic Participation Management / 154

1. Instrumentality: The Management Value of Democratic Participation / 154

2. Theoretical Model and Hypothesis / 156

3. Variable, Data and Method / 158

4. Data analysis and Hypothesis Verification / 159

5. Conclusions / 161

Chapter Nine　The Unity of Value and Instrumentality / 163

1. The Goal of Democratic Participation Management / 163

2. An Empirical Analysis of Unity of the Goals of Organization Performance / 166

3. A Unified Analysis of the Goal of Shared Value / 171

4. Conclusions / 179

Chapter Ten　Dynamic Unification of Value and Instrumentality / 181

1. Theoretical Analysis of Multiple Mediating Effects / 181

2. Variable, Data and Method / 184

3. Results and Analysis / 184
4. Conclusions / 186

Part Three How to Practice Democratic Participation Management

Chapter Eleven Theoretical Discussion and Recommendations of the Implementation of Democratic Participation Management in Enterprises / 192

1. The Reasons and Countermeasures for Enterprises not to Implement Democratic Participation Management / 192
2. Enhance the Competitiveness of Family Business with the Help of Democratic Participation Management / 196
3. Bidirectional Causality and the Realization of Value / 198
4. Conclusions / 203

Chapter Twelve Improve Organization Performance by Means of Democratic Participation Management / 205

1. The Basic Situation and Introduction of the Sample Enterprise / 205
2. The Democratic Participation Management of Demographic Characteristics / 206
3. The Suggestions of Organization Management / 207

Chapter Thirteen The Social Management Strategies of Promoting the Value of Democratic Participation Management / 214

1. Interaction between Social Democracy and Enterprise Democratic Participation Management / 214
2. Comparative Analysis of the Social Democracy Management in the Cross Straits / 219
3. The Countermeasures of Social Democratic Management / 220

Chapter Fourteen　Conclusions and Discussion / 225
   1. Management Spy on Reality and Preliminary Conclusions / 225
   2. Empirical Research and Conclusions / 227
   3. Innovation / 232
   4. Limitation and Future Research / 233

Reference / 236

Appendix One　Interview Records about Employee Relationship Management in Family Business / 266
Appendix Two　A Questionnaire Survey on Employee Participation in Family Business / 270
Appendix Three　Data Description / 276
Appendix Four　The Table of Initial Normal Degree / 279
Appendix Five　The Table of Normalized Data / 282

绪 言

在全球化与智能化的今天，企业很难独注于利润最大化这一目标，特别是家族企业。家族企业①是融合家族系统、经济系统与控制系统等三大系统的整体，系统之间与各子系统内部均存在多种力量的较量。家族系统与所有权（控制）系统的关系一直是企业治理研究的内核，家族系统与经济系统、经济系统与控制系统等也存在复杂的利益链。同时，各子系统内部关系也难以厘清，如经济系统内部存在企业家族成员与非企业家族成员的利益纠缠。然而，理论与经验的总结发现，成功的家族企业往往是这些力量多赢互动的结果。互动管理因此成为近年来的研究热点，随着"用工难"现象以及人本化观念的重新兴起，组织与员工间的互动成为新的研究重点。

其实，工作场所问题一直是理论研究的难点。因为企业与员工之间的关系，不仅表现为经济的交易关系，还是一种社会交换的关系。在劳资交易中，企业支付工资时，关注的不仅仅是劳动的量，还有劳动的质，即员工的努力程度，甚至额外的付出。为了提升员工的努力程度，企业需制定各种激励与管理制度，因此诞生了海量的管理理论与实践。然而，从组织效率的角度看，这些理论成果均是被动的，因为需要借助于员工的积极响应来实现，理论研究陷入激励管理的被动境界，因此需要转换管理视角。另外，企业期望员工超额付出的管理行为，可能导致员工的身心超负荷，

---

① 理论上对家族企业的界定，存在所有权与经营权两种观点，家族企业因此被称为：资本或股份主要控制在一个家族手中，家族成员担任公司主要领导的企业。在本书的实证调研中，访谈对象主要是界定在所有权方面，而问卷发放对象则包括了两种类型，即测量"家族关系"是事先通过对被试进行询问"是否与控股家族或公司负责人有亲缘关系"来甄别的。从实证分析的角度，本书综合了所有权与经营权的观点。

而变得不可持续。为了实现组织与社会的可持续发展,社会管理者认为,企业为此需要承担一部分社会责任,包括遵守劳动标准与商业伦理,实施人本管理等。为此,国际劳工组织制定了一系列公约与准则,不同国家与地区也制定了相应的用工制度。但是,几百年来国际劳工运动史与区域经济发展竞争史告诉我们,在未实现全球化与人性化一体发展的背景下,苛刻的劳动标准可能损害区域经济的竞争力,反而不利于区域人文发展,因此至今没有一个国家承认所有的国际劳工准则。那么,企业管理效率与社会管理制度的平衡点在哪呢?

在中国,经济结构正在步入"刘易斯拐点"阶段。拐点的双面效应日渐明显:一方面,廉价劳动力的获取越来越难,企业人工成本持续攀升,对经济发展速度产生负面影响;另一方面,人口红利渐失加快了企业转型升级的步伐,对经济结构调整起着倒逼作用。经济社会的发展与转型要求企业实施更为人性化的互动参与管理方式,只有好的企业才能吸引优质的人力资源。同时,随着中国社会的发展与变迁,"社会人"的人性假设逐步得到验证,人的全面发展与"自我实现"需要被日益重视。社会民主与政治民主的发展也要求企业注重员工的各种需要。如2012年国家六部委联合下发的《企业民主管理规定》,希望在国内所有企业推行"厂务公开"等民主参与管理制度。然而在实践中,大部分中国企业并没有迎合社会期望,采用有利于人本需要的民主参与管理范式。

作为一种有价值的管理实践,民主参与管理正在焕发出强大的生命力。Strauss(2006)认为,二战后民主参与管理经历了三波理论研究潮,即人际关系、工作设计与工作团队,并且认为参与管理是一种有价值的管理行为,因为从政治上有利于降低权利的不平衡,人本上有利于提升人们的基本技能,管理上有利于增加效率。作为民主参与管理的倡导者,韦伯夫妇(1897)认为最好的平衡市场与社会公正的办法是:"消除资金和土地所有者的社会福利,以及对劳动者的剥削,并给工人以发言权和工作场所参与权。"韦伯夫妇(1897)的思想影响久远,Kaufman(2013)在回顾韦伯夫妇的《工业民主》的同时,认为他们的思想仍然是构建劳动力市场与劳动关系领域制度与研究范式的基础性工具。联合国发展计划署也提出"要通过选举与参与,建立有效、可靠、透明、包容性和负责任的组织,以确保全球化能够服务于人而不只是经济利益"的指导性报告。

在中华文化情境中，中国企业应当如何平衡企业管理目标与社会管理制度？中国大陆既有传统国有企业及事业单位民主参与管理的基础，又有儒家"仁义"思想下的顺从文化。在中国台湾（以下简称"台湾"），学者韩志翔（2010）认为，仁政与决策共享一样，有利于满足员工的人性需求，促发积极组织行为。但对于如何将儒家的"仁义"与民主参与相结合，缺乏系统的研究。对于绝大多数的中国家族企业，民主参与管理的理论与实践一直难以有效突破并完美结合。在参与管理等理想化组织将引领未来社会发展的背景下，这种滞后可能导致中国企业特别是家族企业在全球竞争中处于越来越不利的地位。理论研究可能要解决雇佣关系中的市场效率与公平、组织发展与员工权益、企业管理与社会制度等多重复杂的关系。其中，企业发展为了谁？即家族企业的民主参与管理的目标是什么，管理实践到底最终将有利于谁？这一问题的回答是上述复杂关系的核心。

一 企业民主参与管理的相关研究

为此，我们需要从三个方面来研究上述问题，一是什么是工业民主或参与管理，我们提出了"民主参与管理"的复合概念，指出中国式的企业民主参与管理的特征。二是企业为什么要实践民主参与管理？现实中企业民主参与管理的积极性为什么不高？民主参与管理的结果如何？中华文化条件下，企业实施民主参与管理的目标是什么，是企业发展还是员工价值的实现？三是企业应当如何有效地实践民主参与管理，实现员工与组织的互动双赢？本章先从归纳前人的研究成果开始。

（一）什么是企业民主参与管理

民主参与管理，至今没有统一的概念。与之相关的主要有工业民主（Industrial Democracy, IR）与员工参与（Employee Participation）[①] 两个有着内在联系，且经常被交替使用的概念。

员工参与经常被称作为参与管理（Management by Participation，或

---

① 在国外，Employee Involvement 经常与人力资源管理相联系，而 Employee Participation 经常与工业民主领域的研究结合在一起。

Participative Management)。二者的内涵是一致的，麦格雷戈（D. McGregor，1960）将员工参与管理定义为，为发挥员工所有的能力，并为鼓励员工对组织成功做更多的努力而设计的一种参与过程。其隐含的逻辑是：通过员工参与影响他们的决策、增加他们的自主性和对工作生活的控制，员工的积极性会更高，对组织会更忠诚，生产力水平会更高，对他们的工作会更满意。

从组织管理的内涵看，参与管理意指管理职能中的"决策"。员工参与就是将员工纳入企业决策过程，发挥员工在企业决策中的作用的所有制度（SM. Bainbridge，1998）。员工参与是指下属对决策过程的参与，包括组织决策的做出是否有征询过下属的意见，然后由上司做出最后决策，或者是上司与下属共同做出最后决策，或者是下属代表上司做出决策（Bass，1990）。另外有学者侧重组织沟通的角度来定义，包括员工分享组织信息，参与组织决策的活动。在形式上，科顿等（1988）提出了包括工作决策的参与、顾问参与、长期参与和短期参与、正式参与和非正式参与、雇员所有制（Employee Ownership）、雇员代表制（RepresentativeParticipation）等形式，并指出不同形式具有不同的组织或个体结果。

在国内，员工参与总体上还是被理解为一种制度，如程延园（2007）认为民主管理是企业的普通员工依据一定的制度和程序，通过一定的组织形式，直接或间接地参与管理和决策的各种行为的总称。随着西方相关理论的引进与国内人力资源管理理论与实践的发展，近年来，有很多学者专门从组织内部就员工参与提出他们的理解。如张震等（2002）等分析了影响员工参与的影响因素，指出员工参与变量有显著的所有制差异和地区差异；低科层性的、创新性的和支持性的组织气氛会显著地提高员工参与水平。谢玉华等（2010）把员工参与定义为员工在工作过程中分享权力、信息、知识、价值的意识程度。

与员工参与相关的概念还有信息分享（Information Sharing）和顾问（Consultation）。作为信息分享，其实只是员工参与的一种形式，属于员工参与的部分；顾问其实不是真正意义上的管理参与，因为作为参与，最重要的是决策的制定，作为顾问一般影响不了企业管理决策的制定。

工业民主也称作产业民主，与工作场所民主（Workplace Democracy）、经济民主（Economic Democracy）、员工发言权（Employee Voice）等概念相近。佩特曼（Pateman，1970）在《参与和民主理论》一书中将产业民主定义为："产业中两个或两个以上的团体，在制订计划、政策或决策方面相互影响的过程，而这些决定则须限于足以影响决策制订者及其代表。"因此，产业民主的重点在于它涉及对于公认的权威性结构所进行程度不一的修正行为，而所谓公认的权威性结构，即是指管理者独占决策制订的特权，一般员工无法参与决策或提供意见。Hammer（1991）则认为"产业民主"一词，指的是一种在员工受雇场所中，使员工或员工代表有机会去影响组织决策的机制。Hyman（1987）认为产业民主就是员工控制（Worker's Control），即透过产业民主制度建立一个由全体员工决定生产的性质、方法与真正目的的经济体系，因此所需要的是所有员工的共同努力，而不论他们位于何种技术层级，以及是否为工会会员。工作场所民主描绘了："一系列涉及影响员工各种利益的组织决策制定的人际或结构安排"（Petersson，2005），包含"从参与管理与员工参与，到工业民主与自我管理"（Heller，1998）。

经济民主被设定为与政治民主相对的一个概念。这源于韦伯夫妇（1897）在《工业民主》中所设计的民主体系，指的是工人真正控制企业，拥有工场的所有资产，控制工场的生产经营等一切活动。在今天经济多元化条件下，民主改良思维得到共识，全球工人运动比较温和，这种界定显得过于狭隘，是一种狭义的理解。按照斯托利（1962）的观点，广义经济民主包含产业民主，而狭义的经济民主就是产业民主，因此工业民主是一个比经济民主更清晰的概念界定，主要指向工作场所的民主。工业民主指的是，在工作场所，员工通过一定的组织和程序参与和影响决策，共享权力和责任的自我管理（谢玉华，2007）。

关于发言权，弗里曼等人（Freeman，1984）的界定是：发言权指的是"能带来切实可行的条件改善的直接沟通，它意味着一起谈论问题"，在此基础上，员工发言权经常被分为相互促进的两大维度：一种是表达个体不满意，集体性组织生活，有助于管理决策的制定，显示互动以及相互合作关系的显示机制（Dundon，et al.，2004；Haynes et al.，2005；Holland et al., 2009);另一种是在工作场所影响工作条件与决策的员工实践（Markey & Patmore, 2009; Poole et al., 2001）。

从上述概念可知，抛开意识形态的差异，员工参与与工业民主所指向的内容其实是相通的，主要研究工作场所员工的权益与组织效率问题。但总体上二者的差异是明显的，如福莱和波兰尼（2006）认为，工业民主是雇员真正控制组织目标设定和战略计划，雇员能保证这些目标实现。员工参与和工场民主的区别是显而易见的，尽管两个概念常被交替使用。工场民主肯定需要雇员参与，但雇员参与不足以构成工场民主。它只是允许雇员向组织表达意见、影响决策，对如何执行已做出的决定提出建议。因此，雇员参与不是真正意义上的工场民主，但工场民主的外延包括雇员参与。在他们看来，工业民主需要更高程度的参与。

我们认为，二者之所以会有如此的差异，主要是由其所隐含的前提差异导致：员工参与的前提是有利于提升组织效率；通过参与能增加员工的自主性和对工作生活的控制，员工的积极性会更高，对组织会更忠诚，生产力水平更高；而"工业民主"的前提是个体自主权："当人们全身心地去解决影响自己与整个集体的问题时，能量就得到了释放，就可能促成富有创意的解决办法和成功的战略对策。"（Mill, 1951）前者从组织内部研究，后者则主要从组织外部的社会角度分析。总之，对于民主参与，学界存在两种观点，一是偏向于组织效率的员工参与形式，如有学者（詹婧，2010）认为企业民主参与是指"企业组织中的普通员工依据一定的规定和制度，通过一定的组织形式，直接或间接地参与管理决策的各种行为的总称"。但这概念实质是以民主参与等同于员工参与为前提，与员工参与的概念无异。二是基于南斯拉夫社会主义工人自治模式等，把企业民主参与等同于工作场所的参与式民主（Pateman, 1970; 李鹏，2012），这一概念又偏向于民主的范畴。借鉴冠肯等（1986）的观点，雇主与雇员之间的相互作用可在组织和社会的几个层次发生，我们认为，民主参与需要从系统的角度分析，是企业基于外部动态环境，所策划并实施的一系列的参与管理与关怀等战略管理行为。这是一个基于战略的概念。基于中华文化等外部环境，企业具体实施哪些管理行为，其具体的结构如何，有待进一步研究。

（二）企业为什么实施民主参与管理

1. 影响因素分析

组织是否采用民主参与管理模式，能否设计可操作性的管理系统，来实现相应的目标？麦格雷戈（1960）首先提出了这一管理问题，他认为参与管理并不是一种万能公式（Magic Formula）。能否实现组织目标还取决于复杂情境的影响，如 Jirjahn 等（2006）以德国为例，提出了包括员工构成、委托代理关系、集体协商数量、直接参与程度、人力资源实践与企业的市场战略与创新等因素，并具体分析这六个因素在有无工会委员会条件下，管理层是否采纳参与管理的决策。但学者们总是在不断尝试如何在复杂现象中寻找规律，以期提出可供决策者参考的可操作性对策。纽曼（1989）最早提出了三因素论，一是组织因素，包括组织结构与工作设计以及人力资源策略；二是关系因素，包括参与的方式，参与文化以及个人地位与阶层；三是社会因素，包括员工的社会经历、理想与政治因素等。后续的实证研究集中于参与的意愿等更具有操作性因素，Glew 等（1995）的框架性研究将其总结为组织因素与个体因素。但个体因素对实施参与的预测作用较弱，而组织因素是经常被提到与强调，如 Yazdani（2010）从战略的角度，认为有机组织中的变革型领导在面对不确定外部环境下更容易能够成功实施民主管理。可见，企业是否采用民主参与决策，是基于复杂情境下的产物，但理论研究从复杂情境逐步聚焦到组织内部的因素，其他因素被视作为调节变量。

2012 年国家六部委联合下发的《企业民主管理规定》，希望在国内所有企业推行"厂务公开"等参与管理制度。同时，理论研究发现企业采用民主参与管理，满足了员工的成就需要，员工将表现出积极的组织行为，并提升了组织的绩效。然而在实践中，大部分企业没有采用这种有利于组织绩效或满足政府"要求"的管理范式。可见国内理论研究总体上停留在对国外理论的引入与借鉴，分析也是从企业内外部两种因素进行，对家族企业的互动参与管理缺乏深入研究。

2. 为了谁？价值性还是工具性？

从人类社会或组织发展的角度看，民主参与这一研究范式与概念界定说明，民主参与管理是一种有价值的管理实践。但其价值体现在哪？民主本身的目的实际上就是指民主的内在价值，具体包括自由、自治、平等、正义等诸多价值，其中自由和平等的实现是民主的两大基石，是人类共同追求的善。

如何实现上述价值呢？在民主理论的传统中，参与一直居于核心地位。从古典的亚里士多德伦理到现代佩特曼（1970）的参与式民主，都贯彻了公民参与作为民主的最重要特征，也是评价民主化程度的准绳。卢梭（Rousseau，1913）认为一个参与式政治体系能够保证个人的自由，因为公民只有在参与政治的过程中才能获得和体验自由的价值。在卢梭、约翰·密尔（1937）等人对参与教育功能的论述的基础上，佩特曼（1970）主张让公民在参与的过程中学会参与，在参与的过程中提高政治认知、锻炼政治技能、增加公民修养，进而使当代民主从理论和实践两个层面回归民主的本来面目，即真正的民主必须保证所有公民能够充分、直接地参与公共决策，只有在大众参与的情况下，负责任、妥协、包容、平等和自由的民主价值才有可能实现。佩特曼（1970）因此设想："如果工作场所中的这些参与成为可能，那么工业活动中的权威关系将从现在的上级与下级（管理者与员工）的关系，变成整个员工与选举产生的管理者（领导）之间的平等合作的关系，就像在地方层次上选举代表那样。"对此，Ringen（2004）认识到工业民主可以通过参与管理来实现，但选举权在企业内很难实现，特别是家族企业，因为基于劳资双方在企业内的经济不平等，经济权力不可能平等或被平分。

然而，代议制民主论者认为（熊彼特，1943），公民参与的无限扩张将带来迟滞不前的巨型民主和普遍平庸的平民政治，还可能引发多数暴政而损害了个人的自由。从民主的核心，即自由与平等来说，自由体现的是人权，平等体现的是针对人权而制定的标准，包括人的尊严、生命的神圣不可侵犯以及自由的一套标准，由于人权涉及财产权与劳动权等，该标准中还包括实质性的结果和个人待遇问题，因此，在雇佣关系中需要平等的标准，这些标准又包括企业的分配公平，还包括雇佣政策、企业管理对策的平等，如决策参与等。因此自由主义与参与式民主的争议不过是民主实现形式的争议。这种争议本质是实质民主与程序民主之争，具体表现为民主实现的工具性与价值性之争。实质民主论将民主本身看作一种具有实质内容的价值，认为民主本身即是一种目的；程序民主论则认为民主是一种过程或程序，把民主看成实现一定社会目的和政治价值的手段、工具和方法。

其实，从动态的角度看，目的和手段的划分并不是绝对的，他们可以相互转化。Rokeach（1973）认为目的性价值观与工具性价值观是相互依存的。因为，只要某一目的不是最终的，那么它就必定是实现其他目的的手段，也就只是一种作为工具的目的。因此"平等"和"自由"需要工具性程序保障机制，"参与"和"民主"也离不开工具来实现。巴德（2004）认为，单纯地强调目的或工具，都是极端的思想，人性化的雇佣关系应当平衡二者的关系。

总之，民主参与管理是工具性与价值性的统一。从价值性的角度，民主参与即可以看作是"作为目的工具"，又可以看作是"作为工具的工具"（龙希国，2009）。从工具性的角度，民主参与管理能够提升组织绩效，是一种有效的管理工具。巴德（2004）提出了通过平衡公平、效率与发言权来实现人性化雇佣关系。然而，民主通过参与实现民主价值或其他目标，还是相反，这些过程与目标是否为企业所追求的？已有的理论始终没有解决应当如何平衡的问题，是通过效率来实现公平与发言权，还是通过公平、发言权来实现效率与人性化，或是其他？特别是在中国情境中，企业的民主参与管理是如何实现平等、自由及其他目的的？又应当如何实践这种"工具"，即"参与"和"民主"应当如何实施，才能实现这诸多目的？有必要进一步分析基于中国社会的民主文化下的企业参与管理实践内容。

（三）如何实践民主参与管理

关于企业应当如何实践民主参与管理，如何互动实践民主以及如何提升企业动力等问题。国外实践有两大模式，一是工人自治模式；二是企业通过员工参与管理，包括直接参与与间接参与模式等。这两种模式都有成功的案例，自治模式有南斯拉夫、以色列的基布兹农场、西班牙的蒙德拉贡联合公司等；参与模型是全员民主参与管理的西方现代企业集团，如新联合汽车制造公司等。

蒙德拉贡联合公司是最负盛名的（仅次于基布兹集体农场）劳资合

作的案例之一。蒙德拉贡的第一个工业合作社成立于1956年，到1959年当地已有三家工业合作社，以及为解决合作社融资问题的合作银行（人民劳动银行）。随后根据实际需要又陆续成立了新的工业合作社和其他合作社。通过把工商业、大学以及研究机构联系成一个运作的有机体。在他们自己的合作银行的帮助下，蒙德拉贡已经创造出了一个非常有效地产生新的工商业公司与工作岗位的协同体。2013年，公司有92000名员工，年销售额超过167亿欧元。

蒙德拉贡的合作思想其实是追求人的幸福的亚里士多德的"善"。但善的思想如果不能引发行动，思想就毫无价值，因此必须为思想接上"双腿"。巴斯克地区的牧师玛利亚把善的思想，用蒙德拉贡企业大家庭的形式，为思想接上了"双腿"。蒙德拉贡恪守国际合作社联盟确定的"自愿与开放的社员资格，民主的社员控制，社员经济参与，自治和独立，教育、培训和信息，合作社之间的合作及关心社区"七条国际合作社原则。并且在实践中逐步摸索出以下十大原则。

①入社开放。蒙德拉贡向所有能够证明自己胜任合作社工作的人都是开放的，没有宗教、政治、民族和性别歧视。

②管理民主。蒙德拉贡的最高权力机构是全体社员组成的社员大会；社员大会遵循"一人一票"制，而无论其投入"股金"多少。

③劳动者主权。劳动者享有合作社最高权力，包括分配劳动成果的权利。蒙德拉贡负责人一再强调了我们耳熟能详的一句话："在蒙德拉贡工作，劳动不是谋生手段而是乐趣。"

④资本处于从属地位。蒙德拉贡认为，资本是从属于劳动的工具，是合作社发展的必要条件；资本的积累应当与个人贡献挂钩。

⑤社员参与管理。蒙德拉贡建立和形成了良好的社员参与机制，使所有社员实行自我管理并通过多种渠道参与合作社管理。

⑥报酬的一致性。蒙德拉贡内部各合作社实行统一的工资标准；工资标准体现社员对合作社的贡献。

⑦合作社之间的合作。蒙德拉贡与巴斯克地区、西班牙、欧盟和世界各地的合作社进行广泛合作，促进共同发展。

⑧社会变革。蒙德拉贡致力于以合作社的活动为社区经济发展和社会

进步做出贡献。包括：创造新的就业机会，建立符合合作制原则的社会保障制度，与当地经济、社会组织密切合作，创办公益事业，等等。

⑨普遍合作。蒙德拉贡在社会经济各个领域，主张实现和平、公正和可持续发展的目标，主张缩小贫富差别。

⑩教育。蒙德拉贡的创业者们认为，"人"是合作社最重要的要素，为此投入大量的人、财、物，对合作社领导和员工进行各个方面的教育和培训；通过培训，使他们更了解合作社的原则和制度，提高他们的专业素质和水平（唐冰，2006）。

总之，基于巴斯克地区的天主教限制市场的文化，牧师玛利亚开始宣传反市场的合作思想，并创办了技工学校，其中的五个学员开始了第一家合作社，当这些合作社多了后，缺乏经费，他们就成立合作银行，并且把合作思想变成公司的管理原则，然后利用这些管理规则，在全球各地复制他们的思想与管理，衍生大量的子公司和孙公司，把平衡合作与市场思想的战略管理与商业模式推向全球。

新联合汽车制造公司（New United Motor Manufacturing, Inc.，简称NUMMI）是员工参与管理的一个成功案例。1980年位于佛利蒙的通用旧厂，据说是当年最糟糕的通用生产企业，在那里工人吸毒、罢工、破坏生产质量，名声极坏。旷工人数经常超过20%，生产出来的车子质量问题较多。1982年，这家工厂倒闭了，1984年通用利用这个旧厂房设备，与丰田共同成立新联合汽车制造公司。公司的员工参与管理主要体现在以下两个方面（Rothenberg, 2003；Strauss, 2006）。

一是通用工会与丰田管理的结合，实施戴明式管理，提升员工参与团队质量管理。美国汽车行业工会与丰田新的管理层达成一致，即招回原关闭工厂的失业工人，管理层特别是管理团队中保留工会成员，形成工会与管理层共同组织的领导团队。领导团队是要能担当起伯乐和领航人角色的，他们为了实现把合适的人放在合适的工作岗位上，就必须与团队成员长时间待在一起，共同探讨相关的生产操作问题；当下属出现问题的时候，领导团队就要协助下属去解决问题，而当下属做得成功，也能展现领导与团队的成功。在此基础上，工人通过工作轮换，得到了培训，缓解了肌肉紧张，还有许多线下的（Off – Line）的工会——管理层领导团队，并且每个团队都有一个独立的隔间,团队成员可以在这边共进午餐,举行团队会议,并配有照片相互欣赏与学习促进。显然,这种管理模式,从根本上改变了以往美国企业工会领导的工作方式,以往工人们整天通过买醉来降低工作的痛苦,现在工人们需要通过脑力劳动来解决太多的问题,团队是充满激情的,因此解决了员工的"努力"问题。

二是新公司雇佣政策所引发的知识共享。在丰田进入之前,旧工厂的员工是如此描述工厂里的知识共享:由于面临的巨大失业威胁与恐惧,大家都明白可能要发生的事实是,不管是什么知识,你都需要与他人保持距离,为自己掌握的知识保密,没有产生任何文档,不能记录任何东西,不能标准化,因为当你这样做的时候,你将有可能马上被替换而被迫离开(Rothenberg, 2003)。

引进丰田管理模式后,丰田的终身雇佣制与团队管理所实施的精益生产与学习型组织,成功实践了知识共享这一参与管理的目的。为了解决精益制造管理中的问题,企业中产生如野中郁次郎的"中-上-下"知识创造模型:"基层员工和低层管理者都专注于日常细节而这些员工和低层管理者穷于应付非常具体的信息,他们经常发现要将信息转化为有用的知识极其困难。"(野中郁次郎,1994)借鉴"中-上-下"模型,NUMMI公司奉行"协同知识"。领导人在知识创造中是催化剂,中层管理者负责引领知识创造团队的发展,如在环保和其他生产性能领域,专业工人的角色参与是至关重要的。

NUMMI精益生产系统实践的参与管理具体方法如下:首先,由一线工人主动发起流程改进,它可能发生在这样一个情境下,而这种情境提供了与掌握必要知识的人如工程师接触机会;其次,在生产过程中的车间内和管理水平上,以及信息获取和使用上产生了更大的相互依存关系;最后,NUMMI的文化促使直线员工在流程实施过程中与专家更靠近,并鼓励合作和共享。在公司年会上,工会和管理层就严格的员工选择标准、培训员工进行文化交流和加强员工合作以适应丰田管理理念,展开了具体的谈判。在不裁员和其他文化被保护在更可靠的环境条件下,进一步鼓励知识结合。

经过实践不同于传统的"自下而上"的员工参与项目,至1994年,公司内部调查发现，80%的团队成员认为工作安全感是他们留在公司工作的重要原因，并因此产生公司内部信任，为团队内部员工的知识共享提供保障。当然，2010年由于产能过剩，新联合汽车制造公司被迫关闭，完成了两大汽车集团合作的初衷与使命。但这不能抹杀它作为最成功的参与管理模式案例的地位。

国外两种实践模式的可借鉴之处在于，其成功地推动了员工—组织的互动参与，通过民主参与实践劳资双赢。然而，这两种模式能否在中国实践，鲜有文献从程序或案例介绍的方式呈现。考虑到跨文化因素的作用，如蒙德拉贡的成功，更多的人把它归因于天主教会的限制和平衡市场的思维（Cheney，2002）。因此有必要分析，以儒家文化为主，多元文化并存的中华情境下，中国企业到底是如何实践民主参与管理的，另外，在国外比较成功的民主参与管理实践，在中国为什么得到较少的响应？

基于上述理论分析，以及提出的种种问题，我们列出了关于民主参与管理的理论框架模型。如图0-1所示，民主参与管理是价值性与工具性的统一。从价值性的角度，民主参与具有民主价值，能够实现自由平等与员工发展等。同时，民主参与管理也具有工具性，对组织来说具有管理价值。价值性与工具性的统一，即民主参与管理的价值不仅体现在民主的价值，还体现在管理的价值。动态上，价值性又是"作为目的工具"与"作为工具的工具"的统一；工具性也是管理实践与管理绩效的统一。价值性与工具性在动态上是互动的，如参与管理实践有助于员工的认同，提升组织承诺，组织绩效提升又可以更好地实现员工的自由平等价值。值得一提的是，本书把"价值性"界定为实施民主参与对民主目标的促进功

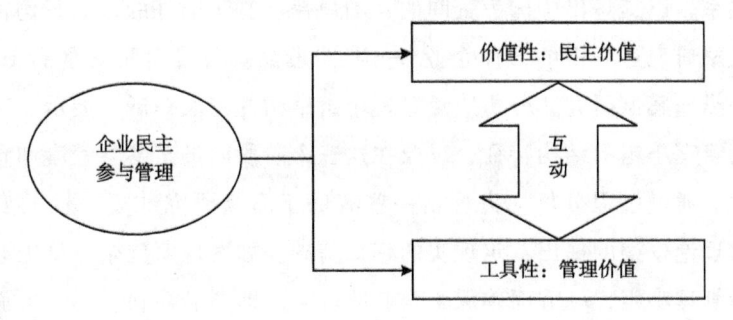

图0-1 理论框架图

能，即企业实施民主参与管理过程中，员工实现了自由、平等、公平感等人本目标与价值；把"工具性"界定为民主参与对组织绩效的实现功能，即企业实施民主参与实现了组织的业绩，有利于组织目标与组织发展。

二 本书的计划

基于上述理论框架图，我们把后继的研究分为三篇。第一篇主要交代"是什么"，在综合工业民主与参与管理理论的基础上，提出基于中华情境的民主参与管理构念，并对该新构念进行测量。第二篇主要回答"为什么"，分析企业为什么不实施民主参与管理，提出企业缺乏互动参与管理的原因；主要从深层次上分析企业为何要或不要实施民主参与管理，即从后果反推企业实施或不实施民主参与管理的动机。在分析前因后果的基础上，第三篇主要提出如何实践民主参与管理，回答"怎么做"的问题。具体如下。

企业的民主参与管理从研究现状与背景入手。第一章分析与民主参与相关的理论基础与中国现实背景。理论上，有多个学科围绕民主参与进行深入分析，如工业民主、参与管理、员工—组织关系理论、利益相关者理论与合作理论等。基于这些理论的指导，相关主体如企业、员工、政府与社会等多方是如何互动的，在现实中，海峡两岸工业化过程中各主体的策略与互动关系有所差异。总体上，台湾社会的民主进程相对较快，企业受西方先进管理理念的影响较早，因此，家族企业与员工间的互动进入相对较为良性的运作阶段。

第二章借助于单案例的跟踪观察与研究来进一步分析企业与员工间的互动关系，以提炼出中国劳资间的互动规律。基于国外的成功案例，本书选择扎根研究过程中的合作企业——盼盼食品。通过对盼盼食品1996年以来的纵向案例研究，分析质量管理小组结构的三次拓展，展示了三个阶段质量管理小组的结构特征，以及在这三个阶段内员工参与程度和参与的有效性。通过过程分析，提炼出一些有助于后续研究的规律性的变化逻辑，为理论框架的提出奠定现实的感知基础。如发现家族企业员工通过参与质量管理小组，一方面确保了企业的诉求，即产品质量；另一方面员工通过参与到质量管理中来，也增强了员工对组织的了解，提升了工作的自由度，并使员工形成组织文化的回溯性象征化过程，共享价值观形成并产生主人翁意识；二者之间存在行为互动与结果的一致性现象。通过实践观察，了解员工与企业在互动过程中的一些有益现象，如建言、组织气氛等。

在理论分析和现实观察的基础上，后续研究指出现实中国企业互动不足现象，通过理论评述指出理论分野加剧了劳资间的独立行动。理论上，工业民主理论研究把保护劳动者及其权益当作和谐劳动的主要目标，强调劳动者的契约性保障，包括收入保障、社会保障与权益保障。但这种保障是有必要的，不是充分的。因为过度保障破坏了资方连续超额投入的动力，也弱化劳方对职责与操守的重视，还会破坏劳资双方的信任，从而削弱资方的连续超额投入。于是，这种做法逐步为工人所放弃。现代科技信息技术的发展、经济全球化等使雇佣关系进一步趋向"灵活化"（Budd, 2004），稳定且终身拥有工作的期望正被逐步湮灭。结果，传统雇佣关系中对市场起到限制作用的制度，如劳工标准和工会，受到挑战与削弱。近年来，工业民主理论研究集中于具体的可为工人接受的管理策略上来，如通过员工参与等制度化管理策略，固化企业与员工间的关系，以降低企业对员工的多变性行为。因此员工参与是一项好的企业管理制度安排。它不仅能加快员工成长，提升企业效率，也能保障企业对员工发展的投入，增强劳资间的互信。因此，近年来员工参与管理的功能被逐步放大，工业民主的理念被逐渐淡化。其实，从战略与系统的角度来看，二者之间是互补的，并且已经成为趋势（Kaufman, 2001）。文章的第三、四、五章主要是顺应这种趋势，第三章主张把民主与参与两个构念的综合研究理念，并提出民主参与是实现劳资和谐的充要条件的观点。围绕员工—组织关系理论，把劳资互信、相互投资型劳资关系（高阶段的互动）作为一种和谐劳动关系，分析要实现相互投资型劳资关系，需要基于外部社会保障的契约原理与企业内部管理制度双管齐下。和谐劳动是一个过程，是基于平等契约之上的劳资互信与相互投入的过程。和谐劳动关系本应该是劳资双方认同的一个构念，现实中却为外部社会所倡导，不为主要利益相关者即劳资双方所接受。建立基于相互信任的和谐劳动关系，需要劳资双方均有一定的自由选择权，因此，需要提出能为劳资双方认同的构念，如共享价值等。最后，提出了从民主参与到共享价值与劳资和谐的实现过程模型，即劳资关系情境改变模型。其中企业通过主动管理来改变劳资关系情境，是实现相互投资型的和谐劳动的关键。

第四章提出了"民主参与"的构念，从质性研究的角度入手，回答在中国情境下，企业为什么要实施民主参与管理？企业民主参与管理应当包含哪些内容，其实现机制是什么？借助扎根理论，对家族企业民主参与管理的深度访谈与研究，我们得出了民主参与管理的内涵，即民主参与管理指的是以民主引领员工参与管理，引导家族企业主动构建参与管理平台以实现高投入高忠诚的劳资关系情境，通过民主参与以实现共享价值与共同发展的民主化管理实践。在中国情境下，受外部环境影响，企业应当采用参与、关怀等民主参与管理，借助于公平公正与信任的气氛，提升员工的人本化等民主感知，以实现员工的积极组织行为。民主参与管理过程是企业目标与员工价值的双重统一，其目标是为了劳资的双赢。

第五章则主要通过实证分析，构造"民主参与管理"的测量量表，为后续的量化研究奠定基础。考虑到国内外对民主参与管理测量的差异，如参与的量表成熟，而民主管理的量表不足，结合前人的理论以及所开发的量表，借助于扎根研究的思想，把民主参与管理划分为两大维度四大内容，即信息共享、决策参与、责任关怀与人文关怀四部分。至此，我们就从民主参与管理的价值、内容与结构等多个方面回答了什么是企业的"民主参与管理"，是为第一篇。

在第一篇交代背景与概念基础上，第二篇主要回答"为什么"？通过实证研究，回答企业民主参与管理的前因与后果，为全书的核心内容，共有五章。在提出民主参与管理研究构念，以及国内外对民主参与管理研究的基础上，国内企业实践如何？第六章借助于海峡两岸的一手数据，分析企业实施民主参与管理的背景，包括企业内部环境以及企业外部的环境。针对国内理论研究的现状，文章借助于实证分析，认为海峡两岸家族企业不实施民主参与管理的主要原因在于企业内部气氛，并提出了我们的观点与见解：要提升企业的民主参与管理动力，除了外部社会的激励促进策略外，还应当改善外部社会的民主气氛。至此，我们初步回答了影响企业实施民主参与管理的因素。

为了进一步分析企业实施民主参与管理的动力不足和参与积极性问

题，第七章着眼于员工的参与动机与积极性，主要分析民主参与管理的民主价值所在。研究企业民主参与管理对自由、平等、自治、正义等诸价值的贡献值的大小？围绕组织发展理论，分析民主参与管理对员工的发言权、个人成长、工作环境改善、组织发展、公平公正等因素的作用。研究显示，民主参与管理的主要绩效在于价值性，即有利于提升员工的成长环境、改善工作环境，并实现发言权。第八章则着眼于企业的动力，主要从企业实践民主参与管理的目的入手，分析民主参与管理的企业管理价值所在。企业的目标是为了提升组织绩效，民主参与这种管理实践是否有利于直接或间接地提升组织绩效呢？实证数据显示，民主参与管理的四大实践中，信息共享对组织绩效没有显著效应，人文关怀可直接作用于员工的情感承诺与离职倾向。决策参与、责任关怀对组织绩效有间接的效应。通过对海峡两岸四地的对比分析，发现这些直接或间接效应在海峡两岸没有显著差异，即两岸企业的民主参与管理存在共性。

第九章则综合上述两大目标，分析民主参与的工具性与价值性统一的特征。员工在企业的目的是实现自我价值，还是企业的发展？企业存在的价值是为了利润最大化，还是为它们的员工提供更好的工作生活等成长环境？把这些问题归结于唯一答案或标准都是极端偏激的，这些问题的解决需要厘清理论与实践、企业长期战略与短期目标、企业愿景与贯彻执行等矛盾。作为一种有价值的管理实践，民主参与如何体现它的价值？战略匹配理论告诉我们，员工—组织关系是一种双向互动关系，组织绩效评价系统本身就是一个闭环系统，可以不断反馈、不断改进。但由于缺乏序贯数据作为支撑，已有的数据很难验证双向因果关系，借助于数据的相关性分析，结果显示民主参与管理与企业目标、员工价值各变量间存在的相关性。文章还借助于简单的中介模型，初步回答了作为合工具性价值的民主参与管理，是一种好的制度安排与管理实践。

为了更明确地回答价值性与工具性的关系，本章进一步引入共享价值观的概念，借助于共享价值观这一员工—组织关系目标价值的概念，通过实证研究简化了民主参与管理可能存在的动态闭环等复杂关系，实现从静态的角度，回答了民主参与管理的工具性与价值性的争议，厘清一元论与多元论之争，论证了民主参与管理是兼顾价值性与工具性的统一有效管理实践。从静态的角度，以共享价值观为因变量的实证分析结果表明，民主参与对共享价值观的效应体现在高价值性中介与低工具性中介。实证分析解释了，现实中企业实施民主参与管理的积极性不高，以及理论研究的系统不足等问题，即由于工具性与价值性的争议与模糊，以及工具性中介不足，使得民主参与等最佳管理实践难以得到应有的重视。

为了厘清价值性与工具性间的总体上双向因果模糊关系，第十章进一步通过多重中介模型来分析其中的具体动态作用过程。其中，价值性具体化为员工感知的组织支持、言论自由以及在此基础上产生的认同感与个体成长等；工具性具体化员工承诺、角色外行为、组织公平与组织发展等。民主参与是先通过价值性还是工具性以实现双向作用，基于社会交换理论，我们认为如果企业主动改变劳资关系情境，员工必然感知到管理方行为对员工自身的价值，实证数据也支持这一观点，民主参与管理先通过价值性中介，再通过价值性、工具性与直接效应三条路径作用于共享价值。现实中，主管（组织代理人）与员工之间认知差异对企业的管理策略有显著影响，这种差异需要通过企业组建参与平台，使得员工有机会通过发言权机制以及公平交换等民主参与管理的内在价值，来解决双方的认知差异，以改善组织气氛。

第三篇为实践篇，主要综合 HRM（Human Resource Management，人力资源管理）与 IR 思维，探讨平衡公司和员工利益的有效公司政策，如平衡公司发展与个人发展的正式或非正式制度安排，以及社会管理策略，最终实现经济繁荣，并使人的生命价值得到关注，包括三章。第十一章主要综合前文的实证结论，分析理论对策与建议。主要分析在工具性较低的情境下，理论研究与实证分析应当如何进一步促进企业的互动参与管理实践。如根据 Glew 等（1995）的框架性研究，企业实施民主参与管理，首先是由企业最高层提出，或者是企业基于理论与管理模仿等，提出的民主参与管理动议或项目。这种动议提出后，为什么不被执行并取得成效，可能有组织内部的因素，如组织结构、气氛，更重要的是工具性不足，也可能是劳动力市场规范与社会民主意识，这也可能弱化了组织结构与组织气氛对企业实施民主参与管理的作用。对学者提出的企业为什么不实施民主参与管理的原因，包括能力不足、压力不足、动力不足以及环境不良等观点，文章给出了相应的评价与对策建议。

第十二章在实证分析模型的基础上，借助人口统计学特征，对调研的三家公司进行对比分析，依据不同情境下企业管理的差异，提出具体的企业管理对策。第十三章则着眼于外部社会的管理策略，对于价值性属性的管理策略，外部社会更应当有所作为。要促进企业实施民主参与管理，实现良性的劳资互动，外部社会的社会管理角色不到位，主要是由于认识的问题，如把互动不足归结于员工能力不足，或者是过于简单的社会经济管理模式，即认为企业压力不足，应当加强法制等规范；本书认为，企业不实施民主参与管理的主要原因在于其动力不足以及环境不良，因此，为提升企业的民主参与管理动力，社会管理除了运用激励促进策略外，还应当改善外部社会的民主气氛。

最后一章是结束语，根据前文的章节中的思想框架和分析，重新提出民主参与的合工具性价值这一命题。长期以来大家认为，在家族企业，非正式制度是企业平衡劳资关系的关键，如人伦关系、人际关系管理等。根据 Strauss（2006）的归纳，这一理念尚停留于参与管理的第一阶段，中国家族企业实践跨越式发展，民主参与应当更加重视现代管理创新对企业竞争力的提升作用，作为一种好的管理实践，应当得到我国家族企业的重视。另外，市场化浪潮中的主流思想是工具论，甚至于对抗外部的标准，如华为的辞职门事件，工具论大行其道。其实，单纯的工具论是片面的，难以奏效的。因此，实践合工具性价值的民主参与管理，应当以综合视角，在综合"工具性"与"价值性"的基础上，实践价值观管理，以此为契机，推行企业内部管理策略变革。同时，针对本书的局限，最后一章还提出了未来研究的领域与努力方向。

在实践人与自然和谐共存的今天，产能过剩与环境保护问题严重影响人类生活，如何评价工作的意义，尊重生命，实现人的发展更需要平衡效率与公平。重视效率被夸大的后果是企业被动管理与员工积极性下降相伴随，重视公平等终极价值尤其要确保市场和公司不要产生有损于人的生命（如富士康的机械化效率）的事件的频发。通过互动参与，强调工作的价值，在工作中参与管理与决策必将是一件有意义的事。

第一篇
什么是民主参与管理

为了分析民主参与管理实践的原因,首先需要了解什么是民主参与管理,包括其内涵与外延。第一篇是基础篇,具体介绍了国内外民主参与管理的趋势,以及中国的现状,并提出中国实践民主参与管理的目标所在。在结合海峡两岸实际的基础上,基于田野调查的扎根研究,分析我国企业民主参与管理的形式,总结出具体的概念模型。

从长远看,家族企业与员工之间互动的期望结果是双方相互投资,即外部社会提出的和谐劳动关系,相互投资型劳动关系有利于实现员工与组织的共同成长与发展。正如第三章所指出的,相互投资首先需要双方相互认同,有共同的价值理念或共享价值观。因此从第四章开始,全书主要围绕如何实现共享价值观这一劳资互动所要达到的更直接目标。全书的主要内容将围绕民主参与管理与共享价值观之间进行展开。为了进一步论证概念模型的实践基础,我们开发了概念的测量模型,并通过预调研与大规模调研,验证测量模型的信度与效度。为后续的研究提供素材、理论基础与研究工具。

第一章 海峡两岸家族企业民主参与管理的理论背景与现状

2008年《劳动合同法》生效，2012年国家六部委联合下发《企业民主管理规定》，2013年新修改的《劳动合同法》要求企业实施"同工同酬"，2015年，在经济下行的压力下，我国政府仍然要求企业严格遵守劳动用工和社会保险法律法规。这表明随着经济与社会的发展，中国社会管理工作的重心转向企业规范用工以及"体面工作"等目标。然而，随着科技信息技术的发展，经济全球化伴随着用工的灵活化，企业只希望为值得信赖的优秀员工提供劳动保障，而对于非核心业务采用灵活或外包的用工形式。外部的用工规范管理制度与标准等受到挑战。

另外，随着全球人口逐步进入老龄化，如何保持有竞争性的人力资源也成为企业进一步发展的关键因素。企业的发展也需要结合区域社会的人文环境、智力支撑与社会保障等有利的社会结构与特征。对外部劳工标准与工会，企业比以往任何时候都暧昧。

理论上，也存在学科间的分歧与不确定问题。本章在回顾相关理论的基础上，分析中国工业化过程中的劳动关系民主化现状，以及中华社会关系中民主参与研究，在此基础上，提出我国实践和谐劳动的理论方向，并分析其中的实践过程与理论模型。为后续各章提供理论支撑与研究基础。

一 互动的理论背景：工业民主与员工参与的分野与融合

劳动关系（IR）的民主参与管理思想最早源于19世纪末韦伯夫妇倡导的工业民主理论。此后，西方工业革命促发了员工参与的管理思维，如利润分享制度。经济快速发展不断引发了这一领域的管理革命，表现在从泰罗的"合作机制"到行为科学理论的"人本管理"，从制度学派的工会与集体谈判到跨学科的劳动关系系统管理理论等。相关研究可以分为两种思路，一是鉴于"劳弱资强"，强调通过外部制度来实现合作与民主；二是从企业内部需求出发，从管理效率的角度思考民主与劳资合作关系等问题。

（一）工业民主理论

劳动关系民主化管理思维可以追溯到英国学者韦伯夫妇于1894年即出版了《工业民主》（Industrial Democracy）一书，在书中，他们设计了从工厂的草根民主到上层建筑的政治民主的一整套体系，认为民主运动分两个阶段，第一个阶段是政治民主，即人民有选举官吏和民意代表的权利；第二个阶段是往下扎根的民主，即社会民主。社会民主主要是生产与分配民主：分配民主，即透过福利政策达成社会资源的公平分配；生产民主，即透过产业民主政策使人民能参与工作的管理与经营。他们的工业民主更多的是从上层建筑的角度来论述的，是对资本主义私有制的一种矫正，具有意识形态的色彩。

实践上，19世纪末20世纪初西方各国普遍兴起的社会民主改革运动，取得了一定的成绩，如工作时间的减少、童工和女工的保护、最低工资标准的规定、失业时得到的救济等。这些运动也提高了劳动者的公民权利和社会责任意识，他们要求更多地参与社会改革。

伴随着这些劳工运动实践，劳动关系外部制度的研究于1960年代发展到了理论的巅峰。在这个过程中，如何实现民主，劳动关系方面的思考着重于理解工会的性质和组织以及集体谈判的功能。康芒斯在他的《集体行动的经济学》一书中认为，工会并不会带来暴政和垄断，而是会帮助在产业中建立宪政的一种自由力量，说明劳动关系构成主体一方和其他主体的力量对比。（Perlman, 1979）则认为，工会是主要关注工人的工作利益和在工会成员之间分享工作机会的信息。1950～1960年代，在劳动关系进入研究的黄金时代，学者们主要研究集体谈判和劳动关系基本理论上，邓洛普（Dunlop, 1958）认为劳动关系是一门独立的学科，它研究劳动关系规则的制定和管理，建立系统的劳动关系理论。系列研究把这个领域还拓展到工业化进程对人和社会的影响上来。外部制度如法律、工会、集体谈判等在实现民主化过程中的具有较大的影响作用。其中具体的影响力如何？通过什么途径来实现？如何建立相关机制来实现产业民主？是近年来理论研究的热点。相关理论模型主要有劳动关系理论与模型。

系统考察内外部因素对劳动关系的作用，源于邓洛普（1958）提出的劳动关系系统模型，他认为劳资关系系统是由一定的行为主体、特定的环境、共享的意识形态以及一系列的管理规则所组成。邓洛普的研究成果被认为在劳动关系理论发展史上，具有"革命性的意义"（常凯，2006）。

邓洛普模型在雇佣关系领域的研究影响深远，且受到多方面的批判。而基于邓洛普的桑德沃模型则相对完善，美国学者桑德沃（Sandver，1987）在《劳动关系：过程与结果》一书中提出了自己劳动关系分析的理论模型。如图1-1所示，桑德沃认为，劳动关系运作过程中，外部环境因素、工作场所和个人因素是导致工作紧张冲突的基本因素；而工作紧张冲突的解决，依赖于管理和个人撤出以及工会运动。工会运动在解决紧张冲突的过程中，集体谈判是基本手段。工会一般就工资、工时和工作条件等同雇主或企业管理者进行集体谈判；在集体谈判的基础上，签订集体合同和有关协议，集体合同和有关协议成为工作场所的行为准则，或对工作场所产生影响，使工作场所得到改善；工作场所的改善和发展变化又会对外部环境产生影响，外部环境也因此得到改善；外部环境的改善和发展变化又反过来影响劳动关系的运作。

20世纪80年代以来，全球经济社会趋于稳定，制度解释研究范围逐步缩小到工会和集体谈判等，如桑德沃（1987）发展了邓洛普的系统理论，认为外部环境、工作场所和个人因素是导致工作紧张的三个关键因素，也主张通过集体谈判缓和劳动关系，改善外部环境。同时，在全球化背景下，劳动关系的市场交易与组织契约特征越来越明显，劳动关系研究开始关注企业内部管理策略。冠肯等人（Kochan，1986）认为，随着产业结构的变化和工会势力的衰退，劳动关系主体的策略选择成为劳动关系系统的重要影响因素。Rogers等（1995）则认为工会的力量在下降，应

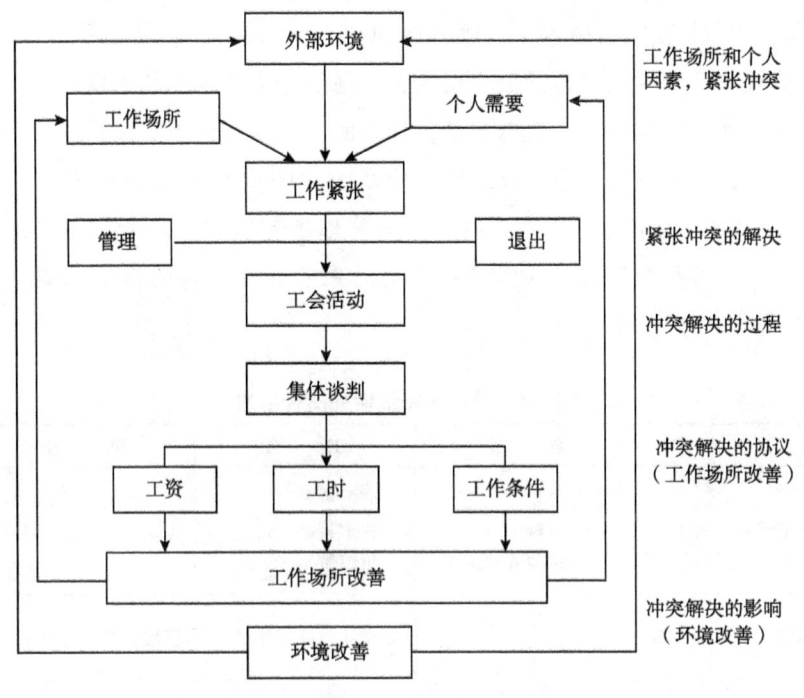

```
                    ┌──────────────┐
                    │   外部环境   │
                    └──────────────┘
                 ┌─────┴──┬────────┐         工作场所和个人
         ┌───────┴──┐  ┌──┴──────┐            因素，紧张冲突
         │ 工作场所 │  │ 个人需要│
         └──────────┘  └─────────┘
                    ┌──────────────┐
                    │   工作紧张   │
                    └──────────────┘
       ┌──────┐                    ┌──────┐
       │ 管理 │                    │ 退出 │      紧张冲突的解决
       └──────┘                    └──────┘
                    ┌──────────────┐
                    │   工会活动   │          冲突解决的过程
                    └──────────────┘
                    ┌──────────────┐
                    │   集体谈判   │
                    └──────────────┘
                                              冲突解决的协议
        ┌──────┐  ┌──────┐  ┌──────────┐      （工作场所改善）
        │ 工资 │  │ 工时 │  │ 工作条件 │
        └──────┘  └──────┘  └──────────┘
                    ┌──────────────┐
                    │  工作场所改善│
                    └──────────────┘
                                              冲突解决的影响
                    ┌──────────────┐          （环境改善）
                    │   环境改善   │
                    └──────────────┘
```

图1-1 桑德沃模型

该以类似工人委员会等工人的发言机制来代替集体谈判，Budd（2004）也提出工人发言权机制在介于公平与效率机制中的地位。另外，工会、发言权、集体谈判等都需要法律或制度的保障，以德国的《共同决定法》为代表的欧美国家法律体系显示出法律机制在劳动关系民主化过程中的作用。

同时，随着全球经济趋于稳定，工会力量的下降，工会活动家海曼（2001）认为，工会可以分为三种，一是激进反抗性工会，面向阶级，其目标在于激进的社会民主、工团主义与巷道主义；二是整合性工会，面向社会，提出社会的功能主义与有机主义观点，共同的意识形态，以逐步增进社会福利和社会凝聚为优先事项，并因此成就一种作为社会利益代表的自我意象；三是商业工会主义，面向市场，核心观点是集体协商优先，避开政治的纠缠。现实中，海曼认为工会可能会是两个对立体的混合体。

在工会力量弱化的背景下，按照桑德沃模型，三种力量只剩下两种，在工人不可能退出的条件下，管理力量必然得到发展，冠肯等（1986）提出的战略选择模型，包括三个层次：中间层是集体谈判和人事政策，更高层是长期战略和决策，较低层是工作场所和个人与组织的关系。这种观点被批评为以美国为对象的高绩效工作实践（High Performance Wok Practice，HPWP）的解释，过于强调雇主的管理来实现工作场所的契约、平等与自由。但每个层次的决策选择则为后来的研究提供的理论框架（见表1-1）。

表1-1 劳动关系活动的三个层次

层次	雇主	工会	政府
长期策略与决策	企业策略 投资策略 人力资源管理策略	政治策略 代表策略 组织策略	宏观经济与社会政策
集体协商与人事策略	人事政策 协商策略	集体协商策略	劳动法与劳动行政
工作场所与个人/组织关系	督导风格 员工参与 工作设计与组织	协约管理 员工参与 工作设计与组织	劳动标准 员工参与个人权利

如表1-1所示，从外部社会来说，除了外部环境因素（劳动力市场、劳动力的特质与价值、商品市场、技术市场和公共政策）外，工会与政府可以在高中低层次采取多种策略来实现劳动关系民主化（包括个人权利、平等与协商等）目标。

当然，理论家们也把民主当作一种劳动关系的治理路径，认为工业民主的可行性主要体现为实践中工业民主制度所蕴含的功能和价值。因为，工业民主是一种劳资利益协调机制，工业民主是一种权力的分享和制约机制，工业民主鼓励和平解决劳资冲突，工业民主强调参与（RA. Dahl，1973）。国内学者陈微波（2011）也认为工业领域内，民主话语和机制的缺失使资本缺乏有效的制约力量，由此所导致的劳资之间的悬殊力量对比成为劳资冲突的根源。工业民主理念的复兴与工业民主制度的构建与完善应该成为一种理性的选择。这些理论把劳动关系的最高目标定为合作与和谐，民主只不过是走向和谐的一个过程。

（二）参与管理理论

从企业内部效率角度看，民主的代名词是员工参与（ER）或参与管理。理论上，员工参与被重视是由于泰勒制管理解决企业生产效率中的难题，1920年代末，人的主动性问题被日益重视（Follett，1925）。1933年，Hawthorne的研究导致了对人力资源生产率决定要素研究的兴趣逐渐得到提升。此后，人际关系学派与行为理论发展迅速。这一理念真正在管理上得到实践，是1950年代工作生活质量（Quality of Work-Life）运动的兴起。随后，管理学家通过目标管理（Druck，1955）、员工持股计划（Employee Stock Ownership Plans，ESOP）、分享经济、相互投资型劳动关系（Tsui et al.，1997）、团队与建言（Van Dyne，2003）等为员工参与理论奠定了基础与实践指导。这些理论均认为，通过设置具体有利于员工参与的环境，并促使员工个人及职业的成长，企业也将因为员工的经验、才能与视界等而得到更好的发展。Slate（1997），Lawler（1986）等学者都曾预示，这一新的范式将有利于提升员工的道德水平、工作的自豪感与效率以及忠诚度等。

理论上，员工参与理论最早源于玛丽·福莱特等人的人际关系学（Follett，1925，1940），以及人力资源理论（McGregor，1960；Likert，1961，1967）。面对泰勒制管理带来的员工惰性等问题，福莱特提出了"共融的概念"，主张把小组成员的差异和谐地融合在一起，以产生出大家都能接受的结果，认为管理者的职责就在于培养小组成员相互沟通和协调，以实现共融。利克特（1961）强调要实现员工与管理层间的支持性沟通，必须通过全面参与。在此基础上，利克特于1967年提出了领导的四系统模型，即把领导方式分成四类系统：剥削式的集权领导、仁慈式的集权领导、协商式的民主领导和参与式的民主领导。他认为只有第四系统——参与式的民主领导——才能实现真正有效的领导，才能正确地为组织设定目标和有效地达到目标。

员工参与的作用原理是心理学的共向模型（Coorientation Models）与归因理论（Attribution Theory）。共向模型最早由社会心理学家纽科姆（Newcomb，1953）提出，也称A-B-X模型。因为一项参与行动发出后A主要是管理者，也可以是员工的倡议，根据归因理论（Kelley，1973），

B 是否做出决定要不要参与，可能会参考旁观者、下级、上司等人的行动，以减少不确定性。正是基于人们的决策会考虑周边人的行为，共向模型揭示了关于认知过程中人际互动与认知系统的变化及态度变化之间的相互关系的假说。纽科姆1968年提出要实现员工参与，需要员工与管理者间存在，一是共同的意愿、信念与价值观，二是AB基于各自环境所指向的目标物X，三是他们之间的关系；只有这样，参与者才会努力在吸引和共同态度之间保持对称的平衡，相近性和交往都在共向模型中发挥着作用。因此，共向模型强调信息的发出者利用"相似性"的人际吸引为中介，通过沟通，与接受者产生认同，达到协调的目的。

（三）员工—组织关系理论

综合IR与ER角度分析劳资关系的是员工—组织关系（Employee Organization Relationship，EOR）理论，是由企业管理方和员工间的利益引起的权利和义务、管理和被管理的关系，具体表现为合作、冲突、沟通、激励等权利和义务的总和（程延园，2004）。EOR兴起于20世纪80年代，是人力资源管理的一个特定领域。对于EOR的研究主要是围绕心理契约、激励—贡献以及双向视角三个方面展开的。

首先，心理契约方面的研究从个体层面探讨员工对其自身和组织双方责任的认知问题，而激励—贡献方面的研究（Cyert，1956）则从组织的角度来研究关系策略。因此，国内外学者对员工—组织关系有着不同的定义，在Rousseau（1990）关于员工视角的心理契约的研究中，他把员工—组织关系的心理契约定义为"员工个人以雇佣关系为背景，以许诺、信任和知觉为基础而形成的关于双方责任的认知"。

其次，激励—贡献方面的研究揭示了员工与组织的相互依赖关系，只有员工的贡献和产出能够实现组织的目标，组织的激励才会满足员工的要求。徐淑英等（Tsui，1997）在基于投入/贡献模型的组织视角的员工—组织关系研究中将员工—组织关系定义为"从组织的角度管理员工—组织关系的策略，包括组织对员工提供的诱因和组织对员工贡献的期望两个维度"。他们按均衡的员工—组织关系和非均衡员工—组织关系将雇佣关系划分为准交易契约型、相互投资型、投资不足型和过度投资型四种模式（见图1-2）。

	企业期望员工的贡献	
	低/窄	高/宽
企业提供给员工的诱因 低/窄	准交易契约型	投资不足型
企业提供给员工的诱因 高/宽	过度投资型	相互投资型

图 1-2　基于激励—贡献模型的四种劳资关系

此后，相关的实证研究结果表明，相互投资型雇佣关系在动态不确定性情境下是最有效的雇佣关系模式，这种雇佣关系模式与员工的态度和绩效呈显著正相关关系。相关研究也通过实证调研验证了相互投资型雇佣关系模式在我国情境下的有效性。如 Tsui 和 Wu（2006）以及 Zhang 等（2008）的研究也都验证了相互投资型雇佣关系模式的有效性。然而，赵曙明（2011）指出，按照诱因—贡献模型，最优的雇佣关系模式应当是相互投资型雇佣关系模式，但是从实践来看，理论上最优的相互投资型雇佣关系模式并没有为大多数企业所采用。相反，大多数企业所采用的是准交易契约型雇佣关系（Quasi-Spot-Contract Employee-Organization Relationship）模式，这一雇佣关系模式强调雇主与雇员之间的雇佣关系仅仅是基于物质激励的。

最后，双向视角代表有 Shapiro 等（2002）关于员工—组织关系中互惠原则的研究，以及 Tekleab 等（2003）关于责任认知一致性与心理契约违背的研究。我国学者陈维政、吴继红（2005）借鉴徐淑英（Tsui, 1997）关于员工—组织关系的定义，从双向视角把员工—组织关系定义为"组织对员工提供的投入与员工对组织的回报之间的社会交换关系"。他们的研究发现了与单一视角研究迥然不同的结论，即组织的高投入未必能带来员工的高绩效，在双向视角的员工—组织关系研究方面做出了有益的探索。

在国内，除了陈维政的双向视角外，大部分学者集中于诱因—贡献模型的研究，大量的研究分析了和谐的员工—组织关系的形成过程，康力和石金涛（2011）研究高质量的领导成员交换关系对相互投资型劳动关系的作用，蒋建武（2012）提出对于非正式员工，人力资源管理要一视同仁，如鼓励员工参与、有效授权、公平对待员工以及支持性的工作环境等措施也可以针对非典型雇佣员工，这些措施的运用，有利于非典型雇佣员工感知到用工单位的支持，作为回报，其努力工作的意愿将更强烈。

其实，双向视角的员工—组织关系仍然没有突破人力资源管理的效率视角，因此有必要从综合两个学科的视角，来分析劳资关系。

（四）利益相关者理论

员工参与，特别是深度（高度）参与所涉及的共决制与员工所有制等，实质是对长期以来企业治理中"股东至上"这一公司治理法理的挑战。现实中，进入20世纪以后，随着现代工商企业的发展，公司规模的不断扩大，股权结构的日趋分散以及知识经济的兴起和人力资本重要性的提高，现代大企业的控制权实际上已逐渐转移到了职业经理人手中。特别是在那些新兴产业中，以高管层和关键技术人员为代表的人力资本已不再单纯依附于物质资本，而是日益形成互补共生的关系，并且要求共同分享生产要素协同创造的附加价值。与此同时，20世纪60年代后期始于美国，作为对企业单纯追逐最大利润倾向的批判和后工业化社会思潮影响延伸的企业社会责任与伦理问题，现今比以往任何时期都更加受到关注。因此，如何在企业经营过程中（如兼并、业务重组等），在公司治理框架之内对作为社会责任与伦理客体的供应商、消费者、债权人等利益相关者的权益进行保护，亦成为亟待解决的现实问题。与此相关的理论主要涉及利益相关者理论、人力资本投资理论以及企业社会责任运动理论。本部分主要分析利益相关者及其民主治理理论。

最早提出利益相关者概念是 Rhenman（1964），他认为利益相关者是指那些为了实现自身目的而依存于企业，且企业为了自身的持续发展也依托其存在的个人或者群体，如投资者、员工等。在此基础上，Freeman（1984）把企业的利益相关者界定为"任何能够影响企业组织目标的实现或受这种实现影响的个人或群体"。目前的定义有广义与狭义两大类，但都把员工当作仅次于股东的第二大利益相关者。在认识到利益相关者对于企业成长的关键作用之后，如何处理好企业与利益相关者之间的关系就成为理论与实践所面临的一个重要课题。对此，理论界提出了利益相关者管理（Stakeholder Management），以及利益相关者治理（Stakeholder Government）的概念。但是，时至今日，理论上对于利益相关者当中"谁'能够'或者'应该'参与公司治理"这个问题，却仍存在很大的分歧。回顾相关文献，这种分歧主要表现为四种不同的治理观，它们分别是股东治理观、员工治理观、利益相关者共同治理观以及关键利益相关者治理观（李维安，2007）。

员工治理观源于"劳动管理型企业理论"。其代表人物 Vanek（1970）认为，员工因拥有企业的所有权而具有自我管理的真正动力，这种动力来源于员工受到尊重、他们的生活质量得到提高和努力工作的价值更易得到认可并体现出来这一事实。Hansmann（1996）也指出，员工拥有企业所有权的制度，不但可以提高员工的劳动生产率，防止由锁定造成的机会主义行为，减少谈判过程中的策略行为，而且还能够疏导有关员工偏好的信息和减少员工的异化，因此，同其他形式的所有权安排相比，更具有效率。但对此，很多学者认识到其管理的局限性，一是其本身缺乏经济学和法理学依据（杨瑞龙和周业安，2001）；二是劳动和控制权的一体性使得集体的每个成员对于集体财产的占有关系具有极大的不稳定性；三是成员"搭便车"的行为，以及集体决策过程中的成本问题，带来管理的低效率问题。同时，在员工参与公司民主化管理中，每个人不仅参与的时间难以统一，而且他们是否愿意把时间花费在沟通交流、表达意愿活动的参与度上也有着很大不同。因此，哈瑞森和弗里曼（2004）通过对民主化管理概念分析，提出了在商业领域"建立在'自治''自愿'基础上的公司利益相关者关系"，并强调这是"民主化管理的哲学基础"，也是利益相关者民主化管理的主要内容之一。

学者因此注意到，由于大多数情况下公司掌握权力的人是股东和高级管理人员，他们不会轻易放弃自己的权利，比较理想的应该是将职业经理人制度与雇员一定的自我决策能力相结合的参与管理形式。关键利益相关者的理论因此被提到日程上来，其核心观点就是要对参与公司治理的利益相关者进行筛选（伊丹，2000；O'Conner，2003）。这一观点的代表人物——日本学者伊丹（2000）认为，只有企业的主权者才能参与公司治理。而要成为企业主权者，必须具备两个条件，即为企业存续提供不可替代的资源和承担企业经营的重大风险。但由于缺乏理论基础与实践检验，关键利益相关者治理观与员工治理观以及利益相关者共同治理观一样，在总体上都只能算一种"理论假说"。

但是，为了保证员工的积极性，实现企业长远发展。就需要保障员工参与管理得以实现，要求必须将员工的参与民主管理作为主要要素纳入公司管理。要以企业允许员工作为利益相关者参与企业的一系列实际活动为具体性表现。在这一系列的活动中，员工在问卷调查、特殊群体调研、专题性讨论会、经常性会议、内部刊物、网页网站或服务热线、会议简报、网络论坛等的参与，不仅能够在企业中拥有话语权，也将把员工与其他利益相关者关系落到实处，在这些过程中有时利益相关者扮演了一个灵活的公司管理者角色，这样更能够激发其员工民主化参与和创新行为的产生（Turnbull，2003）。

（五）合作伙伴理论

作为平衡劳资双方利益的重要理论，合作伙伴理论从20世纪90年代开始备受关注。合作伙伴理论其实是利益相关者理论机制设计方面的应用与拓展。

合作伙伴关系理论源于库克（Cooke，1990）的劳资合作模型。库克认为劳资合作是一种劳资关系模式，建立在劳资双方共同追求更大利益的目标上，在追求的过程中劳资双方不将各自的心力用于相互对抗上，而集中心力于目标的达成上。经过合作努力所带来的成果，由劳资双方共享，并归纳了工会与管理者在劳资合作中的得失。在分析劳资合作的潜在收益与成本后，库克进一步提出了企业绩效改进的劳资合作模型，如图1-3所示。

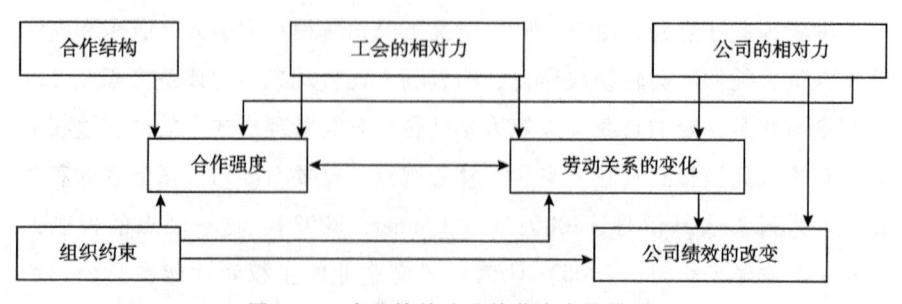

图1-3 企业绩效改进的劳资合作模型

劳资合作的强度取决于三个因素：工会与公司的相对力量、合作结构、组织约束。劳资合作使劳动关系发生重大的变化，随着时间的推移，劳动关系的这种变化又反作用于劳资合作强度。工会与公司相对力量的改变将影响劳动关系，而劳动关系的改变则会进一步影响组织成员努力程度，进而达到提升绩效的目的。但在衡量绩效时，必须注意到组织本身所受到的限制，以及管理阶层对于资本、技术的投资。总之，劳动关系的变化，管理方的力量与组织约束，最终决定一个企业的绩效。

具体的机制设计方面，在库克劳资合作模型的基础上，寇肯等（Kochan, Osterman, 1994）对于如何构建"互利企业"提出了三个层次的理论，即战略层、职能层和实践层。如实践层，即工作场所层面，组织应该实施团队工作、鼓励雇员参与、营造信任和合作的工作场所氛围。Guest（2008）提出合作的原则与具体的实践，原则体现了雇员和雇主须坚持的互利、互惠、承担责任等权利和义务，具体的实践包括雇员直接或间接参与组织决策过程、组织与雇员共享信息，以及工作保障等，如财务激励、分享所有权，或者通过投资于选拔、培训、工作设计、沟通、评估、奖励等高绩效或高参与的人力资源管理系统，实现员工的归属感与组织承诺，以实现组织目标、价值与成功。在有工会参与的情况下，则要组织明确规定允许工会代表参与组织决策的制定，以促使管理者、工会和雇员相互合作，并最终提升雇员的工作生活质量（Johnstone et al., 2009; Geary, Trif, 2011），包括代议制实现雇员心声等（卿涛、郭志刚，2007）。Bendersky（2003）整合了上面各种思维，提出一个整合的模型（见图 1-4）。

通过合作能否实现劳资双赢？彭娟等（2012）总结了相关的观点与实现途径，观点包含互利观、限制互利观与消极假设观，途径包括经济学视角下、行为学视角与争端解决视角下的实现途径。互利观以库克（1990）为代表，主要是研究产业关系的视角分析（Kochan, Rubinstein, 2000）；限制性互利则关注在具体情境下，哪些实践可以实现互利（Roche, 2009）；消极观点则不认同员工能从合作中获益，因为劳资权利不平衡，还会受到产品市场震荡、雇主的短期绩效导向等影响，只有在工会势力强大的条件下，雇员才可能从合作中得到些许的回报（Kelly,

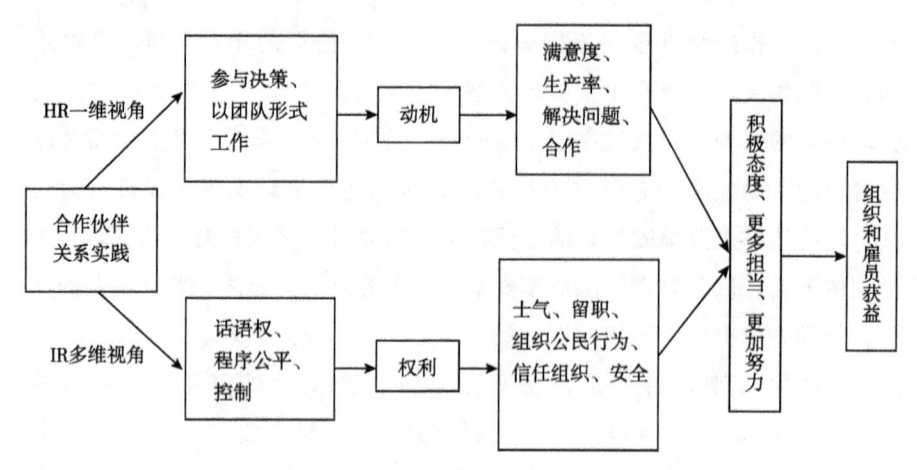

图 1-4 不同视角合作伙伴关系实践与过程

etal.，2004)。

(六) 小结

从以上文献可以看出，工业民主的制度解释更注重民主的"人本需要"，参与管理的效率分析则注重民主的组织结果功能。其实，不管是外部制度解释还是内部效率分析，Kaufman（2001）认识到这两种研究在内容上有融合的趋势。Kochan 等（1986）认为工业民主与企业内部管理策略一样，都是一种手段，最终目标是劳资双赢。劳资之间的雇佣关系是一个多层面的关系。单一的科学研究，如劳动学科、管理学科与社会学等都可能只从某一个视角，解决企业或社会管理的单个问题，因此存在片面性。员工组织关系理论特别是双向视角的理论具有综合研究的视野，然而，这些研究还是缺乏对工业民主与员工参与的结合；合作理论有从综合两个学科的视角来探讨民主参与管理及其实现机制，近年来的研究主要是为顺应两大学科的融合趋势，而缺乏具体的管理策略，相关研究更多地停留于外部社会的指导思想上。而且，因为跨文化情境下的策略差异明显，国外的研究策略性成果难以为我国本土企业应用，如美国与日本企业的员工关系管理策略。韩志翔（2000）对比了中国台湾与德国的制度环境与工业民主，试图找出可供台湾企业借鉴的策略。因此，提出一个基于中华文化情境、能为组织内外部共同认可的管理策略，成为需要突破的理论与实践方向。

二 互动主体：民主参与的功能与形式

(一) 企业组织

作为互动的关键主体，中国自1978年改革开放以来，相关的经济组织的主体意识逐步确立，但新经济体也受外部制度的影响与作用。

1. 国有企业

改革开放后，企业特别是国有企业实施"政企分开"，改革的目标是使企业具有管理自主权，然而，真正落实"政企分开"还有很长的路要走。张静（2001）通过案例发现，政府存在通过行政手段对企业规范的行为，通过行政手段干预经济与利益的分配，以免由于利益分配矛盾与冲突进入公共领域或国家层次，导致社会或国家的动乱。冯同庆（2005）通过案例则认为，政府主要是通过法律手段来实现权利规划，包括近年来《企业法》《公司法》《劳动法》《工会法》《安全生产法》等来规范国家、企业与职工的权利，解决企业改革过程中的"老"职工问题、下岗与社保等问题。

可见，对于改革过程中的参与管理，外部社会强调的是"良性的社会后果"，安戈与陈佩华（2005）则认为，生存状况好的国有企业，企业管理层的善待员工等行为，是基于道德要求与期待所做出的回应。文章借用汤普森等人（1971）的"道德经济"（Moral Economy）的观点，来阐述管理者的行为。即从伦理的角度说明，职工们的"公共道德体系"和"经济公正的观念"能迫使管理层采纳向职工倾斜的再分配政策。朱晓阳（2005）认为，改革过程中并不是全国步调一致的，地方性差别明显，企业职代会与其所在特定地方施行的法规间的关系决定了职代会的作用程度。虽然，从全局上看，90年代中期以来，职代会的功能与作用都在减弱，但有些地方，如河南省的职代会的权力和职能比以前的明显的扩大，在东南沿海如上海等地，职代会则向非公企业扩张。

2. 民营企业

民营企业或家族企业等非公经济组织是我国民主互动参与管理的主体。虽然非公企业的职代会与工会等受外部制度约束所产生的管理模式对国有企业具有制度的路径依赖。但民营经济特别是家族企业的民主参与管理实践具有更强的自主性。特别是2004年《公司法》修订后，家族企业的治理研究，以及产权与管理方面的实践得到快速的发展。本书因此重点关注家族企业的民主参与管理实践。

钱德勒（1987）认为："家族企业创始人及其最亲密的合伙人（和家族）一直掌有大部分股权，他们与经理人维持紧密的关系，且保留高阶层管理的重要决策权，特别是在有关财务政策、资源分配和高阶层人员的选拔方面。"家族企业的民主参与策略是基于家庭系统、经济系统与所有权系统的统一。家族成员之间的低代理成本往往被认为是家族企业竞争力的来源。Deephouse等（2013）的研究发现，因为高组织认同，家族成员比非家族成员更在意家族企业的声誉等，因此容易付出他们的社会情感财富（Socio-Emotional Wealth）。然而，Distelberg（2010）等基于美国家族企业调查（AFBS，2007）的研究发现，家族企业的发展往往更重视家族价值而不是经济价值，因此家族企业的价值发展可以预测出企业的发展和变化。他们的研究发现，当家族企业的价值体系是基于整体而不是个人（如企业主），将更有利于企业的发展。然而，家族成员为了控制企业的产权，往往对企业的经济系统进入过度介入，特别是个人的介入。由于市场经济体系不完善，法律制度不健全的环境，家族企业之间的联系松散，中国家族企业与职业经理的合作陷入了家族主义困境（郭鲜红，2009）。在此背景下，家族的传承成为理论与实践的热点，同时，家族企业在控制所有权的同时，需要吸纳非家族的优秀人才参与管理。在职业经理人与家族企业合作的困难期，一般性的员工参与管理成为企业补充人才不足、吸引外部力量壮大企业实力的有效途径。民主参与管理正是基于家族企业与职业经理人的非正式合作而成为企业的可行性选择。

3. 外资企业

外资企业，特别是合资企业也存在对国有企业的制度依赖。政府一直"在场"（佟新，2005），相关部门指导党委、工会的运作，也制定各种法规和政策，协调和监督企业的劳资关系。在这些力量的作用下，佟新（2005）认为，工会的福利目标与民主目标具有合法性和功能性，因此，工会能够代表工人，具有维权的功能，也能够代表工会组织或全体职工，是一个"能动的行动者"。

而对于非合资的外资企业，民主化主要依赖国际社会等外部力量的推动。中国作为世界的加工厂，劳动力市场表现为次要劳动力市场的特征，工人的需求主要是工资与工时。这种情况下，企业的民主管理是一个多方博弈的产物。佟新（2005）通过案例说明，博弈主体包括地方政府、资方代表、劳动者或工会、客户、全球消费者及消费者运动、联合国和国际劳工组织、各类非政府组织等。其中，地方政府为了引资与解决就业等，放宽对企业的监管，外资企业的工人选举等民主行为，更多的是在国际社会的压力下的一种"自觉资本主义"，即理性地选择了民主化的道路，希望通过建立民主化的工会，实现资本主义社会较为成熟的三方制度化的产业关系。

可见，与国有企业相比较，外资企业实行民主管理具有一定的复杂性。苗丰仁（2004）等认为，这些企业来自经济发达国家，受其国家民主传统氛围的影响程度不同，以及本企业所形成的固有的文化与民主管理理念差异较大，外资企业的民主化管理，在内容与形式上可以灵活处理，采取多种途径和灵活的方法，以达到民主管理的实际效果。

4. 台湾的企业组织

在台湾，政治民主是全民所赞成的，而产业民主却受到很多质疑。因为学者们认为"国家"是全民的，每一个公民都可以投票决定"国家的领导人"及未来发展方向。而企业不可全面强制实行，因为没有财产权的员工不应该在董事会中保留席位。当然，也有学者指出，劳工有劳务的财产权，因此必须执行产业民主。正是因为这种产业民主的争议，台湾产业民主与互动参与在现实中存在较大的差异（黄英忠，2003）。

在"国营"及相关企业，社会关注的是医院、学校等事业单位与公务人员的工作压力等的研究。企业与社会在退休、健宝（医疗保险）等方面存在明显的认知差异，"国营"公司的三方协商制度因此被重视。蔡欣玲等（1998）调查了台湾国营公司产业民主的态度，把台湾的产业民主分为两种，即劳工参与企业决策与劳工参与财务事务，并把台湾的产业民主元素分为两大类，一是厂场层级参与制，包括代议性参与、建议性参与与利润分享制；二是企业层级参与制，包括自主管理、员工拥有制、工场会议与员工进入董事会等。调查显示，台湾员工对后者即企业层级参与制的满意度较低，而对厂场层级参与制等低层级的产业民主满意度较高。并认为，企业参与才是真正的产业民主，而厂场层级参与属于产业民主的认可度较低。由此说明，台湾员工也认为，只有高阶的参与，即企业参与才是真正的民主参与。

在具体"国营"企业研究方面，侯武勇（2006）年对汉翔公司的研究认为，与日本的共同体逻辑、韩国的父权一元文化不同，台湾地区是父权线性式逻辑组织文化，父权至上增加了沟通成本，作为身处民粹困境的国营公司，迫于军购外交的严峻形势（职业军人也是主要管理方，实施半军事化管理），汉翔公司的劳资关系冲突非常紧张。即使这样，作者仍然认为，通过将心比心等人本的同理心理念，只有企业想推行协商制度，建立"命运共同体"理念，通过分享信息实现信息透明，减少意识形态的偏见，持续沟通，加强管理与领导学理论学习，通过"团体协商"与"劳资会议"，双赢局面仍然可以实现。并提出具体的协商策略、协商态度与协商技巧。如策略方面，主张法治与信任，摒弃父权式思维逻辑；态度方面，以同理心为主；技巧方面，以共同价值为引导，角色定位为基准。

在家族企业，弱势群体与职场安全健康如压力等成为重点。相关研究重视职场霸凌（马淑清，2011）、职场禁烟、劳工退休、工作压力等民生与安全健康问题（张瑞明，1990；吕叶儒，2011；徐嘉佩，2011；李燕清，2001；曾钰珺，2001），这也成为社会关注和重点。尤素芬与陈美霞（2007）对企业内安全卫生保护的劳工参与机制探析，发现台湾的职业安全卫生保护体系确实存在劳工参与机制，包括工会、团体协商、劳资会议、劳工安全卫生工作守则及劳工安全卫生组织五种制度，但是这个机制的落实却有着种种的局限与问题。目前劳工参与安全卫生管理之机制难以发挥实质作用，需要从几个面向加强这个机制。并提出需要强化工会的力量、加强劳工界与职业医学界的互动、与增强"政府"的角色功能等对策。

（二）工会

从全球来看，不论从什么角度界定工会，工会一般含有两个基本要素：其一，其组织成员，主要是工资劳动者；其二，其目的或宗旨是改善劳动条件。工会的这两个基本要素就构成了工会组织特定的基本性质。简单地说，工会是以改善劳动条件为主要目的劳动者自己的组织（徐小洪，2010）。可见，工会主要职能是代表劳动者，维护劳动者的合法权益。《工会法》及《中华全国总工会章程》均论述了中国工会的职责是："维护职工合法权益是工会的基本职责。"

现实中，中国工会被界定为行政化工会，工会被当作国家联系群众的"桥梁和纽带"，主要发挥社会"稳衡器""安全网"等作用与功能。虽然，近年来工会组织的行政性色彩渐趋淡化，社会性群众组织色彩渐趋增强。但由于传统经济体制人们思想认识的局限等原因，中国工会组织的"行政化"或"官方"色彩倾向仍然比较严重，工会成为政府附属机构。企业工会更多的是一种活动型或福利型工会，维权的功能较弱。乔健（2008）认为：向市场经济转型至今，工会在国家、企业和劳工之间，扮演着极为复杂的多重角色。工会维权功能要强化，既与工会组织民主化和群众化的努力有关，更是国家要求工会维护政治稳定、社会稳定和促进工人阶级队伍稳定的结果。工会不仅是经济利益矛盾的产物，更是政治博弈的工具，必须结合中国的政治和经济制度，才能准确把握它在现阶段的定位和作用。冯同庆（2011）也不主张工会的市场化运作，市场化工会可能导致维权缺乏必要的约束，因此认为，不管行政化工会与市场化工会，都有优缺点，都需要制度创新。

中国工会如何实现维权职能？这与中国工会的组织形式有关。中国工会是在中华全国总工会为领导的组织形式，下设省总工会、市总工会、区总工会以及基层工会等行政科层组织。工会干部按照2001年的《工会法》进行选举，且往往具有双重职位，大多数工会领导均同时在同级党委、政协、人大或政府中担任职务。而作为集体协商与三方机制的重要组织形式，产业工会在新中国成立后也逐步被地方工会系列所取代。德国的梅茨（Merz，2012）总结了中华全国总工会的近年维权成就，主要表现在：一是在私营企业，工会大幅度扩张，会员数飞涨以及进行集体谈判；二是调解与游说，在调解上，站在职工与管理方的中立方进行调解，显然其定位还在于生产而不是维权的职能，但在劳动立法上，为新劳动法等进行较为成功的游说；三是在劳动冲突上，主要是为法律的运用而斗争，即只能维护工人的权利而不是权益,同时支持工资罢工。

在中国,工会没有统一的运作模式(冯同庆,2005),还有许多家族企业不设立工会,其替代形式有职工代表大会(以下简称职代会)等,也有些企业是通过工会成立职代会,二者在机构上是相互交织的。对于中国职代会或工会的功能,冯同庆(2005)认为,主要有两大职能,一是中介作用,在管理方和工人之间进行沟通;二是维护工人权益,代表工人利益。他们的案例研究结果显示:从劳动安全卫生角度,职代会和工会是中国工人参与保护自身健康安全的有效机制;对于家族企业,职代会所形成的员工参与,有助于企业经济效益的提升、自主规范劳资矛盾、保持宏观社会稳定和防止普遍性社会危机;对于外资企业,工会的目标从传统的生产与维权双重目标,向以维权为主的目标发展,具体又包括两个方面,即民主目标和福利目标,且以民主目标为主;在全球化背景下,案例还提到了产业关系民主化所涉及的多方关系,有政府、客户、资本所有者、工会、全球消费者与消费者运动、联合国和国际劳工组织、NGO等,特别强调了国际社会力量的推动作用(佟新,2005)。

不统一还表现在,中国台湾、香港以及澳门因为社会制度不一致而存在的差异。在台湾,工会分为产业工会(Industrial Union)和行业工会或职业工会(Craft Union),产业工会是针对企业工人而言的,近年来企业规模在下降,职业工会有所上升,对于产业工会会员数量下降的原因,则是由于缺乏制度支持、企业主的抵制以及90年代以来经济等外部环境的改变,如产业结构与就业结构的变化,服务业比重与就业人数均呈上升之势,降低了工会化程度。因为物质生产行业工会化程度高,非物质生产行业工会化程度低(Pan,2001)。

2000年对台湾工会是个转折点,之前台湾工会与内地的行政工会类似。2000年5月1日,台湾"全国产业总工会"成立,它突破了旧工会法中总工会垄断一切的法令框架。告别了国民党干部与工会干部不分的状态,在政治上,也与不同的"党派"结盟,工会与资方在"立法院"形成彼此利益冲突的游说团体,工会开始走向市场化,"劳资政"三方协商的发展趋势开始出现。2011年5月,台湾的新《工会法》《团体协约法》及新《劳资争议处理法》施行后,为劳方形成强大有力的集体协商能力提供最有效的保护伞，劳工的团结权与谈判权得到强化，工会的作用和影响以及"劳工委员会（以下简称劳委会）"的仲裁机制将得到加强。

具体在维权方面，2000年以来，工会所属的"劳委会"推动了两周84工时法案（原劳动法为一周48工时），两性工作平等法、失业保险与劳工退休金等立法。新"劳动三法"实施后，工会如果向雇主争取到较优惠权益，如加薪或退职等条件，工会可要求雇主排除非工会会员适用，以促使更多员工加入工会。再如，以前工会只能在公司、工厂内成立，未来则可以用"产业别"组成工会，即使劳工无法加入公司工会，却可以加入产业工会，包括非典型劳工在内，一旦该公司有一半员工入会，该产业工会就可以代表该公司员工与资方谈判。还有，新《工会法》准许教师筹组工会，未来教师工会可能会成为台湾劳工运动的生力军（朱磊，2011）。

在香港，1948年成立的工会联合会，是香港最大的工会组织。除此之外，香港还有港九工会联盟、香港职工会联盟等工会组织，呈多元化发展状态（目前共有500多个工会）。同时，香港工会组织率比较低，大约在20%左右（黄安余，2011），具有市场化工会的特征。工会联合会现有184家属会和60家赞助会，共有244家工会，涵盖行业广泛，主要分为汽车铁路交通业、海员海港运输业、航空业、政府机构、公共事业、文职及专业、旅游饮食零售业、服务业、制造业、造船机械制造业、建造业等，工会会员人数超过36万人；下设常务理事会，由27家工会组成；以及行业委员会，由物流及交通、金融业与旅游职业委员会三家行业委员会组成。

以香港工会联合会为例，香港工会的主要职能是：积极维护劳工权益，推动改善民生；广泛参与政治与社会事务；致力于为市民代言。如在维护劳工权益方面，除了成功争取立法制订最低工资，改善基层雇员待遇外，还设有劳工服务中心、解答劳工疑问及协助处理劳资问题。在政治参与方面，工会联合会目前有1位行政会议非官守成员、4位立法会议员、33名区议员，在劳工顾问委员会中亦有代表，能在各级议会中反映劳工基层声音。同时，还提供职业培训、业余进修、中西医疗、旅游康乐等多元化服务。

在澳门，1950年澳门工会联合总会（以下简称工联）成立，是目前澳门最大的工会组织。目前下属工会69个，约占澳门工会总数的80%以上，其宗旨是争取和维护雇员合法权益，维护雇员社会文化权利，开办雇员文教、康体及福利及各项服务事业。在争取劳工立法、维护职工权益方面，工人代表进入政府的立法、咨询机构，直接参与澳门劳工法例的制订和修改，为澳门劳工法律体系的建立和完善做出了努力。其中部分工联成功争取订定的劳工法例包括：劳资关系法律制度、就业政策及劳工权利纲要法、社会保障基金、工伤赔偿、停工赔偿法例、工业安全的相关法例等。同时，还争取完善外部劳工政策，敦促政府执行《就业政策及劳工权利纲要法》，遵守输入外劳只能作为补充本地人力资源不足的原则，保护澳门劳工权益。还有，积极致力于调解劳资纠纷，借助于《劳资关系法》等法例，澳门各业雇员有了基本保障，通过工会代表与资方谈判协商，据理力争来维护工人权益，如遇到不能以协商解决的劳资纠纷，则会积极协助工人寻找法律途径解决。

（三）政府

在民主的实现过程，政府的角色是关键。要分析政府的角色与功能，需要分析工业民主与政治民主的关系。萨托利认为"工业民主较少指财富的平等或接近平等的分配，而更多地指劳动者对经济的控制。在这方面可以说经济民主是由经济生产过程的控制权的平等构成的"。达尔则把工业民主当作一种企业治理的手段，并试图在其中挖掘出正义和民主的真正价值，以期通过自治企业来达到人们的可欲目的。从工业民主的上一层概念经济民主来看，一般认为，工作场所的民主是政治民主的原则和程序在经济生活领域中的运用，是政治民主的拓展和延伸。章荣君（2009）概括了经济民主的内涵，表现为：其一，经济民主是政治民主在经济领域的扩展和延伸，它将民主的原则和程序化作经济领域的管理手段或管理手法；其二，经济民主并非仅仅指一种制度，它更多地是指经济领域的管理；其三，经济民主更加强调活动主体的主体性，它要求废除在传统社会中的"臣民"意识和人身依附关系，追求以契约自由和主体平等的经济秩序。并认为经济民主和政治民主总是在其发展中结伴而行、交互作用。

对于政府在工业民主中的角色，与政府在劳动关系中的角色有关。英国利物浦大学教授罗恩·比恩（Ron Bean）在《比较产业关系》一书中指出，政府在劳动关系中主要扮演五种角色：（1）政府扮演第三方管理者角色，为劳资双方提供互动架构与一般性规范；（2）政府扮演法律制定者的角色，通过立法规定工资、工时、安全和卫生的最低标准；（3）如果出现劳动争议，政府提供调解和仲裁服务；（4）政府作为公共部门的雇主；（5）政府还是收入调节者。

台湾学者林大钧（2008）认为，美国联邦政府是促进劳资合作的催化剂或鞭策者，是劳动争议的调解人、仲裁者或受害方的支持者，是劳动法律的制定者和执行者，在劳动关系中扮演一个不可或缺的角色。而对于东亚国家，张熹珂（2010）认为，作为新兴国家，因为政府主导经济发展，东亚国家和地区，包括日本、韩国、中国及台湾地区等，政府通常具有较强的国家能力（State Capacity），具有较强的自主性。政府几乎没有受到较大的社会阻力，能够超越多元利益的干扰，从国家整体和长远的利益出发来规划发展战略，并推行其产业政策。东亚各国的民主成长，是以多元经济主体与市场经济的有效运作、政府主导地位削弱为前提的。

可见，政府作为政治民主的主要设计者，对经济民主从而到工业民主的主要功能体现在：第一，提升市场有效性，通过严谨的法制保障产权与市场规范，维持工作场所的公平公正，保障劳务自由交换；第二，建立完善的社会保障体系，或借助于法制手段等，建立劳动标准，实现对弱势一方的保护；第三，优化产业政策，通过对政府所控制的企业，如国有企业等，在工作场所推行民主与社会责任等标准，提升企业的效率与可持续发展能力；第四，设计相关制度安排，促成劳资双方互信互利，提升社会的整体福利。

（四）其他利益相关者或组织

1. 国际劳工组织等国际组织

1999年，安南提出"全球协议"的倡议，希望连接私营企业的创造力和弱势群体的需求。其中，国际劳工组织（ILO）被寄以最高的希望，是推动中国工业民主的最大国际社会力量（朱庆华，2005）。ILO的原则是确立和保障世界范围内的劳工权利，主要体现在其所制定的旨在实现"体面的劳动议程"的四项战略目标，即促进和实施国际劳工标准、工作中的基本原则和权利；为所有人创造更广泛的、体面的就业机会；为所有人提供广泛而有效的社会保护以及加强三方性原则和社会对话。具体的工作内容涉及：劳工标准、就业与培训、企业发展、产业关系、社会保障、工作条件与环境、技术合作、部门活动、联络与会务、新闻出版等若干内容。国际劳工标准具有三方性、灵活性、国内性与自愿性的特征。如国内性表明绝大多数公约和建议书都是以调整成员国国内劳动关系为目标的，如限制工作时间、改善劳动条件、确定最低工资、建立社会保险、调整劳动关系、保障工会权利等，只有极少数公约和建议书涉及国与国之间的关系问题，如对外籍工人给予平等待遇等（国际劳工组织）。

ILO主要有五个核心公约，构成了国际社会广泛接受的五大核心劳工标准。①禁止强迫劳动（第29号和第105号公约）；②工人结社自由以及保护工人集体谈判的权力（第87号和第98号公约）；③男女劳动者同工同酬（第100号公约）；④消除雇佣和职业中的歧视现象（第111号公约）；⑤最低就业年龄以及消除最恶劣形式的童工劳动（第138号和第182号公约）。以上这五个核心劳工标准因为与1948年《联合国人权宣言》，以及1998年ILO的《工作的基本原则与权力宣言》的精神相契合，所以被广泛接受和认可。除了这些核心标准之外，劳工权益支持者们还提出一些与"可接受的工作条件"相联系的劳工标准，主要内容是最低工资、工作时间限制和职业安全及健康等。

2. 全球消费者运动与企业社会责任

20世纪90年代中期，美欧等西方发达国家掀起了一场反"血汗工厂"的消费者运动，它要求跨国公司对其供应链所提供的产品不得包含"血汗"成分。企业社会责任运动最初便肇始于消费者运动的压力。1991年，美国大型牛仔裤制造商LEVI-STRAUss的海外工厂在监狱般的工作环境中使用年轻女工的事实被曝光，顿时成为舆论和消费者运动关注的焦点，成为"血汗工厂"的典型。为挽回企业污损的形象，该公司草拟了世界上第一份企业内部生产守则。随后，在人权组织、劳工组织、环保组织、道德投资机构以及各类NGO的应援支持下，消费者运动的视线转向一系列的大型跨国公司，从而促使更多的跨国公司制定了企业内部生产守则，并设置专门机构、配备专职人员，负责内部生产守则贯彻实施于包括跨国公司本部及供货商、分包商在内的"生产链"全过程。企业社会责任运动由此起步，并迅速波及全球。

企业生产守则，内容大体集中于消除童工、禁止歧视、废除强迫劳动、结社自由和集体谈判四项基本劳工权利以及工资、工时、职业安全、社会保险、员工福利等生产条件两个方面；具体标准的适用通常按照就高不就低的原则，在跨国公司内部标准和所在地法定标准之间选择，对供货商、分包商的审核方式有三种：一是由跨国公司专职人员直接审核；二是由跨国公司委托第三方中介机构审核；三是由跨国公司专职人员和第三方认证机构共同审核；对供货商、分包商的审核时间有两种，一种是订单下达之前，与商务谈判同步或商务谈判结束之后；另一种是订单下达之后货物交付之前。两相比较，前者更为普遍。无论是哪一种，生产守则审核结果都具有"一票否决"的功能。

企业生产守则已成为社会责任一种最主要的运动形式，近年来，国内社会责任的相关实证研究也多集中于此。据经合组织OECD统计，截止到2000年，全世界共有246个生产守则。它们是由跨国公司、行业协会、贸易协会、非政府组织和国际组织制订，其中最有影响的就是国际社会责任组织（SAI）于1997年制订的SA8000标准和环境保护的ISO14000环境管理标准，2004年启动了ISO社会责任国际标准（ISO26000）的制定进程。

SA8000标准全称是社会责任管理体系（Social Accountability Standard 8000），是1997年发布的一项针对企业的国际第三方认证规则。SA8000是根据国际劳工组织公约、联合国儿童权利公约及世界人权宣言，以一致的标准制定了下列领域内的最低要求，即童工问题、强迫性劳动、健康与安全、结社自由与集体谈判、惩戒性措施、工作时间与报酬及管理系统等问题。作为社会责任方面的认证体系，SA8000不仅明确了社会责任规范，而且也提出了相应的管理体系要求，将社会责任与企业管理结合起来，在一定程度上规范组织尤其是企业的道德行为，有助于改善劳动条件，保护劳工权益。相关守则在颁布后很快获得了发达国家政府和跨国公司的支持，它将影响广大发展中国家在内的全球贸易和生产。特别值得一提的是，国内对SA8000的研究已经形成具有一定规模的专题，从刚开始把

SA8000当作是发达国家针对中国发起的新型贸易壁垒，到认为SA8000是出于保障人权的底线标准，中国企业要积极学习和适应国际社会责任标准，才能提升中国企业的全员资质和持续发展能力。另外，2006年以来，国内学者开始专门对雇主社会责任及其他利益相关者进行研究，研究结论更具体、更有针对性。

ISO26000是国际标准化组织的一个国际标准文件——"ISO26000社会责任指南"（Guidance on Social Responsibility）的技术编号。2010年5月ISO提出了问责、透明、道德行为、尊重利益相关者、尊重法规、尊重国际行为标准与尊重人权的社会责任七大原则。ISO26000首次要求组织要考虑利益相关者，并有针对性地提出了具体的七个核心主题，即企业管治、人权、劳动实务、环境、公平营运实务、顾客、社区参与。这七个方面是继SA8000之后，可能成为跨国公司推行全球商贸标准的更为全面的指南。与员工相关的主要有人权与劳动实务两个方面。一是人权。机构在其影响力下尊重和支持人权，而其影响力亦应向外伸展至供应链、当地社区等。二是劳动实务。机构建立与实行劳务相关程序，并包括以机构名义工作或在机构现场工作之承包方员工。

3. 劳工NGO

关于中国劳工NGO的兴起，最早起源说法不一，总体上起源于20世纪90年代中期，集中于珠三角地区，且主要受资助于外部机构特别是来自香港NGO的捐助与合作。对劳工NGO的讨论，学者主要探讨NGO的功能及其局限性。杨正喜、朱汉平（2011）认为劳工NGO参与社会公共事务治理，尤其是其人性化志愿服务能有效地为农民工提供社会网络支持、情感支持，提升其法律意识，降低可能的暴力维权行动，这对政府劳资事务治理和实现社会稳定有积极意义，但由于缺少合法身份和资源，制约其与政府良性互动，降低其作用的发挥。吴同（2010）认为，由于制度的歧视与地方政府对保护外来劳工权益的忽视，长期以来珠三角的农民工权益普遍受到漠视，因此在这些地区民间的法律援助组织或者个人应运而生，他们为农民工维权提供了另一种途径。他还从组织活动区域、注册方式、组织活动内容、资金来源、成立时间与发起者身份六个方面分析中国的劳工NGO的特征。对于活动内容，主要是进行法律咨询与培训、职业安全教育与培训、文化活动以及工伤探访、职业病维权、女工保护、社会责任审核等。局限性则体现在，劳工 NGO 在中国受约束与限制条件严重，它不仅要符合社会合法性和法律合法性，而且要达到行政合法性和政治合法性。

（五）互动参与的形式

1. 国外互动参与形式

20 世纪 80 年代以来，国内外有关员工参与理论的研究开始迅速发展起来，并且主要集中在员工参与结构与形式、影响因素和结果等方面，这些问题又是相互联系的。科顿（Cotton et al., 1988）指出了不同参与形式及其员工福利与企业的绩效差异。理论上，从广义上划分员工参与的形式，主要有直接参与（Direct Participation），间接（代表性）参与（Indirect Participation），以及财务或分配性参与（Financial Participation）。从结构上或参与层次上，比较权威的划分要属劳勒（Lawler, 1988）的三种员工参与类型，劳勒先把参与内容分为信息分享、知识发展和培训、报酬系统、权力分享四个维度，然后依据员工在这四个维度的参与程度，把参与类型分成：平行建议参与（Parallel Suggestion Involvement）、工作参与（Job Involvement）、高等参与（High Involvement）。

本人主要依据广义的划分方式：首先，直接参与。员工直接参与经常是工作导向的，并且经常是管理层发起的（Walters & Nichols, 2007），因为这种类型的参与更有利于直接提升组织绩效与竞争力，在实证上一般具有明显积极的组织效应（Poutsma, Hendrickx & Huijgen, 2003）。当然，直接参与经常被批评也是因为员工比较少涉及管理决策，难以分享到相应的权力。具体的员工直接参与形式及其及特征见表 1-2。

表 1-2 直接参与形式及特征

参与形式	参与特征
自我管理团队（Markey et al., 2002）	员工做出决策；员工具有一定的资源优势；任务导向；管理层设定目标。
质量圈	人数较少的小组；问题解决式的；工作导向，特别是基于某一方面如质量等；最终决策是管理层，员工可以建议；员工确认议题与解决方法。
弹性工作计划	员工决策；个体；任务导向的。

表 1-3　间接参与形式及特征

参与形式	参与特征
联合咨询委员会	影响公司决策；也会影响相关议题，但一般不会影响企业管理决策过程。
劳资委员会	参与公司决策；也会影响企业的相关议题与管理决策过程。
任务小组	很少或一般不会影响企业议题与管理决策过程；可能影响决策。
工会	集体协议；可以参与到公司的政策与工作环境；可能影响到多个雇主与跨企业。

其次，间接参与也称代表性参与，属于集体安排性质的员工参与（Busck et al.，2010），它不是与任务相联系，而是经常与组织层面的、比较高层的宏观战略方面的参与（Kim et al.，2010）。相对直接参与来说，间接参与与企业的管理决策更相关。当然，能在多大程度上参与决策，取决于具体的间接参与形式以及该形式在对公司监督管理与组织化的取代程度，间接参与涉及面比较广，从员工的安全卫生、到公司战略与决策等，参与需求有可能是管理层发出，也有可能是管理层与工会共同的决议（Markey & Patmore，2009）。具体的员工间接参与形式及其特征见表 1-3。

最后，分配性参与，包括利润分享计划、员工持股计划与员工所有制等。是指参与企业生产成果，经济利益的分配过程，也称财务性参与，属于最高层次的参与。Cotton 等（1988）对其中的员工所有制作了分析，认为员工所有制属于正式的间接参与，并通过元分析，归纳出员工所有制对企业与员工满意度都有积极的正效应。

2. 国内民主参与管理形式

2012 年发布的《企业民主管理规定》，指出我国企业的主要民主管理形式是职代会。这一举措期望在国有企业的框架上，通过立法的形式强制规定劳工代表必须进入董事会、监事会等，慢慢渗透到已经建立现代企业制度的企业（即公司制企业）和家族企业中。理论与实践界重视企业内部的职工民主管理，主要从两个方面进行，一是强调劳动者的民主权利，强调劳动者对重大问题的决策，以及能够监督罢免与选举企业的行政领导人，研究对象主要针对国有企业，如国有企业的职工代表大会制；二是强调企业的经济利益，通过参与提升员工的积极性，从而提升企业的经济效益，如类似西方代表参与的"企业管理委员会"等制度。

在国有企业，大部分的公司制企业至少在名义上有《公司法》规定的董事会与监事会，董事会中要有职工代表，监事会中也有职工监事。同时，公司设有工会，员工可以通过工会等参与企业的具体管理与决策，《公司法》《劳动法》等都有规定企业工会对企业管理决策的作用。

在民营企业，肖建国（2007）在 Lawler 三个层次划分研究的基础上，将员工参与管理也分为低度参与、中度参与和深度参与，认为民营企业员工可以通过沟通参与、建议参与、易位参与、团队协作、代表参与、资本参与以及自主参与等类型逐步实践参与企业的经营管理与决策。

具体的参与形式方面，程延园（2007）进行具体的分类：根据员工参与的方式划分，分为被迫参与和自愿参与、正式参与和非正式参与、直接参与和间接参与；根据员工参与度划分，分为无参与、共同磋商、联合或共同决策、员工完全控制；根据员工参与决策的内容划分，分为工作层面的参与、管理层面的参与、企业层面的参与，这个划分与 Lawler 的三层次划分类似。谢玉华等（2009）则比较了中外员工参与的形式与功能，把我国的员工参与主要形式分为：职工（代表）大会、厂务公开制度、职工合理化建议活动制度、职工董事监事制度、共同协商、集体协商（集体谈判）与员工持股计划等七种。此外，还提到了基于全面质量管理理论的质量圈活动在我国的一些企业的应用。

三　现实背景：工业化与两岸劳动关系对比研究

民主参与管理在中国之所以被提出议事日程，是因为我国企业大多数表现为中小型企业，在面对如何通过工作场所民主管理来解决用工等问题上，还未找到准确的理论答案。大陆企业的民主管理过程应当借鉴哪种模式？一般来说，企业民主需要靠社会与政治民主来推动，对于先经济后政治，走渐进式改革的中国大陆来说，工业民主与社会政治民主的关系如何？台湾家族企业实践经验能否为大陆所借鉴？工业民主受社会政治文化、个人与企业战略模式等复杂因素的影响，但这些因素的基础是"民族的"。特别是经济上的制造业对劳动力的追逐与就近转移所决定的国内经济转型与台湾经济第二次转型类似，基于同根同源，台湾企业民主化管理的可借鉴之处必然要比莱茵模式或盎格鲁-撒克逊模式多，这正是一衣带水的两岸家族企业民主化进程的共性与可比性基础。基于此，本部分通过对比分析两岸工业化进程的背景，比较分析两岸企业员工参与管理实践与理论成果，为两岸企业民主管理提供借鉴。

（一）两岸工业化进程对比分析

1. 内地社会的渐进式改革与工业民主多样化

新中国成立后，内地工业化表现为经济体系的国有化，经济基础决定上层建筑，"政企合一"所带来的新的劳动政策，包括终身就业政策与全面福利保障等政策使得劳动者与企业之间形成了行政隶属关系。这期间，工会具有外部系统的特征，因为工会是以民主集中制与服从党的领导为工作准则的，其最高机构中华全国总工会具有明显的行政特征。工会的功能因此被异化为福利分配等，而本应有的集体谈判功能被削弱。1978年改革开放以来，企业民主管理的外部制度发生较大的变化，不同经济体受外部制度的影响与作用差异较大：国有企业开始了渐进式的改革，制度惯性与市场法制建设同步进行，逐步影响着工人与工会的参与企业民主管理与监督；同时外资企业进入内地，国外的民主管理理念逐步植入中国；家族企业则同时受到国有企业与外资企业的民主管理影响，区位与规模等也是影响其民主化管理的因素之一。

2. 台湾社会政治民主引领工业民主

国民党当局于1949年迁台后制定了一系列的经济发展政策，台湾逐渐进入工业化社会。1949~1987年间，台湾处于戒严时期，国民党为了保证"政权"的巩固以及经济的发展，运用戒严时期的政治形势和党政力量控制了台湾的劳动者组织，禁止劳动者行使集体争议权。在高度集中的政治体制控制下，企业的民主管理也在很大程度上受到了限制，1950年，国民党当局出台了一些扶植工会的政策，但其根本目的还是在于巩固政治上的领导地位，并制约工会的自主发展（彭雪玉，2006）。

20世纪80年代起，一方面受到美国等发达国家的贸易压力，另一方面受到民主思潮的影响。台湾原有的集权的政治体制逐渐崩溃，当局开始接受自由主义思想，工会也不再对"政府"唯命是从，开始由劳动者独立领导，致力于为劳动者争取权益。在2000年政党轮替之前，"中华民国全国总工会"是台湾法律强制性规范的唯一具有合法性的总工会,但实质上还是缺乏自下而上的民主。目前,台湾已有八个"全国性总工会",工会的民主运作仰赖的不是自我的规范,而是寻求不违背法律的不合理的限制(即基于法理制度等依据,寻找政府的各种不合理限制),以尽最大可能地保护劳工权益。

(二) 两岸工业民主制度管理比较分析

不同的工业化道路导致海峡两岸民主化道路差异显著,两岸的民主化管理理论研究与实践也可以分为两种思路,其具体的实践过程也存在一定的差异。

1. 台湾工业民主与社会政治民主的互动发展

外部制度解释是劳动关系学的主要研究领域,劳动关系学主要分析劳动关系的环境以及相关主体的行为与协调管理等。邓洛普(1958)认为,环境可以分为三类,即工作场所和工作团体的技术条件、市场或预算约束,以及社会系统中的权力所在和分配。其实质就是经济、政治与社会环境。这些因素共同作用于工作场所,致使工会在员工参与民主过程中的作用出现转机。戒严期间,由于国民党当局的高强度政治控制,再加上其在台积极推行儒家伦理文化教育,使得台湾劳工形成了平和的人格特质,畏惧当权者的政治文化,严重阻碍了台湾企业民主化管理的进程。随着经济全球化与民主思潮的焕发,当局于1984年颁布了《劳动基准法》,规定了劳动者应享有的最基本权利,使劳动者的基本权益更全面地受到法律的保护;1987年成立"行政院劳工委员会",贯彻"三民主义"的精神,力图实现社会公平,基于自由主义思想的传播以及执政当局政治形势的改变,台湾工会组织在争取和维护劳工权益上发挥着越来越大的作用。从1987年解严年开始,随着六种新兴起的社会运动,包括农民运动、老兵自救运动、(黑色罩)台湾人返乡、外省人返乡运动等,台湾工会社会力越来越显示其功能。

法律在保障员工民主方面起到关键的作用。在台湾法律规定内的劳工享有劳动三权,分别是团结权、集体协商权与争议权。其中,团结权保证了员工加入工会的权利,集体协商权和争议权主要是通过工会来行使的。目前,台湾劳资关系的法规大致有:工会法、工会法施行细则、"全国性公会"理监事缺额补选办法、团体协约法、劳资争议处理法、处理重大劳资争议事件实施要点、各级劳工主管机关办理劳资争议事件应行注意事项、法院办理劳资争议事件应行注意事项等,通过法律的约束,使得企业的民主化管理在立法上有了保障。台湾工会法还有强制入会的性质,从本质上体现了法律的强制性对劳工通过工会组织的形式参与企业民主管理的作用。

同时,行政管理体制也对工会产生相应的影响。台湾学者对台湾的工会与政策治理的关系进行了研究,认为包括当局对工会的法令限制过多;主管机关对工会能动性的认知不足;"总工会"过于分散,且各立山头,缺乏统一的监督;政策网络联系欠缺等,是导致台湾工会的功能不足的原因。当然,随着台湾政党体制的不断完善,令台湾的工会团体也逐渐朝着"政府"合作伙伴的角色转变。如果将治理看作是一个过程,那么工会团体参与政策过程,即是增加"政府"与劳工之间的信任程度,这样的信任程度在企业进行民主管理的过程中是相当重要的。

行政管理与民主法制都受到了民主化思潮的影响。相关个案的分析显示,受全球民主思潮的影响,新一轮工人权利运动正在向全球蔓延,工作场所民主化进程不可阻挡,这促使台湾当局在规划政策之初会更重视政策的社会可行性。这也表明了台湾民主化进程上有了进一步的发展,社会民主与政治民主共同促进和推动台湾企业民主化管理的发展。

2. 内地工业民主的制度与经济元素

由于受到社会发展与民主思维等影响,内地公民缺乏必要的自由平等与自主权利等意识,公民参与公共事务治理的有效形式缺乏创新。相对台湾而言,内地社会民主对工业民主的推动力极其有限。丧失了公民社会等"草根"民主基础,内地企业民主化管理则表现为自上而下的作用过程。虽然,近年来有一些地方借助于外部社会的法律与政府等力量,使工会的福利目标与民主目标具有了合法性和功能性,使工会真正代表工人,但也只是零星的自下而上的社会权利构建模式。总体上,渐进式改革所决定的民主功能作用的个体差异性,表现为政府政策与法制对企业的作用过程具有阶梯性。考虑到国有企业民主管理制度与机构较健全,政府对工业民主的推动主要针对非公有制企业,在政府的督促下,大型外资企业尤其欧美跨国公司遵守中国《劳动法》的情况较好，一般都组建了工会。而大多数家族企业，政治与法制触角尚未涉及，一般不存在职工的参与管理，有也是为了装点门面，甚至是出于某种伪善目的的欺骗。

可见，政治与法制在中国企业民主化过程中是一个关键力量。然而，这种自上而下的践行过程，需要政治民主体制改革发挥导向作用，政治体制改革滞后则会制约员工参与民主管理的实施。特别是，由于各级政府在实施民主化管理时的动机不是为了保护职工的相关权益，外部社会关注的只是"良性的社会后果"，政府通过行政手段干预企业经济与利益的分配，以免由于利益分配矛盾与冲突进入公共领域或国家层次，导致社会或国家的动荡即使是相对独立的外资企业也是如此，政府一直"在场"，相关部门指导党委、工会的运作，也制定各种法规和政策，监督企业的劳资关系。

渐进式改革也决定了法制对工会的保障作用，以国有企业为立法的主要对象依据时，所产生的过高劳动标准，致使在法制全面推行过程中困难重重。如劳动法律体系的作用，先是适用于国有企业及事业单位等主要劳动力市场，再推进到外资企业，然后是次要劳动力市场的主体——家族企业。包括《劳动法》《公司法》《劳动合同法》《工会法》《安全生产法》等在内，对于家族企业来说，过高的标准在执行时就会出现"看菜下饭"的现象，为政府的行政裁量留下了较大的空间。因此在法律和规范性文件方面，推进非公有制企业民主管理还需进一步完善，包括法律适用、条例解释、民主形式与权责细化界定等方面，如要合理界定非公企业职代会的职权定位。

市场化改革与全球化因素也促进了内地企业的民主化进程，部分弥补了外部力量的不足。民营经济作为天生的市场经济派，其深层逻辑中与民主政治之间有着内在的关联，家族企业主大都有较强的自我选择能力和人格上的自主性，这一阶层的形成促进我国社会中间阶层生成，对民主理念的孕育有直接的促进作用和影响。同时，在地方政府为了招商引资、解决就业等问题，放宽对企业监管的背景下，外资企业的工人选举等民主行为，更多的是在国际社会压力下的一种"自觉资本主义"，即理性地选择了民主化的道路，希望通过建立民主化的工会，实现资本主义社会较为成熟的三方制度化的产业关系。因此，企业的民主管理是一个多方博弈的产物，博弈主体包括地方政府、资方代表、劳动者或工会、客户、全球消费者及消费者运动、联合国和国际劳工组织、各类非政府组织等。

从工业民主的角度看，两岸企业的民主化过程存在一定的差异。工业进程与社会政治民主差异导致两岸工业民主路径不一。台湾工业民主的形式多样，民主化程度较高。当然，基于同根同源，两岸社会民主意识与民主文化差异不大，因此在实践民主管理的过程中，两岸企业存在较多的共通之处。特别是在全球民主思潮的大背景下，以及两岸经济与社会往来，两岸企业民主管理将实现殊途同归。

（三）两岸企业参与管理比较分析

一般认为，企业参与管理有三大类型：直接参与、间接参与以及财务或分配性参与。

1. 直接参与及其功能

直接参与有自我管理团队、质量圈、弹性工作计划、建言等形式。大多数的实证研究都验证了，直接参与管理能提升企业的绩效。关于台湾企业相关的实证归纳认为：高绩效工作系统中员工参与构面对任务绩效有显著的正向影响，此构面包含全面质量管理、品管圈、授权、阶级平等与组成团队工作五项措施；因此建议企业组织对员工及其付出给予一定的重视与肯定，透过高绩效工作系统正向影响绩效。

具体的对策方面，台湾许多企业鼓励员工通过预算参与、参与知识管理、参与成本决策、参与安全卫生管理、参与公司健康促进活动、企业内正式及非正式沟通等形式参与企业管理。如预算管理，台湾企业关注预算控制的作用，员工通过预算控制，贯彻责权利相结合的原则，进而强化预算执行中的细节及部门间沟通。同时成员参与成本决策有助于成本抑减绩效的达成，在面对比较复杂的项目，预算参与还能通过降低角色模糊，进而直接，或经由组织承诺提高管理绩效。另外，企业运用预算制度也实现了员工协助部门管理者规划、沟通及整合部门的资源以达成部门的目标。相关研究显示，能够参与预算参与的员工集中于 31～40 岁、大学及以上学历，他们不但能够也愿意参与公司预算、控制与沟通，并影响公司的计划。再如知识管理，台湾企业关注组织气氛，特别是社会责任的组织伦理气候对员工参与组织知识管理的影响。企业倡导责任而不是个人利益，来塑造组织的伦理气氛。因为，组织气氛有利于组织沟通，企业与员工之间可通过正式沟通和非正式沟通来实现企业内组织沟通。其中，正式沟通包括员工申诉制度等沟通形式；非正式沟通包括主管与基层员工谈话等沟通形式。

在内地，相关的实证归纳认为：工作设计和参与管理、招聘选拔、绩效考核与管理、劳动纪律管理、薪酬激励、信息分享和沟通、员工关系和员工培训八个方面构成的高绩效工作系统对企业的绩效存在显著正向影响。其中的员工参与构面，如质量圈、建言等相关研究还停留于理论引进阶段，我国学者段锦云等在2005年将建言行为的概念引入国内，命名为"进谏行为"。近年来建言行为的研究逐渐深入，建言行为被认为是一种主动性的角色外行为，不仅包括员工为了提高组织效能而表达的促进性建言，也包括发现组织发展存在的问题而表达的抑制性建言。理论引进或探索阶段意味着这些参与管理是基于员工感知与意愿的产物，可能会提升员工的满意度或忠诚度（吴建平，2010），然而，具体的实践中能否被企业采纳（向常春，2013），以及施行的效果如何，现实中更多的是一些质疑，负面的应对策略成果比较多（邓宏斌，2013），正面报道较少。因此在具体对策方面的成功案例较少，很难找到可供借鉴的成果，如预算管理，内地企业倡导这一管理模式，是基于质量提升或成本控制，较少分析参与管理的双赢管理理念等深层次的机理，如对降低角色模糊、协助部门管理者规划、沟通及整合部门的资源的探讨较少，在操作上因此仅仅施行一些类似合理化建议的简单管理应用。

2. 间接参与及其功能

间接参与包括劳资委员会、任务小组与工会等。台湾地区劳工主要通过加入工会的形式实现企业间接参与，近年来，工会也成为实现劳工行使团结权的最重要方式。台湾工会把角色定位于，重视工业活动中人性、政治与经济层面，通过具体方法来降低生产的人力成本，工会为劳工提供表达他们对潜在人性工业体系抗议的合法方式。因此，工会扮演着为劳工争取工作的保障、劳动条件的改善、福利事项的促进、代表劳工参与企业的经营、与雇主进行交涉及争议等角色。工会组织逐渐发展出扮演经济功能、社会功能、政治功能、教育功能、沟通与调解争议功能、研究发展等多元化功能,通过不同功能的实现,增强劳工对企业内部管理的参与度。具体地,工会会员在事业单位举办的劳资会议中,可以代表劳方参加会议,透过资方在报告事项中所提到的各项劳工议案,可相当程度地掌握所属企业的营运状况及生产相关资料,并以此作为参与企业业务的参考判准。此外,劳工代表也可以事先准备提案,交由劳资会议讨论。当然,台湾工会等间接参与形式也存在一些问题,如《工会法》规定凡工会组织区域内年满16岁的劳工,均有加入其所从事产业或职业的工会的权利与义务,但多数职业劳工加入工会是为了劳工保险,这也体现了台湾工会存在虚胖体质。

间接参与是内地民主意愿的主要表达形式,主要表现为工会或职工代表大会。工会在维护职工权益上的实际作为有限,由于工会的"行政化"色彩浓厚,企业工会的弱势地位使其在三方协调机制中难以发挥作用,而职工代表大会只是实现"工人是国家主人"这一意识形态的形式化工具。由于劳动力市场的供给无限弹性,"劳弱资强"的现象明显,使得非公企业单位在组建工会方面存在较大的困难。工业化早期,农村劳动力无限供给,农民工没有进行集体谈判的能力,工会组织变成一种"装潢门面"的东西。目前,大学生就业难,他们在就业过程中,也很难有能力进行工资等的集体谈判,工会的职能因此被分化。与政治的代议民主一样,内地工业间接民主参与变成一种"姿势优美的行为艺术",工会因此经常被当作社会管理的制度范式。

然而,自2010年南海本田事件以来,以80/90后新生代员工为主的一系列集体停工行动引起了海内外各界的关注。新生代员工有较强的维权意识和民主参与意识,在目前制度化利益表达渠道不通畅的情况下,新生代员工往往采取绕过工会自发进行集体停工、怠工等各种方式向管理方表达不满。同时,人们也注意到,与市场主体相结合的内地工会模式,具备了真正的维权职能,符合员工利益诉求。已有实证研究也认为员工的工作满意度、对劳动关系氛围的感知和对工会的认知等会产生一定的影响。如改制为外资的国有企业工人,在经过建立雇佣劳动关系、人员调整(对工人的裁员)和推行西方管理模式后,工人在地位、构成、意识方面很快表现出明显的一致性，非政治意义上的产业工人出现，他们对工会有一致且明确的要求，即维护工人利益（章荣君，2009）。

3. 分配性参与及其现实

分配性参与，包括利润分享计划、员工持股计划与员工所有制等，是指参与企业生产成果，即经济利益的分配过程，也称财务性参与。台湾员工通过分红入股的方式参与到企业的收入分配。员工借由分红入股成为股东，消除劳资界限，使得员工充满创业及进取的精神达到股东及员工双赢的局面。这种员工分红入股的方式为台湾吸引了大量优秀人才，成功地塑造了台湾企业的全球竞争力。

改革开放前，分配性参与在内地具有较强的发展基础，近年来，分配性参与主要体现于管理层参与分配。在国有企业表现为管理层持股，并被演化为管理层收购所导致的国有资产流失案例经常见诸报端。真正的市场主体，如家族企业或外资企业，员工持股计划是近年来内地理论研究的热点，实践上多见于上市公司，如百度、阿里造就上千个百万富翁。显然，内地分配性参与目前的实施状况主要是基于效率，而不是公平的管理理念，加上中国股市二级市场的表现，参与性分配所具有的公平与发言权功能很难在中国实现。当然，台湾也是如此，这是全球性的民主发展问题。

（四）小结

在工业化过程中，两岸经济都得了快速的发展，经济发展本质是为了实现人的自由与全面发展。从这个角度讲，台湾经济民主的目标比内地要更快一步。内地民主化进程相对缓慢，一则与外部社会缺乏民主协商的土壤有关，也与制度的路径依赖以及劳动力市场供给无限弹性有关。在这些条件下，施行自上而下的管理模式也是一种理性的选择与发展。特别是面临全球产业转移导致的"政府去管制化竞争"下，内地政府仍能利用外部行政等力量，在沃尔玛等去工会化外资企业组建工会等，尽可能地维护工人的权益。台湾的工业民主管理策略与制度，如公民社会的培育所实现的自下而上参与需求与民主精神，法制的细化与执行等，走在了内地企业的前面。

一般来说，社会民主比政治民主更能推动工业民主的发展。民主思潮的传播促进社会民主发展，它与政治民主倾向共同推动台湾企业内部民主管理的发展。表现在台湾在直接参与方面的民主管理策略多样化与本土化，同时在间接参与与分配参与方面，也培育出坚实的民主基础。相比之下，由于社会民主发展滞后所导致的民主对大众的"教育"功能不足，内地企业的间接参与，只有制度设计等表面优势。而分配性参与，在"效率优先"为主导的改革过程中，内地从"全民所有"逐步过渡到"精英"参与民主管理的"官僚制"社会。因此从民主基础的角度看，台湾更重视草根的民主需要，如相关实证认为台湾员工依次关注的是团体协商、劳资协议、罢工、工会机制、员工参与、员工申诉处理。这是否也符合内地企业员工的意向，理论上缺乏有效的验证。

　　根据内地学者对劳资关系的研究与判断，从外部社会的制度化管理来看，国内企业劳动关系管理主要呈现出两大特征。一是外部制度对国有企业是一个减负的过程，即传统企业办社会的管理模式的要求在下降，企业转到利润中心上来，但一定程度上保留着传统民主化管理的制度变迁痕迹；二是外部制度要求对企业的管理与约束是一个渐进式的过程，如劳动法律体系的作用，先是适用于国有企业及事业单位等主要劳动力市场，再推进到外资企业，然后是次要劳动力市场的主体——民营或家族企业。对于内部的参与等人力资源制度，人力资源管理的主要是借助于外企的先进管理理论的引进与传入，最先接受的是与外资有合作关系的国有企业，表现为在传统的人事管理基础上，结合先进的人力资源管理实践。家族企业的人力资源管理，则是在追求利润的过程中，有鉴别性以吸收适合的管理模式，如对于组织架构，则主要借鉴较易模仿的传统国有企业的科层制，较少吸收西方的直线职能制或是矩阵制等复杂模式，具体的人力资源管理方法，则以外企为主要学习对象，追求人力资源的投入产出比。

　　当然，不同所有制企业的民主化进程差异显著。公有制企业工业民主系统在企业日常运转中承担沟通企业和职工关系、维持职工福利、主持职工文化生活、审议（形式上）企业决策等职能。外资企业民主管理职能弱，但用以促进团队合作提高效率的员工参与形式功能强。其完善的内部沟通系统、基层调查和评议都是企业管理制度的重要组成部分，不单单只是形式。在家族企业，基于中国人集体主义和"家"的归属感较强，但由于区域改革开放与经济发展程度的差异性，企业所能学习与模仿的对象也是千差万别的，其民主化管理与劳资和谐的管理模式是复杂的。

在中华情境下，由于社会民主进程与工业进行不一，两岸企业民主管理存在较大的差异，许多先进企业的探索有利于工业化与民主化的协同发展。理论上，劳动关系管理说到底就是通过多种方式和途径，调动起人的积极性、创造性、参与性，挖掘人的内在的潜能，使劳动者在新的积极意义上确立起价值创造和分配的最积极的因素。因此，"企业是人的集体，公司的基础是人而不是机器"，"员工第一"是企业振兴之根本已经成为共识。然而，中国人集体主义和"家"的归属感又强于西方人。因此，在实践上民营、外资企业将文化联谊、职工福利作为其企业管理内容，并作为其工会的主要工作，以此凝聚人心、鼓舞士气。所以，不管在家族企业还是外资企业，其工会都承担实施企业关怀的功能，其本来的组织职工进行民主管理和民主参与反而成为次要功能。这是中国特色的工会组织，与西方的维权工会不同。另外，家族企业工会的"俱乐部"性质明显；职工民主管理制度有时成为贯彻管理者（即所有者）思想和意愿的沟通渠道，通过职工参与在职工意愿和管理者意愿之间寻找融合。在这种情况下，虽然员工参与是被动的，甚至成为管理层的工具，但沟通总比独裁好，员工的参与多少能保护职工利益。民营经济领域中激化的劳资矛盾迫切需要建立职工参与系统，维护劳工权益（谢玉华，2009）。这些都仅仅是内地工业化过程中的一些有益探索，同时我们也注意到，虽然外资企业民主管理职能性较弱，但用来促进团队合作提高效率的员工参与形式功能性较强。可见，在中华情境下，民主参与管理正成为企业与工人的共同需求，但如何协同他们的需求，实现双赢与互惠，需要借助于全球劳动关系研究的理论趋势，并基于中国情境，提出具体的理论研究框架。

第二章 "盼盼食品"的案例研究

我国家族企业,民主参与管理主要表现为劳资间的积极互动。本章通过实地观察,全面了解企业内部互动参与的运作机制。由于受地域的影响,本章只选择内地企业作为长期观察对象①。选取福建省知名品牌企业——福建盼盼食品集团有限公司(以下简称"盼盼食品")为研究对象,借助于典型案例企业的动态互动参与管理过程,从纵贯面考察企业参与管理的多重功能。本章通过质性研究试图回答以下三个主要问题:(1)家族企业内部是如何进行民主参与管理的,其规律性如何?(2)在家族企业实际生产运营过程中,企业的民主化或互动参与管理的组织功能如何,即互动参与与员工绩效或组织绩效的直接关系如何?互动参与管理的人本功能如何?员工通过参与民主管理,是否有效地保障他们的权益、是否提升他们的发展机会?本章从动态的角度看,揭示企业内部互动参与管理的运作过程与运作机制,为建构理论模型寻找现实的素材与灵感,再结合理论分析,试图构建科学的理论语境与体系。

一 互动参与动态过程的理论分析

企业实施互动参与管理,其目标始终围绕组织绩效。员工参与理论认为,互动参与是企业实现绩效的一种管理策略或手段,因此我们把互动参与对组织绩效的实现功能界定为互动参与管理的"工具性",即企业实施互动参与实现了组织的业绩,有利于组织目标与组织发展。但从员工角度

---

① 根据理论分析及短期的观察,从企业的角度看,两岸企业的互动参与运作策略具有一定的相似性。基于同根同源,其过程与结果也遵循共同的规律,因此本文的选择不影响互动参与管理的总体规律的提炼与总结。

看，员工需要的是自由、平等与发展等目标，这些目标与外部 IR 研究的工业民主类似，因此我们把企业实施互动参与对民主目标的功能界定为互动参与管理的"价值性"，即企业在实施互动参与管理的过程中，员工实现了自由、平等、公平感等人本目标与价值。

那么，组织绩效与民主价值之间的关系如何，即"工具性"与"价值性"的关系如何？程序民主论认为民主是一种过程或程序，把民主看成实现一定社会目的和价值的手段、工具和方法，即互动参与管理有利于组织绩效，而组织绩效又有利于更好地实现员工的自由平等，互动参与可以看作是"作为目的的工具"。同时，从组织角度看，在短期内，企业参与管理是如何实现组织目标？企业的管理策略必然要经过员工反应，表现出积极行为而产生竞争力等绩效目标。因此，员工产生积极行为的前因变量，如公平感、发言权等，是互动参与组织绩效的中介变量，而且这些中介变量主要是"民主"的目的（价值性）。因此，从组织的角度看，民主价值性又是组织实现绩效的"工具"。在本质上员工与组织是利益的统一体，组织绩效与员工目标间存在互为"工具"的因果关系。

另外，从动态的系统发展角度看，目的和手段的划分并不是绝对的，他们可以相互转化。只要某一目的不是最终的，那么它就必定是实现其他目的的手段，也就只是一种作为工具的目的。从组织发展角度看，组织绩效与员工成长是相互促进的，组织与员工发展还需要考察共享价值观、成长以及更长远的自由、平等与双赢等目的。从员工角度看，员工的权益保障、公平感知、发言权、自由成长与发展等是一系列的价值体系，短期价值目标是长远价值目标的"工具"，价值体系本身内含"工具性"，即短期价值目标只是作为终极目的或下一阶段目的的一种工具，"平等"和"自由"需要工具性程序保障机制，因此互动参与管理也被看作是"作为工具的工具"。从组织的角度看，从组织业绩达成，到利润实现再到组织发展，也是一系列目标集，互动参与管理也是一种"工具的工具"。

如何厘清组织与员工间的复杂工具与价值关系？从长期来看，组织绩效等目标与员工的"价值性"之间可以相互转化。从因果律的角度看，具备因果关系的变量之间应该是单向关系。但从互动的总体概括性构念①看，互动参与实践过程中的各关系可能是双向关系，如参与可能提升员工的技能与积极性，而积极性可以带来组织高绩效，高绩效本身包含民主的价值性，如员工成长等，可为民主化提供相应的物质基础，从而实现更高的民主参与形式与功能，互动参与管理的价值性与工具性之间存在互为因果，形成短期的因果单向关系和长期的双向互动关系。巴德（2004）认为，单纯地强调目的或工具，都是极端的思想，人性化的雇佣关系应当平衡二者的关系。总之，互动参与是一种合工具性的价值，最终是为了实现组织与员工双赢的"民主化"等目的。可见，长期中，组织绩效有利于提升组织的民主化程度，并有利于保障员工的价值性目标；这些目标又为下一周期的互动参与提供基础。

因此，我们提出本章的假设模型，即互动参与管理的短期因果单向关系和长期双向互动关系模型。在综合考察组织内外运营环境后，企业提出互动参与管理意向。如图2-1所示，进入企业互动参与管理的第Ⅰ阶段，企业实践互动参与管理可以提升员工的认同感（价值性），也可以实现组织绩效（工具性）。组织目标实现与认同等，特别是共享价值观有助于员工的价值认同与社会化，进一步提升他们参与组织管理的意愿与能力，并在第Ⅱ阶段表现为组织的民主化程度包括员工成长等组织发展都得以提升。综合第Ⅰ与第Ⅱ阶段，互动参与管理表现出"短期的因果关系"与"长期的双向互动关系"的综合特征。本章将借助案例来探索长期内互动参与管理的工具性与价值性等运作机制。具体的模型如图2-1所示。

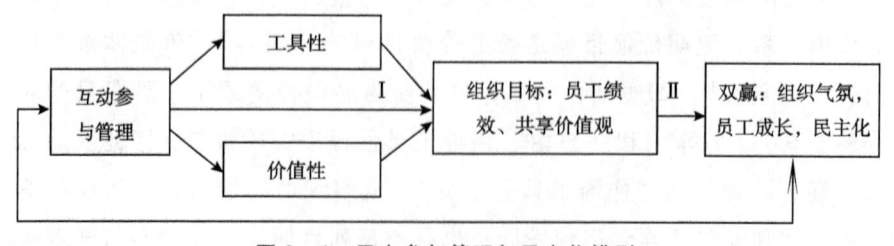

图2-1 民主参与管理与民主化模型

---

① 总体上，工具性与价值性本身具有广义与狭义之分，互动参与管理，从广义上说，对企业即是手段（工具），又是目的（有价值），因为目的与手段的划分不是绝对的；同样地，对员工来说也是如此。

二 研究设计与方法

本书使用单案例纵向研究方法，该方法可更好地了解案例的背景，并能保证案例研究的深度（Dyer & Wilkins，1991）。单案例研究的方法有助于捕捉和追踪管理实践中涌现出来的新现象和新问题，如果设定理想的时间间隔对案例进行深入剖析，将有助于反映该研究案例在不同时期的变化情况，能够更好地检视研究框架中所提出的问题（Pettigrew，1990）。因此本书采用纵向单案例研究方法进行理论模型构建和相关命题提出。

基于互动参与在企业中实践的差异，本案例研究通过分析员工与参与管理，如质量小组、建言活动等，来分析民主管理对组织绩效（离职率，组织承诺等积极行为），企业员工发言权、个人成长、自由等因素的提升作用，以及参与管理对员工分配公平感知，平等价值的促进作用。

1. 案例企业选择

综合研究案例的数据可获取性、案例典型性以及研究开展便利性的几个因素，本书选择盼盼食品作为案例研究样本。

（1）纵向数据可获取性。盼盼食品始创于1996年，集团总部位于中国品牌之都——晋江，企业从建立起即建立了质量管理小组，因此可以确保员工参与质量小组、员工发言权、员工建言等数据的获取。

（2）案例典型性。主要体现在企业的代表性上。盼盼食品是拥有较健全的质量管理小组的食品企业之一，经过二十年的发展，其质量管理小组的运作也越来越成熟。盼盼食品的品牌内涵为：绿色、健康、时尚、营养、方便、放心，质量小组在其品牌内涵的实现上起到至关重要的作用。

（3）研究开展便利性。本书的研究成员与盼盼食品位于同一个地理区域，并且双方有着较为密切的联系，有助于经常性地到盼盼食品进行实地调研。

2. 构念测度

（1）互动参与测度。本书考察的是企业在纵向发展过程中员工通过参与质量管理小组对企业绩效的影响，同时研究企业绩效在一定时期内对民主化程度以及保障员工价值性目标的影响。对于员工参与质量管理小组,主要测量其在质量管理小组中所担任的角色,是执行者、监督者还是建言者?

(2) 组织绩效测度。首先,对应员工参与质量管理小组,本书从组织绩效评估的公众维度来对组织绩效进行度量。组织绩效的公众维度包括两个方面,即产品质量和可持续发展(或共享价值观)的两个方面。产品质量主要通过合格率来进行区分,分为合格、优秀以及领先同类品牌三个层级,可持续发展分为"短期发展"和"长期发展"两类。

(3) 民主价值测度。民主价值主要是指员工通过参与民主管理对公平的感知,以及对平等自由价值的促进作用。主要测量维度包括:首先是员工通过参与质量管理小组所感知到的自己的自由程度;其次是质量管理小组的平等自治程度。

3. 数据收集

本研究主要运用文献资料、人员访谈等不同的数据收集方法,以确保数据和信息来源的多样化。数据获取的多元化也提高了案例本身的效度,避免共同方法偏差。

(1) 人员访谈。从校企合作初始,研究小组对盼盼食品人员进行了多次访谈,访谈对象主要包括:高层管理者、中层管理者和基层员工。每次访谈、讨论的平均持续时间约为2小时,并在访谈结束12小时内,对访谈记录进行整理。

(2) 文献资料。在研究过程中,主要通过在盼盼食品的内部资料,以及中国期刊全文数据库以及重要报纸全文数据库、行业相关刊物等检索与盼盼食品相关的文献;同时通过百度等搜索引擎搜索有关盼盼食品的相关信息;参照盼盼食品官方网站了解盼盼食品的相关信息。

(3) 档案记录。主要是对宣传资料进行了解,通过查阅盼盼食品各时期的内部刊物、高层讲话资料等了解盼盼食品的相关信息。

4. 时期划分

在进行纵向案例研究时,第一步就是要对时期进行划分。通过与盼盼食品管理者的沟通和交流,我们了解到盼盼食品的质量管理小组从企业建立起就已经存在,主要经历了三个发展阶段,即建立期、发展期、成熟期,具体如表2-1所示。

表2-1 盼盼食品质量管理小组动态发展阶段的时期划分

质量管理历程	建立期 (1996~1999年)	发展期 (2000~2004年)	成熟期 (2005~2014年)
参与者	主要管理者及一线监督人员	集团负责人、管理者、一线人员	全员参与

5. 数据编码

本书对访谈和文本资料的处理主要采用内容分析法。首先，对调研内容进行文本描述，形成与研究问题相关的记录性文字材料；其次，使用数据编码和归类表格对文字材料进行小结，其目的在于从大量的定性资料中提炼主题，进而探讨本书一开始所提出的研究问题。在资料分析和编码过程中，本书严格按照内容分析法，首先由研究小组中的两名成员全面整理、通读案例资料，其次分别独立进行渐进式编码，在编码时，主要以本书所涉及的主题和构念为参考依据，最后归类表格以互动参与、企业绩效、民主价值作为划分依据。

具体编码和归类过程为：首先，按照来源渠道对资料数据进行一级编码。对于访谈调研得到的第一手资料，通过盼盼食品高层管理者获得的资料编为M1，通过盼盼食品中层管理者获得的资料编为M2，通过盼盼食品基层员工获得的资料编为M3。而且对于同一人相同或相似的意思表达只计为1条条目。对于二手资料，通过文献资料获得的编为S1，通过档案记录获得的编为S2。对于同一来源中相同或相似的意思表达只计1条条目。通过对第一、二手资料的初始编码，本书得到了包含218个条目的一级条目库。其次，按时期对一级条目库分类，将这218个条目按照上述三个时期进行划分，形成三个时期的二级条目库。再次，按互动参与、组织绩效、民主价值对二级条目库分类。从各时期二级条目库中直接识别盼盼食品员工参与民主方面的条目，并归类与各层面相关的所有条目，相应归类到三级条目库中。接着，按构念进行二级编码。对三级条目库中的条目根据互动参与、组织绩效和民主价值进行二级编码，并将二级编码后的条目分配到三个构念条目库中。其中两人同时编码一致的条目才进入构念条目库中，对于意见不一致的条目，由研究小组全体成员讨论确定进入构念条目库或删除。经过该环节，剔除了31个条目，最终确定187个构念条目。最后，按测度变量进行三级编码。

互动参与构念条目库中的条目根据员工担任角色和公平程度进行编码，组织绩效构念条目库中条目根据产品质量、可持续发展进行编码，民主价值构念条目库中条目根据自由度、平等自治程度进行编码。三级编码过程为，由两人各自将各构念条目转化为与测度变量相关的关键词，再将关键词与预设的关键词表进行比对，根据语义的相同或相近确定对应的编码结果。如果两人编码结果一致，则肯定该编码结果，否则由研究小组全体成员共同讨论确定。本研究用于三级编码的构念条目数及测度关键词表如表 2-2 所示。

表 2-2　相关构念的编码条目数及测度关键词

构念	测度变量	关键词表	时期一	时期二	时期三	小计
民主参与	员工参与	执行、建言、监督、公平	8	13	29	50
组织绩效	产品质量	合格率、质量目标达成率	9	10	25	44
	可持续发展	人员流动、安全性、共享价值观	5	8	9	22
民主价值	自由性	学习、参与、岗位轮换、个人成长	5	11	27	43
	平等自治	自我监督、员工监管	3	7	18	28

三　案例发现

（一）质量管理过程与特征

1. 盼盼食品质量管理建立期（1996～1999 年）

盼盼食品在建立期（1996～1999 年），并没有完善的质量管理体系，质量管理小组也只是雏形。这一阶段的质量管理小组主要是由管理者和一线监督人员组成，基层员工负责完成上级所要求的生产与加工任务，此阶段质量管理小组的结构如图 2-2 所示。

从图 2-2 中可以看出，在此阶段，管理者、一线监督人员、员工之间呈直线管理模式，员工在质量小组中更多的体现的是执行的作用，员工通过互动参与从源头上提升了企业产品的质量，保证了企业产品的合格率，进而促进了企业绩效的提高。因此从整体上看，该时期员工参与民主管理对企业绩效有积极的影响。该时期总的编码特征结果如表 2-3 所示。

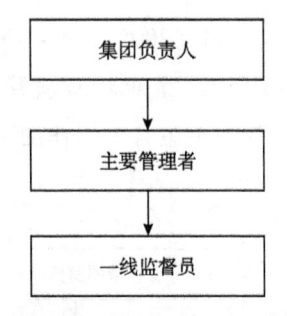

图 2-2 盼盼食品建立期质量管理小组结构

2. 盼盼食品质量管理发展期（2000~2004 年）

在发展期（2000~2004 年），随着食品安全越来越被广泛关注，盼盼食品的质量管理小组也随之完善、健全，发展期的质量管理小组结构如图 2-3 所示。

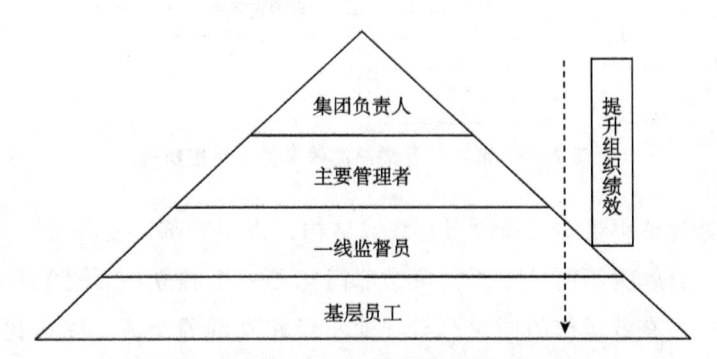

图 2-3 盼盼食品发展期质量管理小组结构

由图 2-3 可知，质量管理小组的参与者由主要管理者发展到集团负责人，同时提高了一线员工的参与水平。在此阶段，质量管理小组不仅在参与成员上有了扩展，同时在参与形式上也有了改变，公司设立"监督"制度，鼓励质量管理小组的参与者（尤其是一线员工）对在日常工作中所发现的问题向上级提出，质量管理小组的核心团队定期开会讨论员工的建议，并将讨论结果反馈给监督者，对实用性、价值性高的建言者给予一定的奖励。这一阶段员工不仅仅是执行上级的指示，完成工作任务，员工通过参与质量管理小组，体现其工作的价值，增强员工对工作、企业的情感承诺与组织承诺。该时期总的编码特征结果如表 2-3 所示。

3. 盼盼食品质量管理成熟期（2005~2014年）

在成熟期（2005~2014年），企业对质量管理小组做到进一步的完善，"全员参与"成为质量管理小组有效运作的关键，成熟期的质量管理小组结构如图2-4所示。

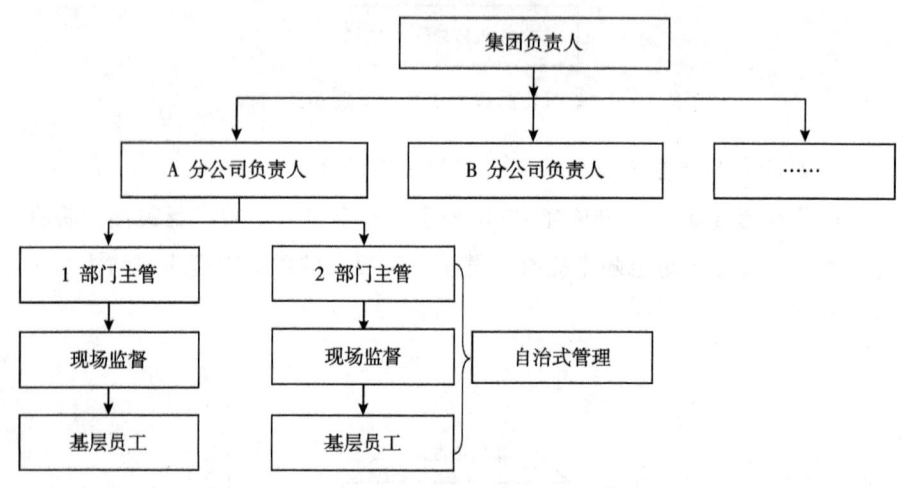

```
                        集团负责人
          ┌─────────────────┼─────────────────┐
    A 分公司负责人      B 分公司负责人        ……
      ┌──────┬──────┐
   1 部门主管  2 部门主管
      │          │
   现场监督   现场监督 ── 自治式管理
      │          │
   基层员工   基层员工
```

图2-4　盼盼食品成熟期质量管理小组结构

质量管理小组不再局限于直线式结构，以不同部门为单位，将质量管理小组分解为不同的小组，每个部门都是一个独立的质量管理小组，确保本小组有效运作的同时，与其他小组相互沟通交流，以达到信息、优势互补，发挥质量管理小组的最大作用，实现质量管理小组的科学化、规范化运作，员工在质量管理小组中逐步实现自治、自由式管理。在此阶段，企业将绩效、培训、岗位职责、激励等环节结合起来，作用于质量管理小组，使得员工在参与质量管理小组的过程中，得到全方位的提高，不仅是履行工作职责、获得工作绩效和奖励，还可以接受专业的培训，质量管理小组成员定期对员工在质量管理小组中的表现做出评价，作为员工晋升、加薪的重要依据。在此阶段，员工参与质量管理小组，已不仅局限于对企业绩效的促进作用。员工参与民主管理作为一种企业民主管理手段，对增强员工归属感、组织公平感起到了很大的作用，在很大程度上降低了员工的流失率。该时期总的编码特征结果如表2-3所示。

表 2-3　盼盼食品质量管理小组建立过程的编码结果（1996~2014 年）

时期	项目 结构	员工参与	产品质量	可持续发展	自由程度	平等自治
建立期	集团统一管理，直线层级	执行	合格	短期	弱	弱
发展期	"金字塔"式结构	执行+监督	合格→优秀	短期→长期	弱→强	弱→强
成熟期	"金字塔"与"鱼骨图"结合	监督+建言	优秀→领先	短期→长期	强	强

从盼盼食品的质量管理小组发展过程可知，企业管理实践如 Glew 等所指出的，首先由管理层提出，始于公司的顶层关注到团队关注（核心管理层），再发展到员工关注。质量管理小组表现为公司高层"小组"，再到专门建立核心团队的"小组"，最后是由员工构成的"小组"。员工的执行也因此由被动执行到主动执行，即开始的未主动参与，到激励参与，最后发展成为有参与意识的主动参与。

（二）互动参与管理的工具性与价值性

综合表 2-2、表 2-3，本书从纵向对整个案例进行进一步分析，结果如表 2-4 所示。

表 2-4　盼盼食品质量管理小组成果

时期	建立期（1996~1999 年）	发展期（2000~2004 年）	成熟期（2005~2014 年）
互动参与	执行	执行+监督	监督+建言
工具性	保障产品合格，着眼于短期	着眼长期，逐步建立品牌优势	行业的领头羊，实现可持续发展
价值性	员工有序执行	意见与不满可以提出，优秀人才加入	工作成就（组织绩效、地位）与工作自由度螺旋上升

在盼盼食品质量管理小组的建立期，员工主要是执行上级的决定，企业产品处于合格水平，并且产品生产持续时间短，员工在质量管理小组内缺乏自由，没有自治权。因此，建立期员工质量管理小组的主要作用是保证组织绩效，为组织正常运作打下基础。

在质量管理小组的发展期，员工由执行决定发展为监督产品工艺、运作流程，企业产品的质量相比较同类产品已达到优秀水平，员工在质量管理小组中拥有一定的自主权，可以将生产过程中所发现的问题反馈给上级，并在发现问题时及时纠错。在这一阶段，员工参与质量管理小组的作用不仅在于提升组织绩效，员工在参与的过程中拥有一定的自主权，也使得员工对组织的归属感进一步增强。

在质量管理小组的成熟期，员工参与质量管理小组，可将自己的见解和意见向上级提出，管理者会定期对这些建议进行讨论，对于"建言"被采纳的员工将给予一定的奖励，质量管理小组在此阶段帮助组织绩效由优秀提升为领先行业内同类产品的水平，注重产品生产的可持续性。

同时，员工在参与过程中，将参与员工自治作为工作的一个重要部分，由于能够监控产品的流程，提升了他们工作的自主性与自由度；另外，通过参与质量管理小组，随着组织绩效的不断提升，员工能感知到工作的成就，并认知到组织的价值所在，因此产生与组织一致的价值观；以下是一位基层员工的访谈观点：

> 参与QC（质量管理）有没有使自己得到发展我不清楚，但我的家人特别是小孩都很爱吃（公司的）这些东西，由于对生产过程比较了解，因此我也放心让他们吃。就像我自己下厨房做出来的东西一样，我没有为这些食品的安全问题感到担忧。

最后，自主性与价值观等促使员工具有更强的主人翁意识，在参与组织民主管理的动态过程中，实现他们的自我成长。

纵向来看，在盼盼食品质量管理小组的三个时期内，企业员工参与由执行者发展到建言者，产品质量由合格发展为领先于行业水平，生产的可持续性不断增强，员工自由程度和平等自治由弱变强，最终体现出盼盼食品企业民主管理的不断发展、进步的动态过程。因此，互动参与管理是价值性与工具性是统一的，企业实施互动参与可以提升员工的认同，员工参与互动在短期内促进组织绩效的提高，组织绩效上升进一步提升员工对组织的认同，对员工成长起着潜移默化的作用，最终实现员工与组织的双赢。

四 结论

本章通过对盼盼食品企业在1996~2014年的纵向案例研究，分析企业质量管理小组结构的三次拓展,展示了三个阶段质量管理小组的结构特征,以及在这三个阶段内员工参与程度和参与的有效性。员工通过参与质量管理小组,一方面确保了公司产品的质量,另一方面员工通过参与食品质量管理的过程中,也增强了员工对组织的了解,提升了员工工作的自由度,促使员工形成组织文化的认可,形成共享价值观并产生主人翁意识。从短期来说,互动参与管理具备价值性与工具性统一的特征。同时,从长期看,员工通过质量监督、建言献策等形式参与到公司的管理中来,首先能提升组织的绩效,组织绩效与成就感等会进一步促进员工以主人翁的身份参与公司的管理,提高组织认同感,实现员工平等意识。因此,互动参与管理的工具性,如分配公平等进一步优化组织气氛,促进员工积极组织行为的产生,并实现组织的高绩效,组织绩效的提高进一步促进公司民主化管理的实施,帮助员工明确公司的发展方向,了解自身的存在价值,促进员工的内在成长。即管理的工具性提升了互动参与管理的价值性,价值性又是工具性的必要前提,因此互动参与管理是价值性与工具性的统一。

总之,互动参与管理是工具性与价值性的统一。从员工角度看,又是"作为目的的工具"与"作为工具的工具"的统一,因此表现为双重统一。从生命周期及管理流程的角度看,价值性与工具性相互促进可能发生于生产管理的每个瞬间或不同流程。因此,互动参与管理既是"作为目的的工具"与"作为工具的工具"的统一,又是工具性与价值性的统一,表现为双重的统一。从广义角度看,基于员工与组织收益,互动参与管理是一种双向因果关系,而不仅仅是常规的动态闭环关系。其中民主的目的(价值性)经历了发言权、成长、共享价值观与自由平等的民主化的多个阶段性因素,这些因素在各个阶段又与组织绩效存在复杂的相互促进关系,如决策参与(广义发言权)有利于公平等组织绩效目标,发言权有利于员工绩效,组织绩效又有利于共享价值观。基于共享价值观的组织气氛又有利于新一轮的互动参与管理实践。经过员工参与形成的组织价值观,有利于公司上下对组织战略形成一致的认知,并逐步形成新的竞争优势与个体目标,通过参与贯彻执行与反馈,在动态闭环管理过程中实现组织的可持续发展。总之,互动参与管理的内在价值与组织绩效在每个子阶段间存在动态的相互促进或因果关系,并在总体上表现为双向因果关系。

第三章 理论评述与研究模型

基于理论分析，以及企业的互动参与运作现状，本章将提出全书的研究框架。在理论述评的基础上，提出具体理论模型以及研究的结构模型。为后续研究奠定理论基础，并指出研究的总体方向。

一 理论综述：理论分野加剧劳资的独立行动

员工进入企业，往往意味着对企业生产经营理念或品牌价值的认可。企业聘用员工，也是因为对员工综合素养有一定的认可。然而，由于企业不知道员工能创造多大的价值，因此只给员工一般的工作条件与最低的承诺，大多数员工入职后因此会经历理想与现实冲突的失望过程，并在行为上表现出"没有报酬的工作不做"，企业便会觉得员工太自私自利，并一直支付员工最低的报酬。如何突破这种低投入与低忠诚并存的低度均衡，实现员工与组织最初的预期或共同期望，形成良性循环的路径探索研究，成为员工与组织关系管理研究的重点。为此，首先需要分析员工与组织间关系形成的理论基础。

（一）理论背景分析

亚当·斯密（1776）认为劳资关系产生于工业化过程的劳动分工。为了解决分工所产生的冲突与不合作等问题，韦伯夫妇（1897）倡导工业民主的理念。同时，西方工业革命也促生了员工参与的管理思维，如早期的利润分享制度等。经济快速发展不断引发了这一领域的管理革命，表现为从泰罗的"合作机制"到行为科学理论的"人本管理"，从制度学派的工会与集体谈判到跨学科的劳动关系系统管理理论等。如前文所述，相关研究可以分为两大思路，一是鉴于"劳弱资强"的传统劳动关系（IR

思路,二是员工关系(ER)管理思路。两大研究的不同视角导致对和谐的理解与对策差异明显。

1. 理论分野加剧目标差异

在韦伯夫妇(1897)的最初设计体系中,是先有政治民主后有工业民主,即劳资和谐取决于政治与社会和谐。其理论内涵是,要实现劳资和谐,需要从外部社会入手。后续 IR 学者基于这一体系,主要从上层建筑的角度来论证,具有较强的意识形态色彩。如康芒斯(1925)把劳动关系的劳方与其他主体相对立,建议通过工会加强劳方力量。基于"劳弱资强"的现实,支持工会运动成为 IR 理论研究的重点,并于 20 世纪中期发展成一门独立的学科。近年来,虽然系列研究把这个领域拓展到工业化进程对人和社会的影响,但总体上,基于外部制度如法律、工会、集体谈判等研究领域,其目标在于实现工人的基本权利,包括自由、公平公正、发言权、员工成长等。在我国,学者也主张通过劳动契约与工会行政化等社会制度来保障员工的权利,如常凯(2013)[241]通过政府与劳动者相互促进,自上而下与自下而上相结合来提升劳方力量。理论主张通过劳动法体系来明确规定劳动者的劳动权益,重视劳动三权:团结权、谈判权和争议权,并通过立法规制或工会创新等来实践产业高度化。

与外部体系的 IR 思路不同,ER 的组织研究目标在于通过研究员工的心理与行为以提升效率。为了解决泰勒制管理所伴随的效率下降难题,人的主动性问题开始被重视,对人力资源生产率决定要素研究的兴趣逐渐得到提升。1950 年代工作生活质量(Quality of Work – Life)等实践促进了理论的快速发展,如目标管理、员工持股计划、分享经济、相互投资型劳动关系、团队与建言等,为提升员工工作效率奠定了理论基础与实践导向。这些理论均认为,通过设置有利于员工工作的具体环境,并促使员工个人及职业成长,企业也将因为员工的经验、才能与眼界等的丰富与成长而得到更好的发展。

可见,组织内外部对劳资间关系的研究目标差异较大。外部规范研究主张最终目标在于人的发展,因此公平、自由最为重要。内部制度研究主张最终目标在于组织的发展,因此效率为第一。二者的差异导致理论研究争议较大,如内部制度管理研究被 IR 学者认为是以损害人的发展为代价,认为组织行为研究与人力资源管理实践均存在过分压榨员工的精力,通过无限的激励,注入过多的激情将导致员工能量耗竭,最终不利于组织与社会的发展。同样地,外部制度也因为只关注公平与保护弱者的社会底线分析,无法激励双方额外支出以实现共同目标而一直被经济学及 ER 研究者所诟病。理论的分野又作用于劳资分工,弱化了社会与企业的合作行为。

2. 目标差异导致独立行动

19 世纪末以来西方各国普遍兴起的社会民主改革运动在工作场所取得了一定的成绩,如工作时间的减少、童工和女工的保护、最低工资标准的规定、失业救济等。然而,1980 年代以来全球经济趋于稳定,工会力量开始下降,相关理论研究开始着眼于企业内部的管理策略,如策略选择、工人委员会以及巴德(Budd,2004)所倡导的发言权机制等,以间接提升工人的福利。即使这样,与国际劳工组织的核心公约等"体面的劳动议程"一样,工会组织、政府监管与企业的工人委员会等外部社会制度安排往往被企业理解成"压力",相关制度由于得不到企业的支持而变得难以有效执行。

同样地,企业为了提升员工的工作积极性与效率所设计各种制度安排,由于难以得到员工或社会的认可,其效果往往不理想。这也成为 ER 研究思路的困境,实证研究显示,最佳的人力资源管理实践与员工绩效之间关系是模糊的(Huselid & Becker, 2011),只有当员工实施了与组织目标一致的行为时,人力资源实践才能提升组织绩效。如纯粹的参与管理中的信息共享制度就不一定能提升管理效率,企业希望把信息共享当作是一种提升沟通效率的工具,然而,当员工获取信息后,往往会对管理方提供的信息真实性进行不断的揣摩(是否真的信任我),以便全面了解管理方的真实意图。因此企业把信息共享当作沟通工具,员工希望它是一种信任制度(Kandathil & Varman, 2007)。又如企业的决策参与管理,由于财产权不可分割与员工参与能力等原因,经常会演变成走过场的"演戏",难以提升员工的参与度与组织决策的科学性。

在中国,劳动关系的主流思维是保护劳动者。中国劳动关系理论与主流意识形态强调基于莱茵模式的保护理念,劳动力市场化过程其实是主流意识形态对劳动保护弱化的过程,其目的在于为草根创业与非公经济提供自由的劳动力市场。这一制度安排必然以牺牲劳动者权益为代价,虽然政府一直"在场"（佟新，2003），但在劳动力市场分割条件下，中国主流劳动关系理念及意识形态下的法律制度主要是保护主要市场的劳动者，对次要劳动力市场则存在"看菜下饭"的现象，即企业刚刚起步，政府不便介入；企业发展好了，政府可以介入，执行劳动保护；企业出现"经济性裁员"问题，最好的政府不应"在场"。这种不公正的保护是以效率损失为代价的。随着市场化的逐步深入，这种不公正的保护措施本质也是保护弱势企业，违背了市场的竞争发展理念，社会与企业存在目标差异导致社会提倡的劳资和谐制度难以为企业所接受。如2007年以来劳动立法的完善与加强监管等，在实践中大部分中国企业尽量逃避政府的监管行动。在我国次要劳动力市场上，政府被企业所孤立。

作为次要劳动力市场主体的家族企业，其劳资交易理念源于简单的市场逻辑。现实中大部分家族企业实施员工先投入劳动，然后依据考核结果，再给予相应报酬和晋升的传统管理模式。显然，这种模式的劳资关系是基于"市场交易"的逻辑与法则。然而，与这种适用于劳动力供过于求的买方市场模式相伴随的是"低投入低忠诚"关系。这种交易模式需要转型（汪和健，2014），否则，企业将难以获取可持续竞争力。用工荒出现以来，市场交易法则在降低员工离职率方面失灵了，以单纯的待遇留人策略，企业便出现了薪酬高增长与员工高离职率并存的局面。另外，中国企业探索出情感、事业、制度、信仰等多种"留人"管理实践，但是员工离职率仍然逐年上升，高投入与低忠诚并存也说明家族企业被员工所孤立。

总之，由于劳资关系的ER和IR理论体系存在一定的局限，加剧了分工过程中劳资独立行动。我国家族企业员工关系情境的劳动关系理论缺乏，使得政府、企业与员工在劳资关系过程中独立行动现象尤为严重。我国劳资合作与共同行动的良性循环路在何方？随着全球劳动关系理论的不断发展，莱茵模式与盎格鲁-撒克逊模式出现相互借鉴的趋势。然而，这种趋势及理论研究成果适合中国情境吗？我国劳资关系的三方即政府、企业与员工应当如何有效合作，共同行动？

（二）劳资和谐的理论简述与发展趋势

劳资共同行动问题产生于社会分工。为了解决劳动分工所产生的不平等，马克思主义的策略是工人所有制。韦伯夫妇（1897）设计了从上层建筑的政治民主到工场草根民主的一整套体系，即先通过政治民主以实现草根的社会民主。社会民主主要有生产与分配民主：分配民主强调透过福利政策达成社会资源的公平分配；生产民主是透过产业民主政策使工人能参与工作的管理与经营。迪尔凯姆（1893）则提出了较为乐观的理念，在他的《社会劳动分工论》中，认为分工创造着社会整体并产生促进社会保持整体的力量。因为高度的精密分工必然导致人与人之间的团结，这种团结有可能实现共同行动与社会和谐。但他也意识到，强迫的机械分工造成偏离有机团结的不平等现象是分工的"反常形态"，是一种产生不平等的失范分工。减少或消灭反常分工需要社会整合，需要通过恢复性的制度法律规范来维持群体内、特别是群体间的道德秩序，维持劳动分工的社会整合。

与传统依靠社会民主法制来实现经济民主的思路不同，佩特曼（1970）提出了参与式民主的理念，认为公民参与的实践应当由经济领域开始，并逐步向政治领域扩展，以实现真正的民主化。因为员工通过在工作场所的参与，包括部分参与、充分参与与权威结构民主化，可以提高他们的政治认知、锻炼政治技能、增加公民修养，从而实现民主的平等与自由等本来目的。如何在工作场所实现参与式民主，Strauss（2006）总结认为，二战后参与或民主管理经历了三波理论研究潮，即人际关系、工作设计与工作团队，并且认为作为 ER 的参与管理是一种有"价值"的管理实践，因为从政治上有利于降低权利的不平衡，人本上有利于提升人们的基本技能，管理上有利于增加效率。① 这种权威的总结鲜明指出了 IR 与 ER 综合研究的理论趋势。

在综合研究的趋势中，共向模型（Newcomb，1953）与归因理论引发互动合作理念的快速发展。基于利益多元化的组织理论体系，库克（Cooke，1990）认为合作是一种双赢的劳资关系模式，因为建立在劳资双方共同追求更大利益的目标上，在追求的过程中劳资双方不将各自的心力用于相互对抗上，而集中心力于目标的达成上。此外，互利组织

---

① 本文的目标与路径模型设计受团队建设理论启发，团队的关键元素是目标与角色，作为组织，也需要解决目标与分工的问题，见（Strauss，2006）。

(Kochan, Osterman, 1994)、相互投资型劳动关系（Tsui et al., 1997)、平衡观（Budd, 2004)、综合论（Kaufman, 2001)、双向模型（Shapiro et al., 2002）等都可归结于合作理念的拓展性研究成果，盖斯特等（Guest et al., 2008）在总结这些的基础上，还提出了合作的原则与具体的实践。代表性模型有Tsui等（1997）提出的投入/贡献模型，她们把员工—组织关系分为均衡的准交易契约型与相互投资型，以及非均衡的投资不足型和过度投资型四种员工—组织关系模式。巴德（Budd, 2004）三位一体平衡观，则主张取消内部员工管理与劳工工会化之间的对立关系，主张建立一个平衡效率、公平与发言权三者间的人性化雇佣关系的理论框架来实现HRM与IR两个学科的互动，以建立"人力资源与劳资关系"新的学科体系。在此基础上，Kaufman（2010）也强调发言权的重要性，并重新提出了EIR（ER & IR）的综合概念。

综上所述，为了实现劳资和谐，理论研究具有社会—组织视角分析相互纠缠的特征。兼顾社会与组织的战略互动研究，如利益相关者理论与企业社会责任等成为最近20多年的理论研究热点。随着工业化的逐步深入，各种理论综合模型均存在一定的情境适用性。佩特曼（1970）认为，因为政治冷漠、合伙人对民主政治体系的不感兴趣、社会的经济不平等以及人们的观念等原因，在工业领域要进行第三种的民主，即权威结构的民主化是不可能的，除非存在类似南斯拉夫式的复杂情境。如巴德（2004）提出了公平、效率与发言权三位一体的目标体系，但在实践中，目标越多越难平衡，发言权的提出，使得员工—组织关系的目标更加难以平衡。至于IR学者强调的工业民主观点，Ringen（2004）认识到，工业民主可以通过参与管理来实现，但选举权在企业内很难实现，因为基于劳资双方在企业内的经济不平等，经济权力不可能平等或被平分。

在中国，常凯教授（2013）所提出的"集体化转型"多受质疑。论研究迫切需要探索出适合我国工作场所情境的员工管理模型，赵曙明（2011）在评价Tsui团队（1997）所提出的两大均衡时指出，现实中准契约型劳动关系被许多企业所采纳，为什么理论上最优的相互投资型雇佣关系模式，在实践上并没有为大多数企业所采用？理想目标再一次因为现实环境而变成空想。因此，顺应劳动关系的综合研究趋势，探索基于中国社会情境的劳动关系理论模型成为理论研究的重点。

二 模型设计：良性互动是劳资和谐的有效路径

随着我国工业化向纵深推进，市场化劳资关系的基础性地位正逐步形成，与经济快速发展相伴随的是劳资矛盾与冲突频发，如何妥善处理劳资双方的利益冲突，实现劳资和谐关系，正成为社会发展的关键目标。然而，传统经济学理论认为劳资和谐是难以实现的理想均衡点，管理实践视之为是一种模糊状态的口号。在移动互联网快速发展与生产制造智能化背景下，以及宏微观领域对劳资和谐气氛的不断努力，树立劳资双方认同的阶段性目标，建构科学的理论构念，探索可行性实现路径正变得更为可能。

（一）综合民主与参与，实现劳资和谐

海峡两岸工业民主与参与管理的理论与实践说明，要实现劳资双赢，需要双方良性互动，而良性互动的基础是什么？劳动者与用人单位之间确立劳动关系，理论上可以通过明确契约和默示契约来实现，可以是书面的、口头的，也可以是行为的。市场经济条件下，书面的明确形式得到更广泛的认可并以法律条文的形式明确下来。然而，由于有限理性、交易费用、信息不完全、人力资本专用性投资等原因，使得劳动契约具有不完全性特征。劳动契约的不完全性会带来机会主义行为，造成双边道德风险，使劳动契约难以有效履行。不完全劳动契约的执行需要加强契约的自我执行或通过第三方强制执行。二者之间具有一定的内在关系：契约的第三方强制执行主要依赖于劳动契约的签订、劳动纠纷的调解、仲裁与诉讼等司法途径；契约的自我履行依赖于私人惩罚条款，这种私人惩罚条款是以法律等第三方强制执行的严厉性为前提的，以契约人的"履约资本"高低和市场条件为配合，当任何时点上预期准租金流的资本价值大于从违反契约中获得的短期收益，此时契约才能得到有效的自我履行（威廉姆森，1975）。

第三方强制执行或威慑是契约有效性的关键，是 IR 研究的重点，我国劳动关系学界对此也特别重视（常凯，2007；杨冬梅，2009）。在"劳弱资强"的中国劳动力市场背景下，第三方的强制执行主要体现在社会

对劳动者的保障与保护方面。这表现在，外部社会所追求的劳动关系善治目标，如和谐劳动关系等，经常被等同于对劳动者的高度保护。如贺秋硕（2005）构建了企业劳动关系和谐率的评价指标体系，主要体现在对劳动者的保障上，即劳动者劳动契约及收入保障、劳动者劳动保护及社会保障、劳动者民主权益及文化权益保障；莫生红（2009）对三大指标进行具体化，细化为37个三级指标。这些指标体系说明我国劳动关系界把和谐劳动定位于外部IR系统。

劳动关系管理需要有系统化的思维，邓洛普（1958）提出了包括主体、环境、意识形态与规则的系统理论框架。我国学者席酉民及其团队（2009）把和谐劳动关系被定义为"劳资双方能够齐心协力、共谋发展、利益互补、实现双赢的关系；是劳资双方相互尊重、和谐相处的平等关系；是利润相容、矛盾协调的共生关系"。如何实现和谐劳动的目标，需要充分调动和利用各子系统成员的积极性和能动性。其中，内部子系统的自我运行是关键。

对于企业来说，能够实现劳资长期合作关系，上述理论说明，最有效的是实施参与管理或员工参与，以实现相互投资型劳动关系。我国学者冯同庆（2002）分析了我国民间经济的员工参与形式，包括职代会、利润分享、员工持股、股份合作、劳动股本化等，其后续研究也分析了员工参与的功能；张震等（2002）探讨了组织气氛与员工参与之间的关系，谢玉华团队（2007，2010）对员工参与做了元分析与比较分析，并实证分析了湖南企业员工参与和员工忠诚度的关系。

家族企业应当如何实践参与管理呢？总体上，员工参与属于HRM的范畴，HRM实践方式的研究方面，Tsui & Wu（2005）提出了实现相互投资劳动关系的四大实践，即招聘录用、培训发展、工作标准与评价以及薪酬与福利。与此相应的研究体系或理念还有：从企业角度考虑的高绩效工作实践与组织公民行为，以及心理契约与信任等。高绩效工作实践也称高绩效工作系统（HPWS），与战略性人力资源管理（SHRM）等的内涵相同。Lengnick-Hall（2009）对过去30年SHRM的最佳实践进行了梳理，提出具体情境下最佳实践管理的重要性。郭东杰（2004）认为劳动关系具有重复作用、不完全性和社会嵌入性等特征，为了克服劳动契约的不完全性,他也提出了职工持股计划的政策建议,实现长期的重复作用。因此,借助于员工参与等管理制度可以使劳资间形成合作的心理契约,建立劳资互信,以实现长期合作。对于信任,Mayer 等（1995）认为：信任是指一方不考虑对另一方的监督或控制的能力,仅基于某种期望,而接受自己地处弱势地位的意愿。因此,信任具有两大特征,一是依赖性,即信任方的利益依赖于受信方的行为和决策；二是风险性,由于信任方基于"相信"对方不会伤害自己的信念,将自己置身于不利的境况下,也意味着自愿的风险承担。

总之,为了实现劳资双赢,可以借助于相互投资型劳动关系等作为衡量的标准,具体的实现需要借助于系统的过程。具体来说,劳动关系管理是一个包含企业内外部的系统过程,包括具体的任务目标、战略策略、保障机制等。首先,在目标方面,除了 HRM 领域的"相互投资型"劳动关系外,国内学者吴中伦（2010）以 Hammer 等（1991）的研究问卷为依据设计了五个测量题项,来衡量私营企业劳动关系和谐度；其次,战略策略方面,20 世纪 80 年代以来,劳动关系学（IR）劳动关系研究开始关注企业内部管理策略,而 HR 研究则以员工参与为基础,以高绩效工作实践为主,大量的文献从企业绩效的角度论证了高绩效人力资源管理系统的积极作用。在人力资源管理领域的员工关系管理思维得到了发展的背景下；在国外劳动关系学家（Budd, 2004; Kaufman, 2010）强调 IR 与 ER 研究综合的趋势下,国内学者吕景春（2011）认为要通过制度安排与机制创新,来平衡雇主效率需求与雇员公平需求。最后,保障方面,对于家族企业,大部分学者均认为应加大劳动者权益的保护力度,强调劳动关系法治的保障功能（常凯,2007）。

（二）劳资关系情境改变模型

综合理论分析可知,劳资和谐需要企业内外部制度及其管理的统一。现实中,劳资互信的组织往往是基于内外部统一的战略管理理念,这种理念下的行为是企业在环境检测与综合评估活动的基础上制定的战略性策略。战略管理意味着全局的长远的发展方向、目标和政策,是企业考虑各利益相关者诉求的结果。

统一（Integrate）意味着要反对平衡（Balance）。巴德（2004）平衡论的核心观点是：为了平衡对立的人权（财产权与劳动权），就需要平衡公平、效率与发言权。这一观点的前提是，财产权与劳动权是对抗的，而且平衡观实质上是"分蛋糕"的理念，是事后的不科学的思维模式。因为，组织的产生是财产所有者与劳动所有者的统一，双方存在共同目标，共同目标的形成是生产得以顺利进行的前提。平衡应该发生在分配过程中基于各方贡献以寻求的均衡点（Equilibrium）探索。实践的难点在于目标探索以及与各均衡点间保持动态的统一。为此，我们提出了统一的理念，以实现劳资良性互动。具体包括两个方面。第一，目标探索，探索或搜寻目标是组织内部各利益相关者利益统一过程，是组织长短期目标的集合；第二，制定具体的实施计划，落实行动，通过互动建立互信，产生互惠与互利。

1. 目标探索：兼顾与统一

员工与组织的双赢的共同目标是什么？企业一般会提出"先把蛋糕做大，然后大家都分得多"，然而，非家族员工往往会想"企业做大了不是我的"，因为员工不是企业所有者，在企业财产不可分割的情况下，为了解决类似的观念冲突，共享价值（Shared Value, SV）被提出。

SV 属于企业社会责任的范畴，波特等（Porter et al., 2011）认为 SV 是企业通过创造社会价值来实现经济价值的一种自利行为，借此以提高企业经营效率与竞争优势。他们认为 SV 的实现需要新价值链配置，这需要科技、节约能源和支持性的员工。近年来，SV 被运用到包括国家核心竞争力、企业社会网络、企业知识管理、产业链等的分析。在工作场所，SV 指的是"公司的唯一纽带"或"我们所有的象征与内涵"。我们认为工作场所的 SV 是：组织文化中被象征化的组织价值观体系，这些价值观体系产生于工作过程中员工的超越性体验，促进其与组织的紧密联系并产生与组织一致性的亲密感觉。

相对于劳资和谐与相互投资型劳动关系，SV 是劳资双方更直接的目标，劳资间的相互投入需要基于共同的价值理念或目标。SV 的产生不是一蹴而就的，在企业内部，劳资双方的 SV 理念首先需要建立双方认可的基本的或底线的准则与契约，如劳动合同。在这些明示契约的基础上，通过参与互动与多阶段博弈，建立心理契约，实现互认与互信。因此，从目标体系看，和谐劳动是愿景，组织与员工间的共享价值观可引领劳资间的合作的产生，合作又是基于一系列双方的短期目标博弈与互信的结果。如图3-1所示：和谐劳动、SV、互信（C点）、业绩达成（B点）、组织认同（A点）、劳动契约（O点）等构成了劳资双方长远目标与短期目标统一的动态目标体系。因此，SV的形成是一个过程，这个过程首先需要企业发动员工对组织的使命与愿景等进行综合分析，并基于此提炼出能为企业核心员工认可的价值理念，这一价值理念可能以文字、VCR或象征组织文化的物质表现出来；其次，企业利用这些价值理念，对组织内外部人员进行解读和宣导，使员工逐步感知到组织身份特征对自己的意义，并会将自己纳入特定的"类别"中，以获取自身的价值所在的过程。

2. 路径策划：资方主动的互动互惠管理

有竞争力的企业必然是融于社会的组织，组织发展需要获得社会与员工等利益相关者的认同。在劳动力市场上，认同的标志有集体合同与雇主品牌等。集体合同是三方互认与三方协商的结果，根据《劳动合同法》，集体合同是对资方在劳动报酬等方面最基本的义务的规定，属于区域或行业对劳动者基本保障的规定。社会发展不仅需要探讨社会主体间底线的、基础的经济准则的建立，还需要探讨劳资主体间道德伦理准则的、本体的、价值建立，如社会对企业雇主品牌的认可。

同样地，单个劳动者与用人单位之间确立劳动关系，市场经济条件下，也需要书面的劳动契约，它可以得到更广泛的认可并以法律条文的形式明确下来。这种明确是一种双方基于共同价值目标的先期"投入"。劳动契约不仅有利于保障劳资双方的准交易型劳动关系，也有利于维持双方间的最低信任水平，在此基础上，才可能实现期望的"产出"。如何把可能变为现实，有效的互动是其中的关键，通过互动来改变劳资关系情境，以实现劳资相互投资与和谐。

谁来改变劳资关系情境？互动意味着需要一方先动，从极限的角度看，双方同时行动的概率几乎不存在。百年来的管理学理论主要基于员工的管理视角，着力于如何提升员工的工作积极性，特别是组织行为与人力资源管理理论，如彼得原理与蘑菇原理等，都主张通过组织的系统管理，辨认优秀员工并予以晋升，然后通过控制与协调，降低组织的低效率现象。因此，传统的员工关系管理期待员工积极主动，然而，在员工付出大量的努力之后，由于员工是管理制度的被动者，如果没有相应的参与平台，则需要依赖传统的科层制，即通过考核与晋升来参与企业管理。员工在漫长的等待中，其积极性与主动性被扼杀。基于 IR 的研究，却走向另一个极端，本着保障员工的自由、平等与正义角度，主张任何扼杀员工自由发展的管理策略都是不人性的，因此要求企业先做出不危害员工生存发展的承诺。对此，企业的理解是，社会要求是政府对社会管理缺位或不力的后果，不是企业的责任却由企业负担，因此尽量逃避。企业走向另一个极端的结果是，企业丧失了改变劳资情境的主动意识以及能力。企业把管理中损失的效率（员工的努力）当作是管理系统的问题，认为只要设计出有效的机制，员工必然会积极努力，因此陷入了激励机制设计的泥淖。

互动参与管理跳出激励的理论范畴，是组织管理理论的重大突破，是改变劳资关系情境的主动策略，是一条提升员工积极性的捷径。互动参与一般是由企业高层首先提出，是企业基于理论引导与管理模仿等提出的。因此，企业应当创造参与平台，并鼓励员工参与制度的制定，使员工有机会对制度提出建议，重视提议与依此完善各项管理制度。员工在劳动过程中与组织进行有效互动，也能实现真正的体面劳动，互动参与的民主化管理过程成为企业发展的必经之路。

3. 研究模型：从必要的民主与充分的互动到双赢

至此，我们探索出我国和谐劳资关系的目标与路径。如图 3-1 所示，横轴代表员工利益，纵轴代表组织利益，45°射线代表双方的均衡点（目标集），管理路径用曲线来表示，即互动参与管理行为。从动态过程看，O 点代表员工组织之间的准契约型劳动关系，劳资双方基于平等主体，建立的经济交易型契约关系。O 点也是企业互动参与管理（曲线）的实践起点，O 点决定了契约的类型，实施互动参与管理的企业，往往把关怀管理体现于契约之中，在这种必要的民主关怀基础上，并通过信息共享等参与管理来实现充分互动，实现对劳资关系情境的改变。情境改变将引起员工认知的变化，员工感知的组织支持感能通过发言权等更快地实现组织社会化，产生一定的组织认同（A 点，均衡点）。在感知到组织的投入后，作为回报，员工表现出相应的组织承诺行为，认同与组织承诺的相互作用，能够保障员工优异业绩达成（B 点，均衡点），并实现组织财务绩效。进一步地，深度互动给员工带来成长机会，体验组织发展中的公平气氛，将出现员工与组织的互信，产生共享价值观，最终可演化成相互投资型的和谐劳动关系。

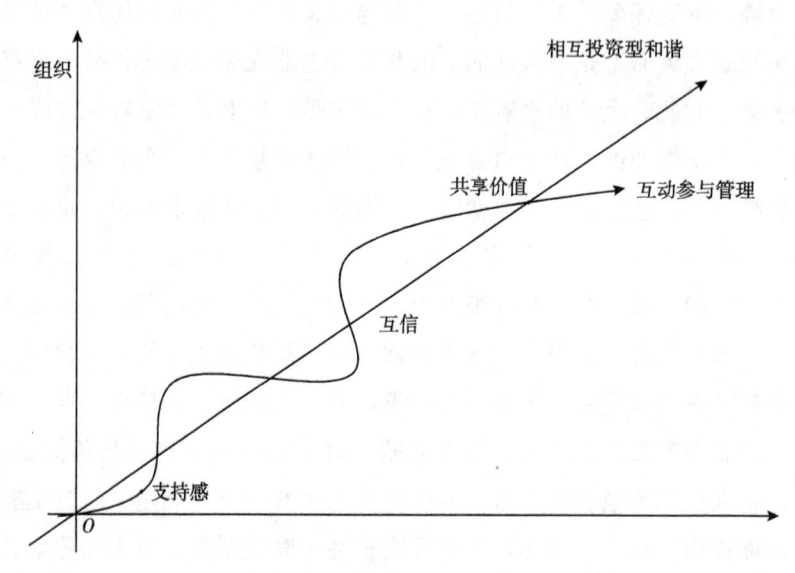

图 3 - 1　劳资关系情境改变模型

企业互动参与管理是工具性与价值性的统一。图 3 - 1 中位于射线上方的曲线部分代表互动管理过程中企业的利益面，互动参与管理被视作为一种能够实现组织绩效的管理工具，表现为互动参与的工具性。位于射线下方的曲线部分，代表互动管理过程中员工获益或员工感知的价值，表现为民主的价值性[1]。价值性与工具性是相互促进、相互统一（曲线与射线的交点是价值性与工具性统一点）的关系。首先，工具性促进价值性，企业把互动参与管理当成实现组织绩效与组织发展的工具，但在此过程中也实现了员工的民主价值目标，是劳资的双赢，因此从工业民主角度看，互动参与管理可被视作为"作为目的的工具"；其次，价值性也能促进工具性的实现，员工的积极行为可以提升组织的绩效；最后，从动态看，民主的近期目标如发言权、平等公平等又是 SV 与劳资和谐等远期目标的工具，表现为"作为工具的工具"。因此，互动参与管理又是"作为目的的

---

[1] 民主的价值性，指民主本应有的价值，即内在价值，包括自由、自治、平等、正义等。

工具"与"作为工具的工具"的统一。显然，这种双重统一（图3-1中曲线的螺旋上升）特质有利于避免投资不足型（过于强调工具性的管理策略），与过度投资型（过于强调价值性的管理实践）局面的出现。既能解决薪酬高增长与员工高离职并存，也能解决劳动权侵犯与反生产行为并存的问题，是劳资双方长期动态合作与实现高投入、高忠诚的高度均衡的有效策略与保障。

（三）民主参与管理的概念模型

综合上述理论回顾，如何通过劳动关系管理，实现劳资双赢，劳动关系学（IR）与人力资源管理（HRM）在研究内容上有了融合的趋势。二者的目标是相同的，因为立足点不同，实证方法与指标上有所差别，导致研究结论与相关政策建议差异悬殊。劳资双赢可以以Tsui及其团队所提出的"相互投资型"劳动关系作为和谐劳动与研究目标，在对策上综合HRM与IR的关键变量与指标的基础上。其中"相互投资型劳动关系"，即交换双方承担和履行定义模糊的、宽泛的和开放的责任和义务，企业提供给员工的投入超过短期经济回报，同时员工的义务也远远不止是完成本职工作以内的任务。

图3-2表明，实现劳资双赢应该是一个系统过程，目标在于实现相互投资型等"双赢"。从系统的角度讲，安德森（Gunderson，1995）模型认为，劳动关系是由"投入、主体、转换过程和产出"四个相互连续相关的部分组成。在以相互投资型雇佣关系对员工态度与绩效有积极作用为前提，"双赢"的"产出"意味着和谐劳动过程不仅要能够降低劳动者的就业等风险（契约），也要有利于提升员工对组织的认同，提升忠诚度

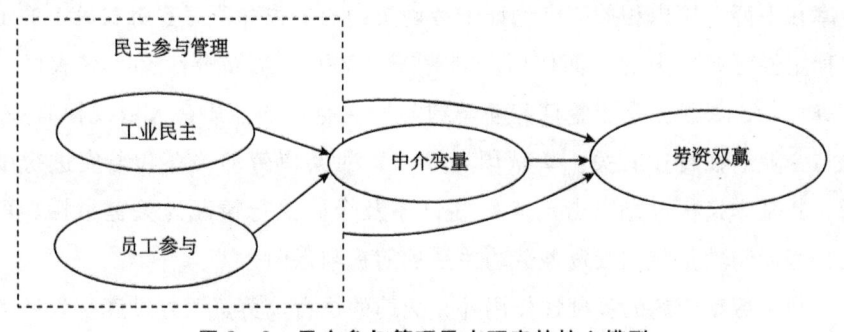

图3-2 民主参与管理及本研究的核心模型

并降低离职率等。这对于在企业用工荒愈演愈烈，劳动法律体系日渐完善，外部社会要求家族企业与其他性质企业一样地承担社会责任的背景下，在没有资金与人才偏爱的条件下，在依赖产业转型所需要的创新动力以及80后员工稳定性管理等"投入"的情境下的中国家族企业的员工关系管理尤为重要。这在具体"投入"行为上就要求作为"主体"之一的家族企业首先要为另一"主体"员工提供长期劳动契约，建立准契约型劳动关系。劳动契约是基础与出发点，劳动契约不仅有利于保障劳资双方的准交易型劳动关系（工作导向型劳动关系），也有利于维持双方间的最低信任水平；同时，准契约型劳动关系还要上升"转换"为相互投资型劳动关系，民主化管理成为我国家族企业发展的必经之路，家族企业只有提供有效的参与管理与激励制度，提升劳资间的纵向信任水平，发挥人力资本的最大功效，员工以组织承诺与组织公民行为等来回报企业，才有可能实现相互投资型劳动关系。

实现和谐劳动关系，首先需要劳资双方建立劳动契约，劳动契约是建立劳动关系的前提与保障。德姆塞茨（1967）认为，"产权是一种社会工具，其重要性就在于事实上它们能帮助一个人形成与其他人进行交易时的合理预期。这些预期通过社会的法律、习俗和道德得到表达。产权的所有者拥有他的同事同意他以特定的方式行事的权利"。通过劳动契约使产权更为清晰，特别是我国《劳动契约法》明确规定了劳动者的劳动权益，并对企业的培训投资回报予以保障，是我国实现和谐劳动关系的关键（常凯，2007）。

与此相关的实证研究发现，劳动契约签订率高的地区，劳动争议案发生率在下降，国内相关研究论证了劳动契约的缺失和不完善对农民工的工作稳定性等有较大的负面作用。刘辉等（2007）对杭州市286名农民工调查显示，农民工是否签订劳动契约与所在企业的性质、人数规模有关，也与企业所在行业有关。贺秋硕（2005）对某市劳动关系和谐度进行度量，其基本指标也是以劳动契约签订率及合同执行情况为关键指标。可见，劳动契约是相互投资型劳动关系的前提与保障。

除了劳动契约的基础性作用外，契约的执行、劳资双方过度投入还需要系统的企业内部管理制度。基于劳动者对劳动使用过程中的剩余劳动力的控制，要充分实现人力资本的开发与利用，学者提出了分享制等员工参与计划，主张以员工参与剩余索取权的分享，并以制度等形式加以固化，来激励员工的超额付出。米德（1986）认为参与制的形式多种多样，有员工持股计划、利润分享制或收益分享制、劳动管理的合作制和有差别的劳动资本合伙制等，近年来的相关实证研究也支持这一观点。

资方的超额投入与员工的超额付出，不仅需要建立在契约与制度基础上的长期合作，利润分享与超额劳动是以未来风险共担为前提，双方基于对组织未来愿景的共识，而产生的过度投入。在此过程中，中介机制如信任等是关键。McAllister 等（1995）将组织内部的信任分为纵向信任与横向信任，其中横向信任是指组织内部平级人员间的信任，他们具有同等的工作地位，如员工与同事之间、主管之间等；而纵向信任则是指组织成员与不同层级人员之间的信任关系，如员工对主管、主管对员工、员工对高管（组织）的信任等。对于家族企业，主要体现于劳资关系，即员工与企业主（组织代表）之间的信任关系。

劳动契约有利于促成劳资互信。虽然契约本身就是不信任的结果，只有在不信任的情况下才会订立契约，李凌等（2008）通过博弈论与上海劳动力市场数据，论证了雇佣关系中的低信任度迫使劳资双方不断调整预期与谈判，是造成低端劳动力市场上契约短期化的一个重要原因。但是，反过来说，劳动契约是劳资双方互信的基础，劳动契约打破了血缘、地缘的限制，使在任何人与任何组织之间建立广泛的信任成为可能。彭泗清（1999）认为扩散性关系网作用的弱化及人们法制化意识的强化，终将催生中国社会信任的制度化和形式化，从而使原有的人际信任模式发生质的改变。可见，契约与信任间的关系是相辅相成的，对于中国市场经济社会，学者更看重契约对信任的作用，表现在契约是信任的保障，契约扩大了信任的范围，并简化了信任的构建过程。关于信任的维度，大多数实证研究沿用了 McAllister（1995）的分类，即信任划分为认知信任（认知维度）和情感信任（情感维度）。可见，信任可以作为劳动契约与劳资双赢的一个中介变量。

在华人社会，合作的基础是关系的持续性，持续关系可望产生信任，信任导致了合作，互惠互助是信任发挥功能的最重要领域。信任促成了个人与组织间交换关系一致性基础上的心理契约的产生（Rousseau，1995）。因此，对那些高信任感的员工而言，由于具有较高的组织忠诚和回报义务，就不会轻易表现出离职、怠工、越轨等违背心理契约和破坏领导与部属交换关系的行为。Braun（1997）的研究发现，信任可以有效降低心理契约违背；Robinson 等（2000）的实证研究也验证了二者之间的负相关关系，他们认为，员工对组织的信任不仅有利于雇佣关系的形成，较高的信任还能促进组织成员间的合作，形成高质量的雇佣关系。同样，当雇佣关系受到外部刺激发生改变时，信任等中介会起到很大的缓冲作用。

基于以上核心模型，郑文智等（2012）研究了家族企业中劳资之间的劳动契约、员工参与、纵向信任与劳资相互投入的关系。研究发现，劳动契约对员工的超额付出有促进作用，员工参与制度对企业的额外投入有促进作用，即劳动契约与员工参与对相互投资型劳动关系都有积极的正面促进作用。加入纵向信任后，劳动契约对认知信任，员工参与对情感信任有积极的促进作用，纵向信任在劳动契约、员工参与与相互投资型间具有部分的中介作用。

对于员工组织关系的研究，Tsui 团队（1995，1997）的成果当属权威，在她们所提出的两大均衡中，相互投资型劳动关系应该是理想的均衡点。然而，主流经济理论信奉理性的"经济人"假说，准契约型劳动关系因此被许多企业所采纳。国内学者赵曙明（2011）基于实践对模型提出质疑，理论上最优的相互投资型雇佣关系模式，在实践上并没有为大多数企业所采用。理论上，诺贝尔奖获得者阿克洛夫在《具有部分礼物交换性质的劳动合同》一文中，主张互惠的赠予是成功的劳资关系的核心，这也预示了相互投资型雇佣关系的魅力。基于中国情境，探讨如何实现相互投资型雇佣关系。理论上，劳资双赢的实现是一个过程，是基于平等契约之上的劳资互信与相互投入的过程。其中，劳资双赢的"和谐劳动关系"构念本应该是劳资双方认同的一个构念，现实中主要为外部社会所倡导，不为主要利益相关者劳动双方所接受。要建立基于相互信任的和谐劳动关系，需要劳资双方均有一定的自由选择权。现实中，家族企业为什么没有形成相互投资型劳动关系，而采用准契约型劳动关系。出现这种现象的背景是我国大部分家族企业的利润源不在于内部管理与员工的超额奉献，企业与员工之间的关系主要是建立在口头或书面的明示契约上。当契约被打破，劳动争议频出时，在"劳弱资强"的背景下，解决方式往往是强化契约的签订与执行度，提升对劳方的保护力度。相关研究较少涉及员工参与，或通过提升企业效率实现双赢，而把以员工参与为主要形式的工业民主当作是实现员工发言权的一种争议解决机制。

可见，除了信任外，在劳资双赢的实现过程中，发言权也是关键的中介变量。因此，还可能有其他的中介效应，如"公平气氛""民主化程度""员工成长""组织绩效"等，也可以作为中介变量。总之，要实现相互投资型劳动关系等劳资双赢，需要外部社会保障系统与企业内部管理制度双管齐下。两种途径在不同条件下的某种程度的结合，是实相互投资型的和谐劳动的关键，这正是互动参与管理实践的现实背景。

三 结语

本章通过理论归纳与评述，基于中国工业化的实际，认为工业民主理论研究把保护劳动者及其权益当作和谐劳动的主要目标，强调劳动者的契约性保障，包括收入保障、社会保障与权益保障。但这种保障是有必要的，不是充分的。因为过度保障破坏了资方连续超额投入的动力，也弱化劳方对职责与操守的重视，还会破坏劳资双方的信任，从而削弱资方的连续超额投入。于是，这种做法逐步被工人与企业所放弃。近年来，工业民主理论研究集中于具体的可为工人接受的管理策略上来，如通过员工参与等制度化管理策略，固化企业与员工间的关系，以降低企业对员工的多变性行为。因此员工参与是一项好的企业管理制度安排。它不仅能加快员工成长，提升企业效率，也能保障企业对员工发展的投入，增强劳资间的互信。因此，近年来员工参与管理的功能被逐步放大，工业民主的理念被逐渐淡化。其实，从战略与系统的角度来看，二者之间是互补的，并且已经成为趋势（Kaufman，2001）。

现实中，家族企业劳资关系出现低投入与低忠诚的低度均衡，是因为企业基于劳资交易的市场逻辑并期待劳方改变劳资情境的被动管理哲学。通过理论分析，本文认为劳资关系要迈向高阶段均衡，需要建构基于社会交换理论的主动管理理念；通过探索劳资互动过程中的目标集以及目标的实现路径，构建劳资双赢的过程模型；主张企业先行动，通过互动参与的主动管理来改变劳资关系情境，情境改变将引起员工认知的改变并产生积极的组织行为，从而形成良性互动，最终实现互惠互利与共赢。民主参与管理是价值性与工具性的统一，是劳资双赢的充要条件，能有效避免用工荒背景下企业高投入与员工低忠诚的非均衡状态。

　　在这种背景下，我们提出了结合民主管理与员工参与，建立"民主参与"的管理体系，并建构出研究的核心模型。那么，什么是民主参与，基于中国情境下的企业管理民主参与的内容是什么？其更为直接的目标是什么？则需要进一步分析。

第四章 民主参与管理：扎根研究

企业内外部的互动参与管理存在两套不同的管理系统与学科体系，这种分野导致相关理论难以为实践提供有效的引领与指导。如外部社会的民主理念难以被企业组织所接纳。2012年中国六部委联合下发的《企业民主管理规定》，希望在中国所有企业中推行"厂务公开"等制度。许多管理者意识到这可能与非公司制企业，如私营企业特别是中小家族企业的文化情境不兼容。如何构建一个可能被组织内外部两个系统所接纳的，适用中国绝大多数企业现状的互动参与管理理念，成为理论研究的重点之一。为此需要回答：民主参与管理应当包含哪些内容，基于特定文化的民主参与管理可能包含不同的内涵与外延，其实现机制又是什么？另外，企业能否实施民主参与管理，受到区域社会环境、组织、员工与管理者等多层因素的影响。中国情境下应当践行哪些形式，哪个是关键影响因素？民主参与管理的中介变量有哪些，其中的影响效应、调节机制与交互作用又如何？这方面的研究成果，特别是基于具体情境下的归纳与比较研究成果较少。本章在前期理论分析的基础上，借助扎根研究，通过深度访谈，在了解家族企业员工民主管理需求的基础上，然后结合公众感知，提出家族企业民主参与管理的概念模型。

一 国内外企业民主参与管理概述

（一）发言权——国外企业的民主参与

对于民主参与：国外学者的定义与认知差别较大。一般来说，指的是组织内员工们如何能够在工作活动和组织决策问题上有发言权（Heller，1998）。相对来说，偏向于外部制度化解释的学者，坚持民主参与必须是一个团体的过程，涉及员工组织与他们的老板；代议制则强调"具体过程"，以实现员工有更大的自由来决定他或她自己的事务；严格的民主参与则强调具体的正式机构，如工作委员会；其他还有一些定义偏向于"非正式的民主参与"，指的是上司和下属在日常工作过程中，允许下属参与工作决策。最后，还有那些强调参与作为一个过程和那些关心参与结果等。

对此，Knudsen 等（2011）把民主参与概括为："员工在他们的工作和工作场所中所有形式的参与决策。"可见国外对民主参与的概念偏向于参与决策过程中的发言权等机会。这与国内对民主参与管理的理解有较大的出入。

（二）社会制度——国内企业的民主参与

从 1955 起，中国经济体系被国有化后，"政企合一"所带来的新的劳动政策，包括终身就业政策与全面福利保障等政策使得劳动者与企业之间是行政隶属的关系。这期间，工会也具有外部系统的特征，因为工会是以民主集中制以及服从党的领导为工作准则的，其最高机构中华全国总工会具有明显的行政特征，作用主要不再停留于革命战争年代的罢工，关注的是福利分配，而不是集体谈判（冯同庆，2005）。民主集中制这一党领导的根本原则，则体现于企业内部的民主管理，通过工人与工会的参与实现党对企业的监督与控制。1978 年改革开放以来，企业民主管理的外部制度发生较大的变化，新经济体受外部制度的影响与作用差异较大。

改革过程中的参与管理，外部社会强调的是"良性的社会后果"，从国家层次分析，通过参与，特别是员工由于福利与利益得到实现，客观降低了企业面向国家层次或公共领域的政治压力（张静，2001）。冯同庆（2005）也认同职工参与的"良性的社会后果"，而且认为这一结果与企业的经济效益是正相关的，因为通过参与，有助于职工与企业共赴时艰、共享收益。当然，这些形式主要发生在国有经济部门。从全局上看，90年代中期以来，职代会[①]的功能与作用都在减弱，但有些地方，如河南省的职代会的权力和职能比以前的明显的扩大，在东南沿海如上海等地，职代会则向非公企业[②]扩张。

[①] 职代会：职工代表大会。
[②] 非公企业：非公有制企业。

非公企业的职代会与工会等受外部制度约束所产生的管理模式对国有企业具有制度的路径依赖。对于大多数民营企业，特别是家族企业，一般不存在外部职工的参与管理，有也是装潢门面，或是出于某种伪善目的的欺骗（冯同庆，2005）。

然而，受理论前沿特别是成功民营经济的民主化管理理念的引导作用，如人力资本理论、社会网络理论等，近年来，民营经济出于自身竞争力提升而实施民主化管理的比重在上升。家族企业要获得可持续性发展，做百年企业，在企业内部实施民主管理是一条必由之路，成功企业，大多能够领会这些理论，他们具有长远的战略眼光，善于利用社会特别是政治资源为企业成长奠定资源基础。冯同庆（2005）通过对家族企业的案例说明，外部政治压力促使企业实施参与管理等民主制度，但企业主也善于利用这些关系，化压力为动力，注重利用社会资本增加自己的经济资本，"靠大家"的资本来提升企业的竞争力，同时还能提升员工的自主规范的形成。显然，这种理念正是基于国有企业的"单位"组织形式移植于家族企业各种关系的协调，带来了良性的社会后果，也带来直接的经济效益。

在非公领域，出现了一些新的工人维权形式。如"义乌模式"的工会社会化维权，形成了以职工法律维权中心为基本载体，以及信阳"农民工维权服务中心"模式、珠三角的劳工NGO、江苏的集群工会等。冯同庆（2005）等认为这将逐步改变中国工会的社团特征，成为中国民主化和"公民社会"发育的组成部分。尽管这种工会直接选举是代表政府的地区、县市总工会自上而下推动的；且基于跨国公司社会责任的认证压力，缺少内生原动力。朱晓阳（2005）等预言，职代会和工会的发展，可能会成为中国继村委会选举后吸引国际社会注意的第二个"草根民主"。

值得一提的是，民营经济的发展，对中国外部社会民主也带来一定的促进作用。学者（曹春阳，2006；耿相魁，2004）认为民营经济作为天生的市场经济派，其深层逻辑中与民主政治之间有着内在的关联，家族企业主大都有较强的自我选择能力和人格上的自主性，这一阶层的形成促进我国社会中间阶层生成，对民主理念的孕育着直接的促进作用和影响。

另外，外资企业的民主化主要依赖国际社会等外部力量的推动，这对我国家族企业的影响也是存在的。中国作为世界的加工厂，劳动力市场表现为次要劳动力市场的特征，工人的需求主要是工资与工时。这种情况下，企业的民主管理是一个多方博弈的产物。佟新（2005）通过案例说明，博弈主体包括地方政府、资方代表、劳动者或工会、客户、全球消费者及消费者运动、联合国和国际劳工组织、各类非政府组织等。

谢玉华（2009）通过实证研究，分析国企、民企与外企实施民主管理的制度因素，也认为国有企业民主管理制度较完整，机构较健全，政府对工业民主的推动主要针对非公有制企业，在政府的督促下，大型外资企业尤其欧美跨国公司遵守中国《劳动法》的情况较好，一般都组建了工会。从整个社会来说，需要工业民主和员工参与保护劳动者权益，保证社会公平，维持和谐社会关系。

总之，国内对民主参与管理的内容界定更多的是基于政府对国有企业的"民主"要求，在此过程中，受到了外部的冲击，民主管理逐步走向民主参与管理。概念上，民主参与的内容从民主的四权，即选举权、监督权、制约权、罢免权等走向经济民主，即自由、平等、自主和法治准则，在实践形式上从传统的"两参一改三结合"①到以工会、职代会、意见箱为主，以及参与管理、质量圈、各类劳工组织等多样化的民主参与管理，以此实现民主化管理，提升组织效率。

总之，国内相关理论也重视企业的民主参与管理，但由于研究立足不同，学科之间的差异明显。两个学科的不统一在国内也得到较为充分的体现，其中的原因可能是在企业内部存在两种代议制，一是行政或社会系统中的员工代议，二是经济或家族系统中的管理代议。极少数的研究从综合的视角，系统地考察企业内外部的经济与社会系统因素。因此有必要对民主参与管理这一整合的构念进行分析研究，特别是基于中国情境下的。

二 扎根理论

所谓"扎根研究"，是质性研究方法中较科学的一种方法，它是运用

---

① "两参"即干部参加生产劳动，工人参加企业管理；"一改"即改革企业中不合理的规章制度；"三结合"即在技术改革中实行企业领导干部、技术人员、工人三结合的原则。

系统化的程序,针对某一现象不断比较、思考、分析,将资料转化成概念并进而归纳式地建立理论的质性研究方法,最早由芝加哥大学的 Barney Glaser 和哥伦比亚大学的 Anselm Strauss 两位学者共同发展而来。该方法是一种自下而上建立理论的方法,即在系统收集资料的基础上,寻找反映社会现象的核心概念,然后通过在这些概念之间建立起联系而形成理论,特别强调从资料中提炼理论,认为只有通过对资料的深入分析才能逐步形成理论框架。扎根研究方法的核心是资料分析过程,该过程以理论归纳为主、文献演绎为辅;对资料的分析称为编码(Coding),指将所搜集或转译的文字资料加以分解、指认现象、将现象概念化,再以适当方式将概念重新抽象、提升和综合为范畴以及核心范畴的一系列操作化过程。因而,扎根理论需要大量的资料来源,自下而上将资料不断地进行浓缩、归纳。

扎根理论研究法对资料的分析过程可以分为三个主要步骤,也即三级编码:(1)开放性编码,是对收集到的资料进行逐字逐句的分析和分解,并尝试进行初始概念化;(2)主轴编码,是把得到的范畴连接起来,找出范畴之间的相互关系,其中与研究问题最为相关的是主范畴,其他相关范畴为副范畴;(3)选择性编码(核心编码),是选择核心范畴,并把它系统地和其他范畴予以联系,验证其关系,并把概念化尚未发展完备的范畴补充整齐的过程,它一般需要具备中心性、广泛覆盖、自然、明显和最大解释性。扎根理论的研究程序如图 4-1 所示。

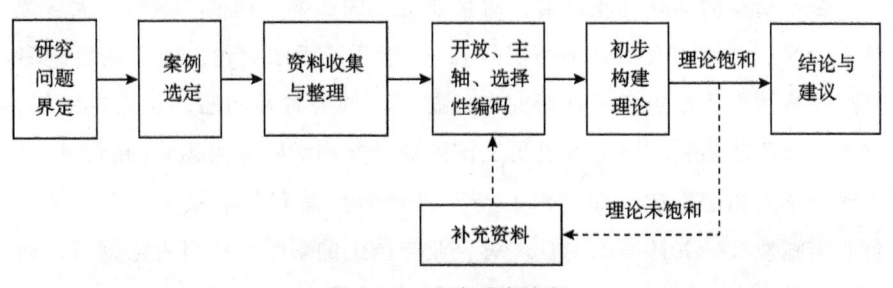

图 4-1 理论研究流程

扎根理论对理论的检核与评价有自己的标准:(1)概念必须来源于原始资料,深深扎根于原始资料之中;(2)理论中的概念本身应该得到充分的发展,密度应该比较大,内容比较丰富;(3)理论中的每一个概念应该与其他概念之间具有系统的联系;(4)由成套概念联系起来的理论应该具有较强的实用性,使用范围比较广,具有较强的解释力。

至于对理论的检验应该在什么程度停止,这取决于研究者建构理论时面临的内外部条件。内部条件通常是:理论已经达到了概念上的饱和,理论中各个部分之间已经建立了相关、合理的联系。外部条件主要有:研究者所拥有的时间、财力、研究者个人的兴趣和知识范围等。扎根理论的理论建构不是一劳永逸的事情,不可能一蹴而就,需要不断地发展。

扎根理论方法论的研究过程可以简单地划分为资料收集和编码两个阶段,而编码又可分为一级编码(开放式登录)、二级编码(关联式登录)和三级编码(核心式登录)。

三 研究过程

(一)资料收集

民主参与范畴本来是一个社会性的问题,涉及外部社会制度,除了对企业员工进行访谈外,还需要对政府管理者(工会)、理论工作者进行访谈,以分析组织内部的员工民主需求与组织民主化的公众感知。因此,本研究的资料来自于对 36 名企业员工(含管理者)、六名高校教师、四名政府工会管理者进行的非结构化和半结构化访谈。访谈时间 30~90 分钟,整个过程采用笔记和录音两种方式记录资料。

由于访谈的话题比较严肃,对企业员工的访谈过程很不顺利,大多数员工认为这个话题太虚(不切实际),不愿意或无法讨论。而工会管理者与高校教师则比较乐意配合研究者的提问,回答各种问题,切入主题快,访谈过程比较顺利。为了解决员工访谈缺乏共同话题与兴趣等问题,以员工比较感兴趣的话题,如"海底捞"的销售员具有免单权等入手,探讨企业实施授权、关怀等民主管理对企业与员工的影响。在引入正题后,研究者所做的事情只是倾听,让受访者自由发挥而不乱加干涉,以收集尽可能全面的资料。然后设计一些规范的问题(见附件),让受访者填写,以尽可能了解员工的民主参与需求。此外,研究者还通过对辞典、杂志等的相关理论信息进行分析,以达到质性研究中评价效度的三角互证的目的。

在第一次资料收集之后,研究者及时对资料进行分析,归纳出受访者对劳动关系民主参与管理的一些关注点。针对理论并不非常充分的论点,本研究采取了两大措施,一是对高校老师,进行了几次基于理论抽样的回访,对理论所需的资料进行补充;二是对访谈对象的回答编码进行随机抽取,直到没有发现新范畴的形成,通过两大途径实现了理论的饱和度。同时,我们还通过查词条,并时刻关注相关理论的最新发展等,实现资料、理论与个人理解的三角互证。在整个过程中,研究者首先以开放的方式对数据进行不断的比较,然后通过半结构化访谈,以及资料编码与理论建构来完成对资料的分析。

(二) 资料分析与编码

1. 开放性访谈与编码

在资料分析的初始阶段,研究者通过质性分析软件 QSR – Nvivo8.0 进行逐句、逐行的编码,第一次共得到 72 个自由节点,接着对这些节点进行初步筛选,剔除与研究主题无关的节点,保留了 43 个节点。而这 43 个自由节点中,有许多是重复的概念,因为在访谈过程中,受访者在许多方面的感受是相同的。但研究者没有对这些自由节点再次剔除,而是用树节点将它们联系起来,进行关联式编码。再对 43 个节点进行分类、合并,并通过不断地比较分析,可提炼出民主参与管理 17 个子条目,包括关怀、信息共享、提案决策、授权、建议、发言权、保护个人权益、价值实现、共同价值观、多样化与成长等方面(见表 4 – 1)。

表 4 – 1　开放式访谈与一级编码库

码号	条目	描述
N1	责任关怀	为员工提供健康安全的工作环境,不克扣薪酬,良好互动和职业培训
N2	人文关怀	关心员工的家庭与生活,提升员工的福利(保险等),心理援助
N3	信息共享	告知员工公司业绩,考核标准与部门财务状况及企业的未来计划
N4	授权与决策	员工有一定的自主权,工作方式较为自由
N5	员工持股	全员持股,利润分享
N6	提案与建议	协商管理,认真考虑并采纳员工提出的建议,并经常被贯彻
N7	表达权	员工有发表意见的权利,意见多元,允许不同声音存在

续表

码号	条目	描述
N8	基本权益保障	保护员工的合法权益，包括经济与法律上的利益等
N9	信息透明	选拔或升迁人才或财务管理公开透明，上下平行沟通机制，财务公开，降低信息不对称性，减弱风险预期
N10	监厂	劳资双方互动，形成良好的监督机制，员工会监督与其切身利益直接相关的生产经营活动
N11	公平公正	薪酬公平，上下平等，权责对等
N12	信任感	包容员工冒险与犯错，让职工了解企业当前的实际情况，把企业遇到的困难和原因向职工讲清楚，把克服困难的办法向员工讲明白，使职工树立了与企业同舟共济的信念和战胜困难的信心，自觉支持改革，投身企业发展
N13	归属感	职业生涯规划，考虑企业长远未来
N14	价值认同实现	发挥员工潜能，认同员工留在组织的价值、挽留离职员工、为员工的成就而骄傲
N15	共同价值观	支持性，给有规划的员工以信心，与企业共进退，道德规范的相似性、企业文化的包容性和合作目标认识的一致性。个人和部门偶尔跳出本位主义，试着从公司或其他部门的视角来审视和处理问题
N16	多样化/包容性	员工一视同仁不分自己人或非自己人，无地区、性别与文化的歧视，机会均等
N17	成长与发展	让员工担当最适合的工作、看重员工的工作价值和目标，充分发挥员工潜能

2. 半结构式访谈与编码

根据以上开放式登录的结果，为了克服开放式访谈中企业民主参与管理的内涵和功能因素难以区分的问题，本研究进一步开展了半结构式访谈。然后设计规范的问题（见附件），让受访者填写。同时还希望验证开放式访谈中的归类，分析条目间的关联性，以及进一步挖掘在开放式访谈中未得到的条目。本次访谈只选择12个样本（员工六个，高校教师与工会管理者各三个），研究步骤与开放式访谈大体一致。对半结构式访谈得到的数据，在借鉴相关理论的基础上，通过不断地比较分析，最终形成七大条目/维度（见表4-2），分别是关怀、员工参与、公开公平、组织气氛、发言权、SV、成长。

表 4-2 半结构式访谈与编码库

码号	条目/维度	对应范畴
T1	关 怀	责任关怀（N1），人文关怀（N2）
T2	员工参与	信息共享（N3），授权与决策（N4），员工持股（N5），提案与建议（N6）
F1	公开公平	信息透明（N9），公平公正（N11）
F2	组织气氛	信任感（N12），价值认同实现（N14）
F3	发言权	表达权（N7），基本权益保障（N8），监厂（N10）
F4	SV	共同价值观（N15）
F5	成 长	归属感（N13），多样化（N16），成长与发展（N17）

上述七大条目/维度之间有什么关系呢？我们再次通过二级编码来建立类属关联，构建条目之间的主要类属与次要类属。然后，借助于查词类与理论分析，实现资料与既有信息的三角互证。

首先，在关联式登录过程中，七个条目之间的关联相对复杂，通过抽象对比，反复的理论归纳，我们把劳动关系的民主参与管理简化为一个过程，即通过管理行为，实现民主价值（自由、平等、自主与法制）的过程。其中，民主参与管理变项包括 T1、T2 两大行为，F1～F5 则属于民主参与管理的实现过程与结果。对于 F1～F5 范畴所涉及的内容，对比分析后，可以发现，内容涉及组织与个体两个层次的内容，具有过程与结果范畴的属性，即民主的价值，因此我们用统一的"民主化"一词来概括。

什么是民主参与管理？这一概念与国外的参与民主理论（Participatory Democracy, Kaufmann, 1960）类似，国外的参与民主也主要集中于和人们生活息息相关的领域，如社区与工作场所等。佩特曼（1970）认为，只有个人有机会直接参与和自己生活相关的决策时才能真正控制自己日常生活过程。她的理论后期逐步发展成为"协商民主"（Dekiberative Democracy），这是对自由主义民主的有益补充，也是对代议制民主下精英控制的有效修正。然而，这一理念主张通过参与实现自由等民主价值，通过参与决策管理等实现高阶段的民主，仍然停留于被动争取阶段。因为，这一理论始终淡化了经济组织内的实践问题，即如何促使企业积极实施参与管理。

为此，基于现实中员工的感知，以及两岸家族企业的实际运作环境，通过扎根研究，我们提出了"民主参与"（Democratic Participation）的构念。把民主参与界定为：以民主引领参与管理，以劳资和谐的价值理念（如互信、SV），引导企业的参与管理活动，在实现企业发展的同时实现员工成长等民主化价值。在工作场所，这一构念是基于互动的思维理念，通过互动实现SV与共同发展。对于企业来说，民主参与是一种能够实现高忠诚的主动管理策略，通过人文关怀与设计参与平台，实现对激励等期待员工反应的被动策略的超越。从员工角度看，以民主引领员工的参与活动，实现从低层次的民主状态，即工作拥有（生存权）到责任关怀、发言权、工作控制感、协商权、发展机会等高层次的民主状态，有利于员工实现民主价值实现的从被动期待阶段转化为主动互动阶段。除了参与管理外，民主化过程的民主参与活动还可以有协商、关怀、决策与价值实现等成长机会，自由发展等。

从企业内部看，企业实施民主参与管理，最终目标还在于实现组织绩效。什么是民主参与管理的组织绩效变项？我们借鉴陈军（2006）的分析方法，以及鲁森斯（Luthans, 2001）对工作领域的观点，基于可测量、开发和有效管理的原则，把积极组织行为（Positive Organizational Behavior, POB）作为组织绩效，即民主参与管理的结果变量。积极组织行为包括个体的自我效能感、希望、乐观、主观幸福感和恢复力等，组织如果能够实现人的这些需求，则与外部社会所追求的民主参与管理目标一致。外部社会希望企业组织能够为个人最大限度地表现自己的个性和实现自己的本质，为人们脱离其隐藏的住处所需要的勇气提供一种公共场所，组织的民主参与实质是为现代社会的人们提供一种寻找生命意义的机会或舞台（Pasmore et al., 1992）。

综合组织内外部两大管理系统，从动态角度看，在动态长期中，组织绩效与员工民主价值之间可以相互转化。另外，目的和手段的划分并不是绝对的，他们可以相互转化。只要某一目的不是最终的，那么它就必定是实现其他目的的手段，也就只是一种作为工具的目的。因此"平等"和"自由"需要工具性程序保障机制。从因果律的角度看，具备因果关系的变量之间应该是单向关系，但民主参与实践过程中的各关系是可能双向关系，如参与可能提升员工的技能与积极性，而积极性可以带来组织高绩效，高绩效为下一周期的民主参与提供了物质基础，从而实现更高的民主参与形式与功能，广义的民主参与价值与组织绩效之间互为因果，形成因果关系循环。巴德（Budd，2004）认为，单纯地强调目的或工具，都是极端的思想，人性化的雇佣关系应当平衡二者的关系。

由此，我们提出民主参与管理各部分之间的初步关系，如图4-2，即理论框架的逻辑关系。图4-2的逻辑关系也印证了图0-1的作用机理。

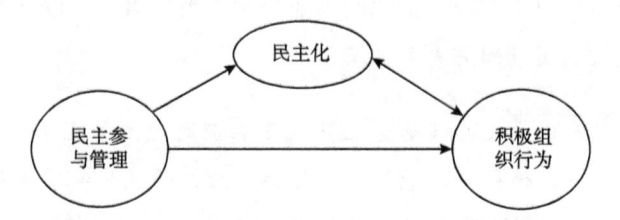

图4-2 理论框架：企业民主参与管理及其结果

$F1 \sim F5$ 五大条目与图4-2中的"民主化"变项间的对应关系如何？由于涉及组织与个体两个层次的内容，需要对相关条目进行分类。换句话说，$F1 \sim F5$ 五个条目，哪些范畴是组织变项，哪些范畴是个体变项，它们之间的关系如何，需要做进一步分析。因为民主参与管理在企业内外部存在两大管理系统与学科体系，即民主内在价值与管理价值之间不统一（Diamond，2008）。民主的内在价值与管理价值关系的辨析也可以等同于民主到底是目标还是治理路径，即民主的内在价值与治理绩效，或目的性与工具性的关系。我国台湾学者徐斯勤（2011）通过对东南亚国家的实证分析，认为民主内在价值（目的性）与治理绩效（工具性）存在双向的因果关系。在半结构化访谈中，我们也发现"民主化"这一变项具有类似的特征。如组织气氛与人本化的关系，组织的民主气氛越好，越有利于满足员工的民主参与管理需求，员工感知的民主正当性就越强；同时，员工感知到的民主与人本化程度，也会引致好的组织气氛。可见，包括组织的民主气氛在内的组织内部环境，是一个包含民主内在价值与治理绩效双层因素的范畴，组织的民主参与气氛等环境因素具有合目的性与工具性的特征。据此，我们可以把民主化进行分类，一是人本化目标，包括 $F3 \sim F5$ 三个条目，具有明显的民主内在价值特征；二是组织气氛等内部环境，包括 $F1$、$F2$ 两个条目，兼具有内在价值与工具性价值的特征。二者在民主参与管理过程中，可能存在复杂的交互作用。民主参与管理行为能否实现积极组织行为，部分或完全地取决于员工感知到的人本化程度；同时，组织内部环境也是员工积极组织行为产生的重要变量。因为将个体层次和组织层次的分析联系起来，在组织结构变量与个体行为变量之间，组织氛围是一个中介变量。

在半结构化访谈过程中，我们也捕捉到了类似信息，以下是一名高校教授（企业社会责任研究者）观点：

> 什么是民主化？就是企业实施了相应的民主管理策略，如参与、授权等管理，使得员工能够充分发挥潜力，并且具备了参与民主管理的能力，积极性也得到较大的促进与提升；企业则具备了公平公正的良性管理气氛，上下级互相支持，共同致力于组织目标，这种趋势或者现象就称为民主化。简单说，民主化就是先有民主管理行为，后有民主化趋势或竞争力的一种体现。

其次，我们借助于查词条等理论与信息分析，在三角互证的过程，实现对民主参与管理理论内涵的最终界定。"民主化"一词可以由两个部分来分别解释，一是"民主"，二是"化"，也可以专门的独立词条解释，但内地出版的辞典没有发现有专门的独立词条对"民主化"进行阐释。《新华字典》"民主"的定义，一是指人民有管理国家和自由发表意见的权利；二是根据大多数群众意见处理问题的工作方式，如作风民主。《辞海》对"民主"的定义，一是"专制"的对称，指统治阶级中的多数人掌握国家权力的国家形式、政治制度；二是解决人民内部矛盾的方法，即讨论的方法、批评的方法、说服教育的方法；三是"集中"的对称，指领导征求意见，了解下情，群众发表意见，开展讨论，上下通气；"化"，一般指变化、改变、生成的意思。在台湾版《大辞典》中，"民主化"（Democratization）被独立解释为"使不民主或缺乏民主的国家、地区，逐步走向民主"。

借助辞典的三角互证，我们最终可以对民主化进行内涵的界定，即民主化是一个过程，在工作场所，则表现为管理者运用最新管理方法，尊重员工的智慧，发挥员工的潜力，充分沟通，实现人的发展与组织目标的过程。

综合开放式访谈、半结构式访谈以及资料编码等多个步骤循环往复，并结合最新理论与相关资料建立类属后进一步分析类属之间的关系，本书构建了一个带有双重中介的复杂调节效应模型。具体见图4-3。

根据上面的框架模型，我们可以推出如下的正式命题：

命题1：企业民主管理对积极组织行为有正向影响。

命题2a：民主管理对人本化有正向影响。

命题2b：民主管理对组织内部环境有正向影响。

命题3：总体构念上，民主化与积极组织行为间存在双向因果关系。

命题4：组织内部环境在民主管理行为、人本化与积极组织行为间的关系具有调节效应。

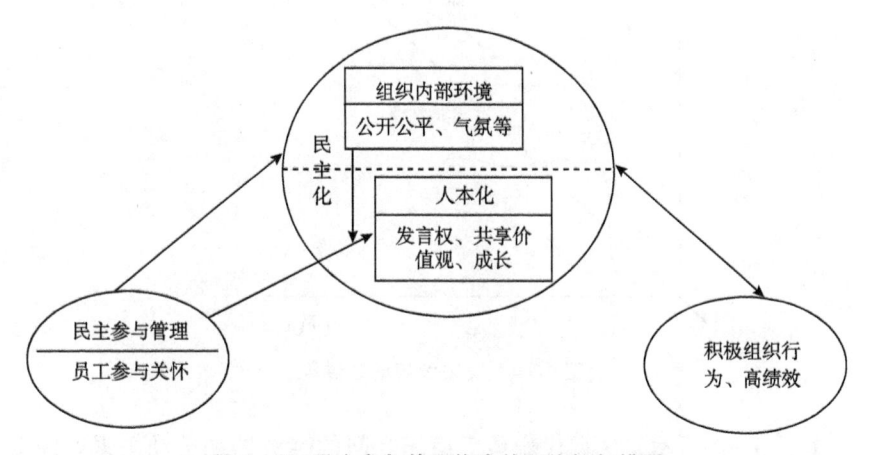

图4-3 民主参与管理构念的理论框架模型

四 民主参与管理的内涵界定

借助扎根理论，对家族企业劳动关系民主参与管理研究，结果显示：企业采用参与、关怀等民主参与管理，创造公平公正与信任的气氛，对员工将产生积极的影响，员工的组织积极行为将提升组织绩效。从动态的角度看，高组织绩效将进一步优化企业的民主参与管理，民主参与管理实践又可导致员工的积极互动与组织气氛的优化。总体上,组织气氛、员工感知、员工行为之间是多回合的相互促进关系。因此,民主化与积极组织行为是双向的因果关系。

民主参与管理是一个过程,包括管理行为与目标。民主参与管理理论研究应当从系统的角度综合看待民主参与管理,而不应片面地理解管理工具或管理行为,或仅仅从结果的角度来强调。巴德(2004)认为劳动关系管理应当是公平、效率与发言权三者的有效统一与均衡。在家族企业,一味地强调民主价值的外部 IR 思路,可能失去实践的土壤;过于强调效率的 HRM 思路,则可能失去人心,丧失组织发展的根本。由此,图 3-1 可简化为如图 4-4 的内容。

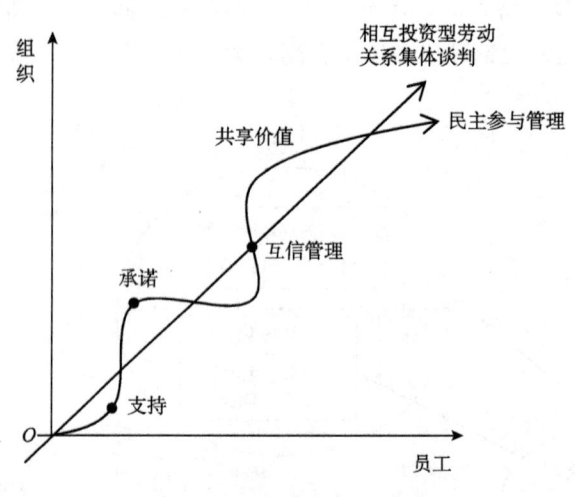

图 4-4 民主参与管理过程

如图 4-4 所示,O 点代表员工组织之间的准契约型劳动关系,随着企业实施民主参与管理,员工参与企业管理,并感知到组织的支持而实现组织化,产生一定的组织承诺,认同与组织承诺的相互作用,使员工与组织之间产生互信,并有可能进一步产生共享价值观,最终可演化成相互投资型劳动关系。现实中,大部分企业之所以没有形成相互投资型劳动关系,劳资间表现为准契约型劳动关系,主要是因为组织的被动管理,没有实践一定的有利于提升认同、互信的管理实践,如参与管理等。

我们构造了"民主参与管理"理论构念。在工作场所,民主参与管理指的是以民主引领员工参与管理，引导家族企业主动构建参与管理平台以实现高投入高忠诚的劳资关系情境，通过民主参与以实现共享价值与共同发展的民主化管理实践。民主参与管理实质还是两大管理行为，但不是"民主"与"参与"，而是"关怀"与"参与"。在中国家族企业内部，民主管理为什么表现为关怀管理？因为中国工业民主更多地表现为外部社会对企业的一种要求，家族企业因此表现出"责任关怀"的行为；另外，在缺乏工会等组织的条件下，企业为了实现上下的沟通协调，表达"父爱主义"关怀或表达集体温暖，通过活跃气氛以凝聚人心，因此也会实施"人文关怀"管理。总之，现实中关怀管理包括家族企业为了应对外部社会的种种要求而实施的"责任关怀"，以及作为工会替代品的"人文关怀"。

  理论上，对于民主的理解，国内外文献主要涉及选举权、监督审议权与发言权等。对此，西方学者也意识到，选举权不应当属于工业民主的范畴，因为选举在企业内很难实现，特别是家族企业，基于劳资双方在企业内的经济不平等，经济权力不可能平等或被平分。① 另外，平等经济下的

---

① 在我国，即使是实现"民主传承"的河北大午集团，其民主选举也是基于"家族的产权不予侵害"的前提，并把这一条作为企业制度创新的首要准则。在选举过程中，大午集团坚持做到家族不能分裂，权杖所属不能模糊，继任者不能坐享其成，继任者不能"妄为"。通过选举，大午集团将所有权、管理能力、家族亲情、员工认同这些根本要素在内的企业机制和文化，实现完整的综合传承，参见王缨《大午"大选"探寻家族企业的"民主传承"》，《中外管理》2009年第3期。

  大午的选举本质上是经济系统、家族系统与控制系统的合一，因此其最终目的还在于经济与控制系统在家族系统中的传承。因为，在家族企业的发展过程中，最大的问题在于人才不足与传承难题，选举的目标在于通过选举来网罗人才，选拔各种优秀人才进入组织的核心管理层，本质上是一种引智的手段。另外通过选举还能够实现对人才的识别，获得高选票的员工，必然是在业绩达成与团队维护两个方面过硬的。同时，通过五届选举，也能给予员工一定的授权，将提升员工的认同感以发挥员工的潜能。

  但由于职业经理人市场不发达，以及中国家族企业创始人的草根创业理念，职工持股或职工所有制等家族财产分割的传统民主理念将损害家族系统对经济与控制系统的介入。非家族成员难以在情感上认同企业，难以接受企业并认同企业文化体系。因此有必要研究更为企业所接受的民主管理制度，而民主参与管理正是在职业经理人市场不完善，企业难以分权让权的背景下，如何集中企业的智慧，发挥优秀人才的潜能的一种有效的制度安排，它能够发挥其对缺陷的职业经理人制度安排的弥补或替代功能。如即使不实行选举制度，民主参与的其他制度也可实现选举的上述功能，可用内部管理体系，通过员工与组织之间充分互动的管理制度予以替代（人才资源管理的考核等互动管理制度可识别人才），以降低企业的制度风险。

共决制已经被历史证明与中国企业的文化存在冲突。而发言权等才是工业民主的本质，广义发言权应当包括参与机会与自由言论，参与机会如建言等决策参与是管理行为，自由言论的表达与机会是结果，后者是狭义的发言权，也是西方学者所关注的。发言权在中国经常被理解为参与机会和人性化管理程度。

对于在现阶段中国家族企业的参与管理，我们认为西方把经济民主当作一种工具或目的的做法难以获得企业认可，对于企业来说，把民主当作一种情境更容易获得员工与组织双方的认可。而民主化则可以界定为兼有工具和目的的过程，在低阶段劳资关系情境中，由于劳动力的供大于求，企业不需要与劳方建立稳定的雇佣关系，劳资关系呈现出平等交易的市场逻辑，其中的民主即自由平等仅限于交易时的自由平等，即马克思所述的工人有自由交易给这个资本家或那个资本家，但没有自由逃避受雇于整个资产阶级。随着劳动力市场供求关系的改变，资方提出了稳定雇佣关系的需求，此时通过参与管理，实现高阶段劳资关系情境变得更为可能。因此，从低阶段劳资关系走向高阶段劳资关系，实质是民主化的过程。

我们因此建议，企业内外部理论研究与管理实践首先要以系统的思维重视组织的公平公正与民主气氛。民主化的合目的性与工具性特征，在组织内部环境上表现最为明显，组织环境对家族企业的民主参与管理行为不仅具有调节效应，也具有中介效应的功能。组织环境是企业实施民主参与管理行为与组织绩效的调节变量之一，公平公正与互信的组织环境将有利于提升民主化程度；同时，组织环境也是实现组织积极行为的关键路径之一，其中的中介功能显著。其次，要重视关怀等民主参与管理行为，特别是人文关怀。基于中国情境，家族企业的民主参与管理行为应当带有深厚的"关怀"性质。中国人有强烈的"家"文化情怀，以组织为家的"单位"情结是员工归属、尊重与成就感的基础。因此，外部社会在倡导企业实施关怀管理的过程中，应当强调企业的人文关怀。忽略人文关怀，过分强调企业对员工的责任关怀，这种思维所产生的管理理念将失去实践的现实基础。当然，这种基于现实归纳出来的管理策略将会随着时空的变化而改变。

上述结论与建议在现实中是否可行，仍然值得探讨。如民主参与管理行为，一般认为，注重保护员工发展的劳工政策、权力距离小的社会文化与完善的组织文化与管理，可能更容易促使企业家采用参与的管理模式。显然，这些条件在中国家族企业中较难实现。在访谈中，我们也发现，只有上市公司、大民营集团或涉外性质的家族企业，更容易实施"参与管理"。而对于中小家族企业，更倾向于实施"关怀管理"，这可能是因为传统国有企业工会"关怀"策略的制度惯性影响；同时，也是家族企业受外部劳动法律与社会责任的约束，面对用工难等问题的理性选择。

可见，不同的组织因素与外部因素导致企业采用不同的管理行为，影响因素是事物的外因，其共同的内核是什么？则需要从系统角度看待民主参与管理。民主参与管理理念近百年来出现了分野，主要是由于研究者的立场及其所代表的意志不同，或者是由于意识形态等原因，衍生出不同的管理对策，并演化成两大管理系统与学科体系。在中国则表现为组织内外部的管理思维与方式脱节，企业特别是家族企业对外部民主制度设计总体持抵触态度。其实，两大学科体系存在共同的理论源，民主参与管理从柏拉图的《理想国》开始，经韦伯夫妇（1897）在工作场所的运用，通过相似的形式（管理行为），实现共同的目标（积极组织行为）。其理论的内核还在组织变革与组织发展（Organization Development，OD）。

组织发展属于战略管理，外部因素被高度重视。家族企业为什么要实施民主参与管理？可能的原因有效率目标与外部压力，民主参与管理实践的外部制约因素包括组织的行业环境、劳动政策与外部社会文化环境等（Neumann，1989）。这些因素对企业的管理动机产生不可忽视的影响，是组织能否实现民主化的重要调节变量之一。本研究在调查过程中，没有设计相应的访谈内容，而是通过公众感知来获取资料，通过分析人本化程度来分析外部社会所关注的民主价值。因为，外部因素本质上是外部社会对组织的一种期望或要求，如劳动政策与文化环境，实质是外部社会的要求上升为上层建筑后，对企业组织产生影响。其背后是公众感知，是IR思路的反映。同时，外部环境，作为调节变量，因不同的产业与区域而异，过宽的外延会影响到理论的归纳。

第五章 民主参与管理指标体系与测量量表

由于民主参与管理行为可分为参与与关怀，国内外对"民主参与管理"的综合量表缺乏，主要是从员工参与角度进行测量，相对地，关怀特别是工作场所关怀的测量量表缺乏。在扎根分析的基础上，本章主要开发了民主参与管理的量表。

一 量表来源与开发

（一）员工参与量表

最早对员工参与进行系统分析的是 Lawler（1992），他首先从内容上划分出信息分享、能力提升和培训、薪酬报酬、权力分享四个维度；其次把参与分成平行参与、工作参与和高等参与三种类型。学者 Poutsma（2003）则从直接参与、间接参与和财政参与三个维度度量了员工参与。目前国内外关于员工参与的量表，被广泛使用的主要是 Guy 和 Michel（2001）编制的参与式管理五维29题量表（包括信息分享9题、认同6题、能力发展6题、薪酬5题和授权3题）。

我国学者在实证过程中主要是借鉴国外的成果。张震、马力（2002）参考 Lawler（1992）的结构，侧重于从组织成员"沟通量表"进行度量；黄坚学（2006）首次翻译了 Guy 的五维度参与式管理量表；谢玉华等（2010）在此基础上，形成一份三维度15题项的量表；陈万思等（2013）在论证参与式管理对和谐劳动关系的作用过程中，把 Guy 的29项按载荷最高原则，每维度取三项，得到五维度15题项的量表。国内外的具体量表见表5-1。

表 5-1　国内外员工参与量表

量表名称	代表人物	内容（α 为中国情境下的值）	备 注
参与沟通	Lawler（1992）；张震、马力（2002）	分为成员沟通量（α=0.69）、团队协作（α=0.77）与参与决策（α=0.74）三个维度。三个维度分别对应于 Lawer（1992）的三个层次参与。	量表具有较强的代表性，同时量表的"信息共享"维度能够较为全面地反映组织沟通情况，同时与员工参与的内涵也较为贴近。
参与决策量表	Guy 和 Michel（2001）；黄坚学（2006）	分为五维度 25 项，即信息分享（α=0.93），认同（α=0.87），能力发展（α=0.85），公平报酬（α=0.85），授权（α=0.83）。来源于 Guy（2001）年开发的包五维度 29 项量表。	黄坚学翻译了 Guy 等的量表。并测量了中国情境下的信度。量表本身就是员工参与的量表，对参与决策的层次和内涵把握准确。
员工参与量表	谢玉华等（2010）	综合以上各量表，提出三维度 15 项，即信息共享（α=0.87），建议采纳（α=0.83），参与决策（α=0.84）。	根据员工参与内涵的论述，结合相量表相关题项的内涵，归纳综合所得出整体员工参与量表，最终整合为 12 项。
参与式管理	Guy 和 Michel（2001）；陈万思等（2013）	五维度 15 项，总体信度（α=0.41）：信息分享（α=0.919），认同（α=0.902），能力发展（α=0.883），薪酬激励（α=0.854），授权（α=0.878）	陈万思等在实证过程中，把 Guy 的 29 项依据载荷最高原则，每维度取三项。

综上所述，国内外学者在"员工参与"的内涵界定上差异不大，但对于其结构如何，如何测量等方面则存在较大的争议。结合前文的扎根研究，我们把家族企业的员工参与界定为"信息""决策""授权"三个层面的内容，参照前人的研究，我们采纳谢玉华等（2010）的结构维度，即包括"信息共享"、"建议采纳"与"授权"三个维度，然后对照三个翻译（黄坚学，2006；谢玉华等，2010；陈万思等，2013），初始测量工具采用 15 个题项的量表。

（二）关怀量表

扎根研究显示，关怀包含"人文关怀"与"责任关怀"两大维度。其中的责任关怀维度，本书参照刘易（2009）所运用的四个题项，即 a. 健康安全的工作环境、公平、无偏见和无歧视地、不克扣薪酬；b. 提供足够福利，包括社会保险如退休保险、医疗保险等；c. 良好互动；d. 职业培训。

人文关怀维度，国内外相关研究主要集中于护士对病患的人文关怀方面研究，基于华生的"人文关怀理论"及十大关怀要素，所开发的关怀行为，关怀过程等量表。至于员工关怀，相关研究也有涉及 EAP 等内容，以及变革型领导的 MLQ 问卷中的个性化关怀，本书综合这两个方面的研究，综合开发自有量表。

1. 员工援助计划（Employee Assistance Program，EAP）

根据国际 EAP 协会的定义：EAP 是一项基于工作场所的计划。该计划旨在帮助工作组织处理生产效率问题以及帮助"雇员客户"甄别和解决个人所关心的问题，这些问题包括健康、婚姻、家庭、财务、酒精、法律、情感、压力以及其他可能影响工作绩效的问题。很多学者就 EAP 提出了自己的观点，尽管 EAP 的定义不尽相同，但一般都涉及以下共同特征：一是 EAP 是为个人和组织提供的一种咨询服务；二是实施 EAP 的根本目的是解决员工和组织的问题，改善个人和组织福利，从而提高组织的生产效率；三是 EAP 由组织负责提供，而不是由员工个人或某个部门提供；四是 EAP 不是单一的计划，而是一个系统工程。

对于 EAP 提供的内容，也不一而足，基于中国国情，李金平等（2005）认为 EAP 为员工提供很多方面的需求，可以划分为：咨询类、教育类、申诉类、福利类、休闲类和其他类。在实际操作中，刘亚林（2008）的案例研究显示，某公司"员工关怀部"的主要职责有四项：一是组织公司员工开展各种活动，包括运动会、节日晚会、慈善活动、才艺表演等；二是员工离职前的谈话，了解员工离职的原因；三是帮助公司制订相关人力资源政策，比如如何留住优秀员工等；四是开展专项员工满意度调查。该公司还设有心理咨询课，与员工关怀部同属于人力资源部。

2. 个性化关怀

在 Bass（1995）的基础上，李超平和时勘（2005）采用归纳法在国内发展了变革型领导理论，指出在中国的文化背景下，变革型领导是一个四维度构念，包括愿景激励、领导魅力、德行垂范和个性化关怀。其中个性化关怀一共包括 6 个项目：a. 在与员工打交道的过程中，会考虑员工个人的实际情况；b. 愿意帮助员工解决生活和家庭方面的难题；c. 能经常与员工沟通交流，以了解员工的工作、生活和家庭情况；d. 耐心地教导员工，为员工答疑解惑；e. 关心员工的工作、生活和成长，真诚地为员工的发展提供建议；f. 注重创造条件，让员工发挥自己的特长。

综合上述护士关怀、个性化关怀与 EAP 理论分析，结合本书的扎根研究成果，即工会在中国的职能主要体现于关怀。我们认为中国企业的人文关怀行为应当包括，开展相关活动帮助员工应对压力、进行心理健康的管理行为、职业生涯规划管理行为三大类。每一类设计两个题项，共 6 项。分别是：a. 定期开展员工满意度调查，了解员工压力与心理状态；b. 组织公司员工开展各种业余活动，包括运动会与各类晚会等；c. 定期开展员工心理测评，对员工性格特征等有综合全面的了解；d. 提供心理咨询与危机干预等服务；e. 关注员工工作与家庭等问题，如员工离职前的谈话，了解离职原因；f. 开展团体辅导，帮助公司制订相关人力资源与员工职业生涯管理政策。

二 量表的因子分析与验证

(一) 预调研与问卷设计

1. 量表内容充分性检验

为了确定我们所开发的量表是否充分反映了扎根研究所探讨的理论构念，我们进行了一个量表内容充分性的检验。内容充分性是指量表中题项对构念理论内容范围的反映程度。参照前人（Neubert et al., 2008）的做法在闽南某所高校的管理专业课程上招募了 18 位学术型研究生对 25 个初试题项进行评价。为每位评价者提供了民主参与管理的定义及结构维度，评判者仔细阅读题项，并被要求将所有题项分配到相应的维度中去。招募研究生来作为评判者是合适的，因为他们具有充足的智力能力来完成这次评价，有一定的理论研究基础，而且在评判过程中是不带偏见的。

为了检验这 25 个题项的内容效度，我们对所有评价者在每一个题项上的评判一致性水平进行了计算。结算结果显示，25 个题项的评判一致性水平的跨度从 42.7% 到 100%。根据已有内容充分性检验研究的建议

(Neubert et al.,2008),我们将题项评判一致性的标准定为70%。关怀管理的题项中有两个低于此标准。本着严谨的原则，我们没有直接对其进行删减，而是对这两个题项的语言表述进行了调整，使其能对相应的维度进行更直观和清晰的反映。然后通过预调研以及因子分析来进一步评判其合理性。

2. 预调研与民主参与管理的初步结构探索

为了检验量表的可靠性，2012年12月，研究团队进行预调研（N=94），借助于 SPSS 软件对94份问卷通过探索性因子分析，进行信度与效度检验。结果显示，"民主参与管理"的测量内容信度较好，KMO=0.952，适合进行主成分分析，巴特利特球体检验值为4537.64，$p=0.000$，说明各题项间有共享因子的可能性。当特征根大于1时，提取4个主成分，累积解释70.81%。参与维度只能提取了两个主因子，其中的建议采纳与授权两个子维度被计算机自动合并成为一个维度，我们将其命名为"决策参与"。关怀维度仍然可提取两个主因子。基于上述两项工作，我们开发了可供大规模测量的问卷（见附件2）。

（二）大规模调研与数据分析

1. 样本数据的基本特征

为了验证量表的可靠性，从2013年1月15日到2013年4月30日，我们开始实地与网络调研[①]。实地调研样本主要来自两岸四地的五家合作企业，在前期扎根访谈的合作基础上，项目组成员又一次到企业进行问卷调研（共获取有效问卷364份）；另外还借助高校学生放假，利用他（她）们假期回家与家族企业员工接触的机会，进行面对面指导问卷填写。三种方式一共发放问卷1029份，回收651份，经筛选获得有效问卷469份（其中网络问卷57份），其中台港澳115份（台湾101份）。469份样本中，男性占46.6%；16~25岁占37.3%，26~35岁占44.6%，36~45岁占13.2%；学历方面，高中及以下占23.7%，专科占32.4%，本科占38%；职位方面，一线员工占48.6%，中基层管理者占34.5%，公司高层占5.1%；工龄方

[①] 两地网络问卷的链接分别为：http://www.askomy.com/static/survey/355.html, http://www.askomy.com/static/survey/356.html。

面，1年以内的有29%，1~3年有34.1%，3~5年有16.2%，5年以上的20.7%。两岸家族企业样本数据的具体对比分析列在表5-2：

表5-2 两岸家族企业员工样本对照表   单位：%

变量	性别 男性占比	年龄 35岁及以下	学历 大专及以上	工龄 1年以上	职位 中层及以上	组建 工会率
大　陆	46.05	86.4	76	68.6	58.2	34.2
台港澳	47.4	67.8	77.4	78.3	30.4	37.4

2. 缺失值检验

数据存在缺失是实证分析过程中我们最不愿看到，却又无法避免的，而且也会经常出现。数据缺失往往有一定的规律，统计学上称为数据缺失机理，常见的有三种：非随机缺失（Missing at Non-Random, MANR）、随机缺失（Missing at Random, MAR）和完全随机缺失（Missing Completely at Random, MCAR）。

在完全随机缺失情况下，缺失数据的产生和变量自身以及其他变量的取值没有关系，通过Little's MCAR检验可以证明MCAR假设是否成立。如果是完全随机缺失，则可以直接删除缺失数据，唯一的遗憾就是会使样本量减少。

随机缺失则说明有缺失值的变量发生数据缺失的情形与数据集中其他变量的取值有关，此时，缺失值不仅会导致数据的损失，而且更可能导致分析结论的偏差，所以不能随意删除缺失值，而必须通过更为复杂的算法去估计缺失数据，例如回归或期望最大化法（Expectation Maximization, EM）。

非随机缺失是最严重的情况，数据缺失不仅与数据集中其他变量的取值有关，而且与其自身也有关系。用SPSS 17.0对样本数据进行缺失值分析，结果见附件3。从附件3中可以看出，许多变量都存在一定的缺失值，该表还按照（Q1+1.5×IQR，Q3+1.5×IQR）给出了极值。Little's MCAR检验结果是：$\chi^2 = 7477.340$，DF = 5955，p = 0.000，检验结果表明应该拒绝零假设，即拒绝样本数据是完全随机缺失。为了稳妥起见，对于缺失值，本次研究采用SPSS17.0用EM估计值进行缺失值填充。

3. 正态性检验

极大似然法是结构方程模型分析中最常用的参数估计方法，使用极大似然法进行参数估计时，必须满足如下条件：（1）变量要服从多元正态分布，即变量的正态性需符合要求；（2）用协方差矩阵作分析（在部分情况下，相关矩阵的结果相同）；（3）样本量要足够大，通常说来，样本量必须是指标数的5倍以上；（4）模型为真，即样本来自符合该模型的总体。

本研究采用极大似然法进行参数估计，因此，需要对数据的正态性进行检验。数据的正态性程度，可以粗略的用峰度（Kurtosis）和偏度（Skewness）来反映，偏度表示数据的非对称性，峰度表示数据平坦或尖峰分布的情况。由附件4可知，本次分析数据的正态性有待改善，尤其是CP1到CP10，偏度和峰度的卡方值均大于50，所有变量的偏度和峰度P-value均达到了显著性，表明需要对样本数据进行正态化。根据结构方程对数据正态性要求，利用Lisrel 8.70中的Prelis软件对本次研究所得数据进行正态化。所得正态化数据见附件3。

数据的正态化结果见附件5，由附件5可知，虽然CP1到DE4的偏度和峰度P-value仍然达到了显著性，但偏度和峰度的绝对值都不大，而且其他变量的显著性得到了极大的改善，其实，很多研究表明，在大多数情况下，即使变量不是正态分布，最大似然估计仍然是适用的，尤其是样本没有达到1000以上时，用一般加权最小二乘法（Generally Weighted Least Squares，GWLS）所进行的估计可能更不合理。因此，使用Prelis对样本数据进行正态化后，可以采用最大似然法进行分析。

4. 多重共线性检验

多重共线性指的是自变量间存在近似的线性关系，即某个自变量能近似的用其他自变量的线性函数来描述。多重共线性的确认有多种方法，这里采用相关系数矩阵和方差膨胀因子来检验是否存在多重共线性。

（1）做出自变量间的相关系数矩阵：如果相关系数超过0.90的变量在分析时将会存在共线性问题，在0.80以上可能会有问题。但这种方法只能对共线性做初步的判断，并不全面。本次研究所有自变量之间相关系数的绝对值在0.010到0.525之间，可以初步确认不存在严重的共线性问题。

(2) 方差膨胀因子 (Variance Inflation Factor, VIF): VIF 值则以不超过 5 为好,越低越好。本次研究所有变量的 VIF 值在 1.171 和 2.582 之间,说明本次研究的数据不存在严重的多重共线性问题。

(三) 民主参与管理的结构验证

1. 探索性因子分析

首先,把其中的一半问卷 (N=234) 用于进一步的探索性因子分析,结果与预调研的分析结论相近,也可提取四个主因子。累计解释方差 69.486%;4 因子负荷矩阵具体列在表 5-3。

关于题项的因子载荷,没有硬性的指标,有的学者认为测量项目在因子上的载荷绝对值应最少达到 0.40,也有学者认为因子载荷系数应超过 0.5。为了确保因子的显著性,本研究以 0.50 作为因子载荷的标准,若测量题项在因子上的载荷小于 0.50,则删除该题项。总的测量题项方差被解释的比例也很重要,一般认为 60% 是最低可以接受比例。据此,我们通过删除因子载荷小于 0.5 或方差小于 60% 的 2 个测量题项,最终得到的民主参与管理量表共包括 23 个测量题项。

表 5-3 旋转主成分矩阵

主成分	信息共享	决策参与	责任关怀	人文关怀
管理者会定期告知员工公司未来的计划 P11 (P11 为代号,下同)	0.672	—	—	—
管理者会定期告知员工公司的财务状况 P12	0.570	—	—	—
管理者会定期告知员工其所在工作部门的绩效 P13	0.770	—	—	—
管理者会定期告知员工公司未来的技术发展方向 P14	0.742	—	—	—
管理者会定期告知员工顾客对于其提供的产品或服务的满意程度 P15	0.723	—	—	—
管理者会定期告知员工公司对他们绩效考核的标准 P16	0.774	—	—	—
管理者会定期告知员工公司新的产品或服务 P17	0.718	—	—	—
我认为我们公司利润分享计划涉及的员工范围不小 P18	0.442	—	—	—
公司管理者会认真地考虑员工提出的相关建议 P21	—	0.716	—	—
公司管理者会合理地采纳员工所提出的建议 P22	—	0.733	—	—

续表

主成分	信息共享	决策参与	责任关怀	人文关怀
公司会认真考虑员工所提出的关于改进公司工作效率各种建议 P23	—	0.748	—	—
员工的合理化建议一般会被贯彻到底 P31	—	0.688	—	—
对于公司的相关工作，公司提供给员工较大的自主空间 P32	—	0.774	—	—
公司中，员工在具体项目管理上有很大的工作自主权 P33	—	0.689	—	—
在公司，员工对他们工作的方式有相当程度的自由 P34	—	0.727	—	—
在本公司，我没有被克扣工资的经历 G11	—	—	0.876	—
公司为员工提供了良好的福利与保障 G12	—	—	0.734	—
公司上下互动互助，使我在工作上的压力比想象的要少 G13	—	—	0.620	—
我每年都能从公司得到与我将来发展有关的职业培训 G14	—	—	0.505	—
公司或上司会经常了解我的压力与心理状态 G21	—	—	—	0.764
我每年都有机会参加公司举办的业余活动，如运动会与晚会等 G22	—	—	—	0.470
公司会定期地组织心理测评，让我更全面地了解自己性格特征 G23	—	—	—	0.823
我在遇到心理困难的时候总能得到公司或上司的援助 G24	—	—	—	0.816
公司总是了解离职原因并尽最大努力（如解决家庭与生活困难）避免员工离职 G25	—	—	—	0.754
公司在制订相关人事制度与政策前总会通过小组座谈等方式倾听员工的想法 G26	—	—	—	0.798
特征值	4.837	5.094	2.705	4.735
方差解释%	19.349	20.378	10.820	18.942

2. 验证性因子分析

在探索性因子分析的基础上，现在利用剩下的一半样本（N＝235）对精简后的量表结构进行验证，即进行验证性因子分析（Confirmatory Factor Analysis，CFA），我们同时还对量表的信度与结构效度进行了报告。借助于LISREL8.7软件，对上述数据进行验证性因子分析，分析过程中假定因子相关。模型拟合结果见表5－4。

表 5-4 验证性因子分析模型拟合结果

模型	因子描述	χ²/df	RMSEA	NFI	CFI	SRMR
三因子模型	信息共享、决策参与、人文关怀	2.653**	0.071	0.945	0.964	0.061
备用模型	四因子（调整）	2.945**	0.077	0.926	0.949	0.065
竞争模型一	四因子	3.455**	0.102	0.818	0.863	0.091

注：**代表 $p<0.01$。

由表 5-4 可知，三个模型中，三因子模型的拟合效果最好，可以接受。另外，调整后（删除了部分选项，共剩下 22 项）的四因子模型（备用模型）虽然没有三因子模型效果好，但也可以接受，下文将根据模型的需要，选择相应的模型。三因子模型与四因子模型的标准化路径系数如图 5-1、图 5-2 所示。

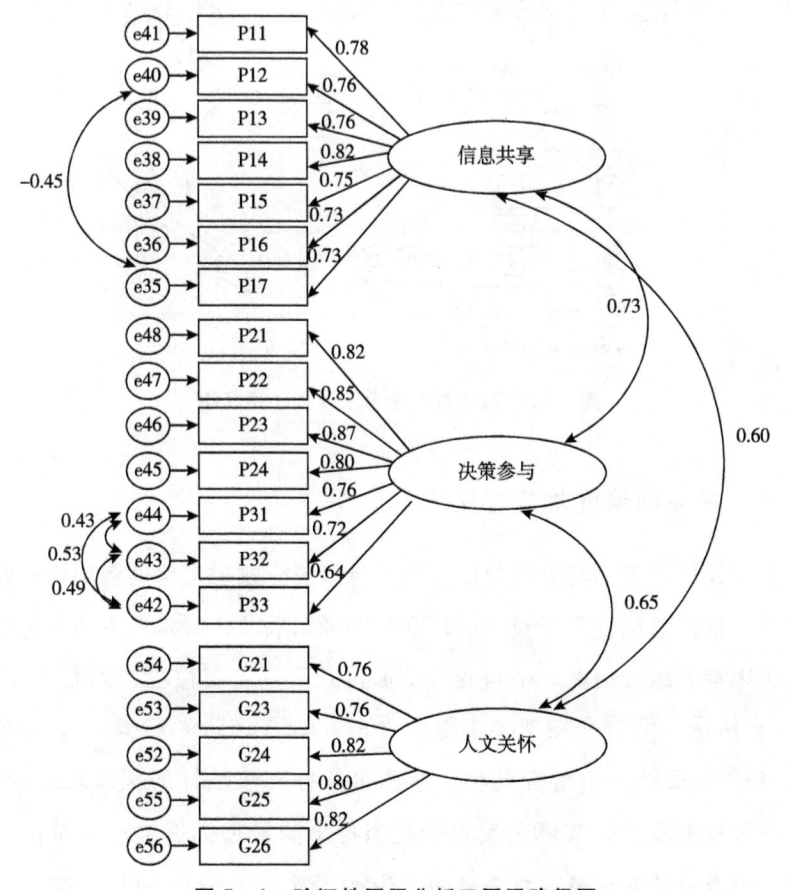

图 5-1 验证性因子分析三因子路径图

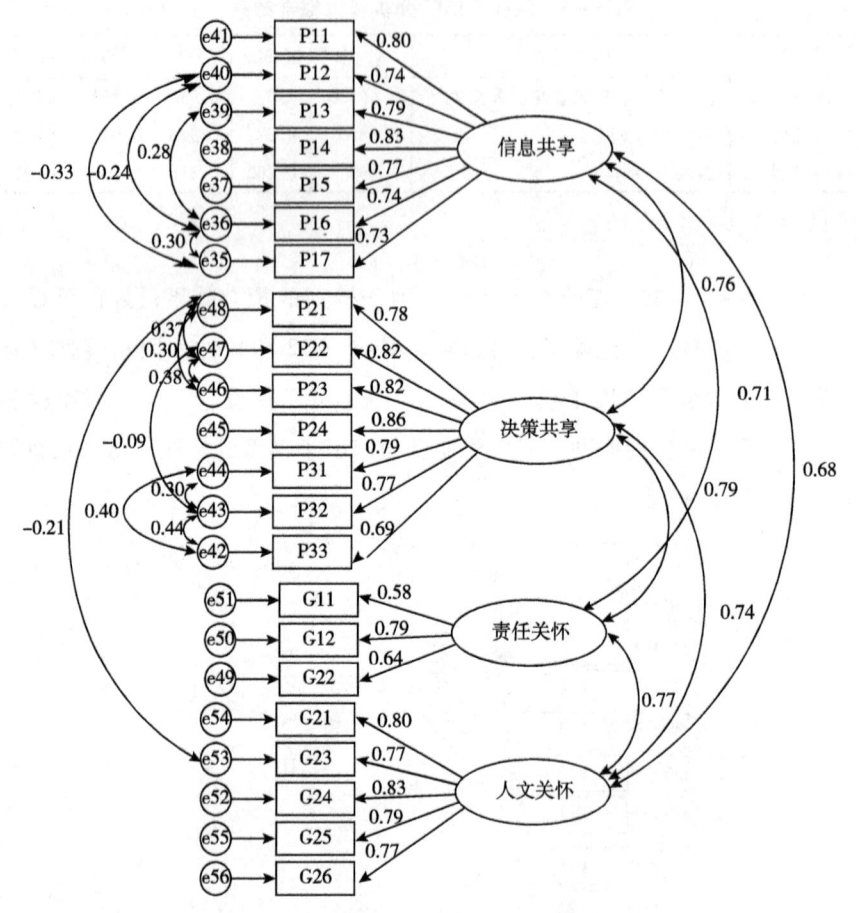

图 5-2 验证性因子分析四因子路径图

三 量表的信度与效度分析

为了保证量表的信度与效度，本书将以拟合效果次优的备用模型作分析对象。根据验证性因子模型的标准化路径系数图，可得民主参与管理维度四个因素的组合信度，平均变异萃取量及区别效度检验，如表 5-5 和表 5-6 所示。所谓平均变异萃取量（Average Variance Extracter，AVE 或 ρ_v），是用来反映一个潜变量被一组测量指标有效估计的聚敛程度指标。从计算过程来看，ρ_v 实际上反映的是当各个测量指标提供一个单位的变异时，潜变量的变异量占总变异的百分比。当 ρ_v 大于 0.50 时，表示潜变量的聚敛能力理想。关于因素之间区别效度检验，可以用相关系数的 95%（95% CI）是否涵盖1.00来判断。

$$AVE = \rho_v = \frac{\sum \lambda_i^2}{\sum \lambda_i^2 + \sum \Theta_{ii}}$$ 公式5-1

式中 λ_i 为各题项完全标准化因素载荷，Θ_{ii} 为测量误差。

$$95\% \ CI = PHI \pm 1.96 SE(PHI)$$ 公式5-2

式中 PHI 为因素之间的相关系数，$SE(PHI)$ 为因素之间相关系数的标准误。

测验信度（Reliability）是衡量测验质量的重要指标。自从 Cronbach（1951）提出 α 系数开始，α 系数几乎成了测验信度的化身。α 系数被疯狂推崇的同时，文献上对 α 系数的质疑和评论也持续了很长的时间，目前有大量研究认为，α 系数不能很好地估计测验信度。Fornell & Larker（1981）提出了一个非常类似于内部一致性信度的潜变量合成信度（Composite Reliability, CR 或 ρ_c），有时也被称为组合信度。

$$CR = \rho_c = \frac{(\sum \lambda_i)^2}{(\sum \lambda_i)^2 + \sum \Theta_{ii}}$$ 公式5-3

式中 λ_i 为各题项完全标准化因子载荷，Θ_{ii} 为测量误差。

在结构方程出现以前，由于缺乏对路径系数的有效计算和检验，许多学者使用 α 系数作为测验信度。然而随着结构方程的出现及合成信度的提出，研究者更倾向于使用克服了 α 系数诸多缺陷的合成信度。

合成信度是测验信度的下限，如果合成信度高到可以接受，报告合成信度并说明：测验信度不低于合成信度；如果合成信度过低，虽然不能说测验信度也一样低，但就目前所拥有的研究方法而言，只能认为测验的信度不能被接受，停止进一步的统计分析（温忠麟、叶宝娟，2011）。

表5-5数据说明四个因子具有良好的收敛效度（Convergent Validity）。根据上述理论我们还有必要分析量表的区别效度与信度。根据图5-1的标准化系数，我们得到具体信度与效度结果列在表5-5、表5-6。

表 5-5　四个主成分问卷的信度表

主成分	总体	信息共享	决策参与	责任关怀	人文关怀
测量信度 α	0.947	0.911	0.931	0.797	0.886
测量信度 CR		0.911	0.932	0.794	0.887
AVE	—	0.570	0.662	0.497	0.573

表 5-6　民主参与管理四个因素的区别效度检验

因素		信息共享	决策参与	责任关怀
决策参与	r (r^2) 95% CI AAVE	0.76 (0.58) (0.72, 0.80) 0.6165	—	—
责任关怀	r (r^2) 95% CI AAVE	0.75 (0.56) (0.69, 0.81) 0.53375	0.83 (0.69) (0.79, 0.87) 0.57985	—
人文关怀	r (r^2) 95% CI AAVE	0.67 (0.45) (0.61, 0.73) 0.5719	0.72 (0.52) (0.66, 0.78) 0.618	0.87 (0.76) (0.83, 0.91) 0.53525

由表 5-5 可知，除责任关怀因子 AVE 稍稍小于 0.5 外（这也是我们将根据实际需要采用三因子模型的原因），其他因子的 AVE 均大于 0.5，说明各因子具有较好的收敛信度。所有因子的合成信度均不低于 0.79，显示各个因子具有很好的信度。所有因子的标准化因子载荷均大于 0.50，显示四个因子都具有非常好的项目质量。

由表 5-6 可知，所有因素间相关系数 95% 的置信区间均不涵盖 1.00，说明各自相关系数显著不等于 1.00，除信息共享和责任关怀、决策参与和责任关怀、责任关怀和人文关怀外，其他因素之间 AVE 的平均值 AAVE 均大于相关系数的平方，显示各构念之间具有较理想的区辨力。

综合表 5-5、表 5-6 可以认为，民主参与管理部分的问卷数据及下设的四个因子具有很好的信度和效度，且三因子模型的信度与效度更优。

四　结论

在扎根研究所构造了"民主参与管理"理论构念的基础上，结合前人研究，本章主要通过实证调研，编制相应的量表。利用计算机软件的统计量化分析，结果显示，质性研究过程中的二维度六项内容的结构模型，在量化分析过程中被简化为四维度模型，即在中国情境下，家族企业实施民主参与管理，主要表现为四种形式：信息共享、决策参与、责任关怀与人文关怀。另外，数据分析显示，删除了部分选项后，三因素模型（20项）的验证性因子分析与信度、效度检验更优。后续研究将进一步分析量表测量与相关变量间的关系，相关研究也将根据研究的需要，选择相应的测量模型，作为实证分析的依据。

第二篇
海峡两岸实施民主参与管理的实证研究

为了分析民主参与管理实践的原因，首先需要了解什么是民主参与管理，包括其内含与外延。第一篇因此重点在于介绍研究的基础性工作，具体介绍了国内外民主参与管理的趋势，以及中国的现状，并提出中国实践民主参与管理的目标所在。在结合海峡两岸实际的基础上，基于田野调查的扎根研究，分析我国企业民主参与管理的形式，总结出具体的概念模型（图一）。

本篇则交代了概念模型的实践基础。为了进一步论证概念模型的实践基础，我们开发了概念的测量模型，并通过预调研与大规模调研，验证测量模型的信度与效度。为后续的研究提供素材、理论基础与研究工具。

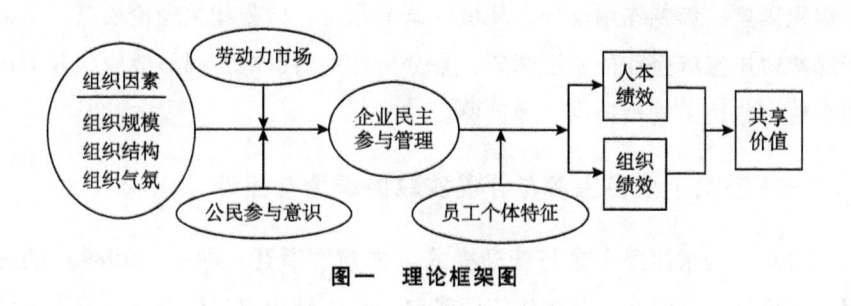

图一　理论框架图

第六章　企业为什么不实施民主参与管理：两岸对比分析

理论的两种思路研究都揭示了企业采用民主参与管理，满足了员工的成就等需要，员工将表现出积极的组织行为，企业绩效将得以提升的原理。然而在实践中，大部分中国企业并没有迎合社会期望，或是基于组织绩效而采用民主参与管理范式？企业管理决策受到哪些因素的影响，哪些是关键因素，两大思路存在一定的争议，相关研究缺乏系统的综合分析。本书基于前期的扎根研究所提出的综合构念（民主参与管理），并综合考察组织因素的影响作用与外部环境的调节作用，构建相关理论模型，借助于海峡两岸家族企业的实证调研，来分析其中的影响机制与效应，并为内地企业实施民主管理提供管理借鉴。

一　影响企业民主参与管理实践的理论与假设

组织是否采用民主参与管理模式，如前文所述，纽曼（1989）的三因素理论被奉为经典，其中组织因素包括组织结构与工作设计以及人力资源策略。组织因素可以分为两大类，一是主观因素，二是组织的客观因素。客观因素又可以分为结构（Structural）与情境（Contextual）两个相互作用的维度。情境维度主要涉及组织的规模、环境、产业技术关系等，这些因素对企业的影响作用是不同的，组织规模等属于组织自身因素，其影响力是直接的；而外部环境与技术关系等，更具有组织外部因素的属性，具有明显的调节作用与特征。因此，在客观因素中，组织结构与规模被认为是主要的直接影响因素。

Conner（1992）认为组织规模与员工参与度呈现显著性差异，但也有学者认为其中的关系总体上是模糊的。相关理论因此分野出两大观点，一种认为大规模的企业更有利于员工参与，即参与程度会随着公司的扩张而有所增多。因为随着员工的不断增多，公司中不断出现的管理问题需要通过员工参与来解决，企业也需要通过参与等制度化管理来提升员工的努力程度，相关实证数据也证实了其中的正相关关系。Yazdani（2010）认为在不确定环境下，达到一定规模的企业最有利于产生有机的灵活型组织，并更容易实施民主参与管理。相反，另一种观点则认为，在解决规模扩大过程中的问题时，为了避免分权的风险，理性企业往往偏向于采用更"安全廉价"的制度而不采用民主管理；同时，随着规模的扩张，客观上企业也将变得刚性或官僚化，管理层次的递增则带来信息传递的下降，决策也会越来越集中化。如Conger等（1988）认为，由于官僚制中的某些规则会限制工作的自主性和员工的表达，从而堵塞了员工参与的途径，Neumann（1989）也认为强调等级安排和身份地位的组织结构不利于员工参与公司决策的制定，Harrington（2007）的实证分析认为在不确定环境下，小的饭店企业更有可能采用参与管理。

那么，随着组织规模的扩大，企业是否会增加民主参与实践？实证研究的模糊关系以及缺乏理论支持，使得本文的分析难以提出有针对性的结论。然而，在现实中，人们注意到，那些小规模企业，由于缺乏必要的权威，特别是家族成员之间的沟通往往相对公平，家族成员卷入度较高，民主参与程度因此维持在较高的水平上。同时，大规模的企业，参与渠道往往较高，因此也能克服多层次带来的信息堵塞等问题。基于现实以及上述的理论分析，我们倾向于组织规模与民主参与管理之间是一种曲线关系。本书提出第一个假设。

H6-1：组织规模与企业的民主参与管理行为存在U形的曲线关系。

结构维度主要包括组织的正规化、专业化、层级关系与集权化等维度。基于研究的便利，这些因素经常被抽象概括为企业性质等制度因素，Smith（1995）对我国浙江集体企业的研究，认为组织内部合理的制度安排是员工在企业的财产所有权、利润和利益分配等财政参与的重要影响因素。张震等（2002）对我国148家企业实证调查研究表明，在组织成员的沟通和员工参与决策方面，非国有企业得分显著高于国有企业。显然，我国的国有或集体企业制度安排不利于员工参与，但其中具体的机理是什么？近年来，相关研究逐步深入组织架构、运作流程与工作设计等对员工参与的影响，如高参与型组织有利于优化企业的信息结构与决策结构。高参与型组织分析范式对于解决国有企业的刚性与僵化效果显著，理论研究从管理层次、管理幅度、等级观念、集权化等因素提出相关对策，主张企业要采取灵活性工作设置、团队组织等方面实现有机化。相对于机械化（Mechanistic）组织，有机组织结构（Organic Structure）具有以下几个方面的特征：员工致力于以团队为核心的任务，较少的权威与控制下的层级关系，每个成员都可能是知识的权威，鼓励互动，有自由的规则，具有更多非正式的、面对面交流沟通与平等交流等。我们因此倾向于认为以扁平化、分权等为特征的有机组织更容易实施民主参与管理，本书提出第二个假设。

H6-2：有机组织结构正向预测企业的民主参与管理行为。

主观因素主要是指企业管理层的能动性因素，即领导与管理方式对民主参与管理的影响。利克特最早提出了著名的第四系统（System 4）领导——参与式的民主领导。领导者通过实施具体的管理策略，如组织活动、组织干预、组织变革等来实现对员工参与的影响。领导者对员工参与管理的支持态度、领导者的管理、协调能力、领导者的性格和行为、领导者对员工的尊重和信任程度均会影响到企业内部员工参与实践。因此，企业内部的领导系统可以分为两个层次，一是宏观的战略层面，二是微观的下属管理等领导行为。相对而言，宏观层面的领导不仅关注员工的关系管理，还关注企业战略与企业文化等，宏观的战略性领导成为影响企业民主参与管理行为的主要因素。实证研究主要集中于交易型领导与变革型领导两大类，而变革型领导更易于授权，实现决策参与、教练、信息共享与关心团队成员，并且是通过组织气氛的中介实现。组织气氛因此成为近年来民主参与管理的热点，是企业民主参与管理的重要结果变量。Glew等（1995）也建议组织通过营造良好的组织气氛以及合适的社会化活动等方式来促进员工参与。基于中国的实证研究也揭示了创新性的组织气氛比较有利于员工的参与。不仅如此，组织气氛成为热点的原因还在于参与性的组织气氛能提升组织绩效，因为员工感知到的参与气氛对组织绩效如财务绩效、降低辞职率与员工士气有促进作用。其中，伦理气氛被重点关注，方嬿榕（2008）基于台湾的情境，认为组织伦理气氛对于员工参与组织的知识管理有影响。吴承丰（2010）探讨了海峡两岸企业伦理气氛，如关怀等对不同行业员工与组织绩效的影响。基于此，本书提出如下假设。

H6-3：组织气氛正向预测企业的民主参与管理行为。

组织因素会受到外部社会因素的影响，组织情境因素还暗含外部的产业技术等因素。外部社会的经济因素，如产业特征、劳动力市场供求、劳资关系等因素以及政治文化因素，如社会治理结构、社会正义与社会民主等都会影响企业的结构与组织气氛，从而影响企业的民主参与管理实践。经济上，当劳动力市场供过于求时，"强资本弱劳动"，劳动者的地位相对低下，实现民主参与的机会较少。此时，企业战略上就会偏向于"股东至上"，忽略了员工这一关键"利益相关者"。那些经济地位较低的群体一般来说参与机会是最少的，尤其是工作场所的参与，因为企业不用重视他们的利益诉求。政治上，Becker（1992）探讨了工会选举法与联邦劳动法在实现员工自组织、劳动代表权与集体谈判方面的作用。Collom等（2001）分析了美国社会对工作场所民主的看法，他们利用1991年以来的全国性调查数据，分析社会不平等与工作场所民主对这种不平等的改善作用，特别分析了社会阶层、种族与性别等具体因素对工作场所民主化的影响。在影响企业民主参与管理的因素中，经济因素决定于政治制度等上层建筑，而政治法制制度集中表现为社会的意识形态，因为社会民主比政治民主更能影响经济与工业民主。经济因素与社会意识形态成为影响企业的组织与战略的关键因素，促进或阻碍了企业的管理实践。经济因素主要体现在劳动力市场供求的作用，社会民主意识经常指的是公民参与意识。因此，劳动力市场与公民参与意识成为影响企业组织结构设计与气氛营造的主要因素，并作用于具体的民主参与管理实践。基于此，本书提出如下假设。

H6-4：劳动力市场规范在组织因素对企业民主参与管理的影响过程中起正向调节作用。

H6-5：公民参与意识在组织因素对企业民主参与管理的影响过程中

起正向调节作用。

综上所述，欧美企业实施民主参与管理更多的是基于提升企业组织的竞争力考量。我们在前期的扎根研究发现，中华文化下企业实施民主参与管理更多是基于外部社会推动下的被动应对行为。这一扎根结论得到已有的实证研究的支持，一份基于亚太四国（日本、韩国、菲律宾与澳大利亚）的研究显示，亚太企业实施民主制主要是基于外部劳动力市场或组织压力，甚至是国外的跨国公司对工作场所的审查，这种缺乏长远战略性的行为与欧洲企业基于行业差异与企业竞争战略背景下的自发管理行为差异显著。可见，亚太地区企业实施民主参与管理可能是组织内外部环境共同作用的结果。基于此，本书的具体理论框架如图6-1所示。

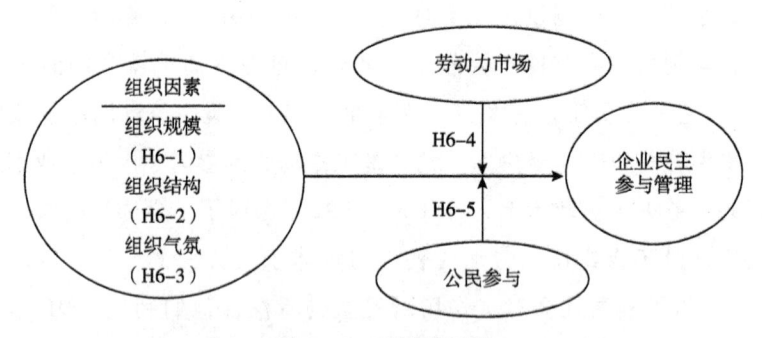

图6-1 理论框架图

二 变量、数据与方法

（一）变量与测量

1. 民主参与管理

第五章的量表开发已经证明备用模型的量表有较好的信度（α = 0.947），本章将采用备用模型，即四维度模型。

2. 组织因素

关于组织结构，罗宾斯将组织结构按复杂性、正规化和集权化三个维度分为了职能型、分部型、简单型、矩阵型和网络型、任务小组型和委员会的形式。杨晶照（2012）通过实证分析，把组织结构的复杂性、正规化和集权化三个维度实现具体化，所设计的十个题项，其总体的内部一致性 a=0.596，总体比较低，其原因是第一维度与其他维度之间一致性低。本书因此把其中的第一个维度"复杂性"当作"组织规模"，作为一个独立的因素考虑。然后选择正规化（abc）与集权化两个维度进行分析，并截取其中解释力度较高的六个题项，即 a. 公司内部存在严格的层级关系；b. 每个岗位职责固定，一般不随意调整；c. 公司决策高度集中，问题自下而上反映，由高层选择方案；d. 一般通过正式的渠道进行沟通；e. 内部存在较多的横向合作关系；f. 公司更注重发挥自身的整体优势，提高效率。

组织气氛方面，Litwin & Stringer（1968）设计的组织气氛量表是目前运用最广泛的组织气氛测量工具，它是从九个方面测量组织内的气氛，即结构、责任、奖酬、风险、人性、支持、标准、冲突和认同。在国内有关组织气氛的研究中，大多是以 Litwin 和 Stringer 的组织气氛量表为基础修订的问卷。这一问卷包含的题项过多，有 45 个题项，显然包含了员工的个体与组织两个方面的内容。因此需要简化，Campbell 等人（1970）的气氛维度开发成果较有代表性。他们曾对已有的气氛量表进行过回顾与综合，并发现有四个因素贯穿于所有的研究之中，为此他们提出了四个核心维度：（1）个体的自主性；（2）赋予职位的结构程度；（3）奖励指向；（4）体谅、关怀和支持。这四个维度是组织属性的维度，与本研究的出发点一致，本书因此借鉴 Campbell（1970）的四维度，设置了四个问题：a. 公司绝大多数员工有相当的决定权，不必经常向上级汇报；b. 上司能简单明了地向下属设定和传达工作目标；c. 下属的工作成效能得到及时的肯定，公司建立基于绩效导向的奖励与晋升标准；d. 上司对员工的支持和鼓励很给力，上下级间关系非常良好。

总之，本研究组织因素的三个变量中，组织规模用企业规模单变量来衡量；组织结构的有机化程度则是基于罗宾斯将组织结构按复杂性、正规化和集权化三个维度划分形式，参照杨晶照等（2012）的实证分析所设计量表（正规化与分权化共八项）；组织气氛借鉴 Campbell（1970）的四维度划分法设置了四个题项。

3. 社会民主意识

除了投票外，政治民主还应当包括更广泛的政治参与（尼·诺曼，

1996），在海峡两岸，民主政治的方式不一致，而参与特别是公众参与则具有一定的可比性，因为内地的基层民主近年来得到一定程度的发展（徐勇，2008）。同时，十八大以来，中共也多次提出协商民主的理念，对于协商民主的测量，学界普遍是基于公民参与（Citizen Participation）这一概念，以实现对"多数人的权利"的保障。本书因此以公民参与作为衡量海峡两岸企业外部社会的关键因素。

国外关于公民参与的量表，最早缘于Zimmerman和Zahniser（1991）的一般政治行为量表（General Political Behaviors），具体有9个题项。2001年，Smith和Propst将Zimmerman和Zahniser（1991）的社会政治控制量表进行拓展修订，编制了自然资源决策中公民参与量表。Smith和Propst编制的量表包括自然资源政策控制量表（Natural Resource Policy-Control，8个题目）和自然资源参与行为量表（Natural Resource Participatory Behaviors，11个题目）。Speer和Peterson（2000）从认知、情绪、行为三个方面测量了个体在社区组织环境下的心理赋权。整个量表一共包括27个题目：认知量表题目14个、情绪量表题目6个、行为量表题目7个。这个量表中的行为量表实际上就是测量公民参与程度的。另外，Perkins和Long于2002年编制社会资本量表，包含四个维度，其中就包含公民参与维度（Citizen Participation Scale，CPS），他们的公民参与量表由8个题目组成。

我国的陈福平（2009）的"公民参与"主要是测量公民的社会网络提升方面的参与，通过因子分析，测量公民参与社会网络的频率，涉及7个题项，但他的测量方法，是以个体公民参与的频率作为衡量方式，并且主要是测量公民对社会网络的获得能力。考虑到海峡两岸参与差异大，相关的内容题项则参考国外的问卷，并且是以自然资源参与的行为量表施行隐性测量，即Smith和Propst的11条NRP题项，翻译如下：a. 曾参加过有关自然资源与环境保护或户外活动的相关组织；b. 曾在关于自然资源/环境/土地保护等请愿书或抗议书上签过名；c. 参加了当地的一个自然资源或环境保护的政府或非政府组织的听证会或相关会议；d. 与自然资源或环境保护的政府或非政府组织交流来获得信息；e. 出席听证会、相关会议或自然资源和环境保护的政府或非政府组织；f. 定期参加环境保护等相关组织的会议；g. 竞选过环境保护等相关组织职位；h. 曾给关于自然资源与环境保护的政府或非政府组织表达过建议或投诉；i. 曾就自然资源与环境保护的问题给报社写过信；j. 曾就自然资源或环境保护问题组织过团队；k. 曾在自然资源或环境保护委员会或顾问委员会或政策规划团队任过职。

鉴于文化差异，理论研究一般借助于"公民参与"来衡量社会的民主意识，在测量参与程度时，往往剔除了文化习俗的影响，相关的内容题项以自然资源参与的行为量表施行隐性测量，即 Smith 和 Propst 的 11 个题项。本书也采用这一量表。

4. 劳动力市场

劳动力市场的调节变量测量，本书主要借鉴国内学者的成果。陶世琰（2010）对苏州市部分非公企业进行实证调查，并对照定性分析与定量分析的结果，发现以下因素对和谐劳动关系的影响较为显著，按其影响程度的高低排序分别是：工资收入、集体劳动合同的签订与工会工作的开展、社会保险等相关福利制度以及劳动安全等方面。李季山（2008）以广州地区 952 位企业员工有效样本调查资料为基础，以实证研究方法探讨了企业和谐劳动关系的影响因素，实证结果表明，劳动合同制度的健全与执行、职工权益维护、企业内工会组织三个因素都对企业劳动关系运行中的和谐性有着显著正向影响。综合上述学者的观点，我们发现，对于中国企业实施民主化管理的外部因素，有四个词出现的频率最高，即外部社会或政治民主、工会等民主制度决定的参与机会、劳动力市场供求所决定的劳动合同签订情况、区域的经济发展结构所决定的工资与社会保险状况。

结合陶世琰（2010）的实证调查所提出影响劳动关系的外部四因素说，即工资收入、集体劳动合同的签订与工会工作的开展、社会保险等相关福利制度以及劳动安全等，我们设计了四个相应的题项。

上述连续性变量均采用利克特六点制量表形式。为了检验量表的可靠性，2012 年 12 月，课题组进行预调研（N = 94），借助于 SPSS 软件对 94 份问卷进行信度检验，再通过探索性因子分析，依据分析结果，对原有量表进行改善，"公民参与"量表删除解释力较低的"竞选过自然资源或环境保护组织的职位"题项。组织结构则删除了"组织内行政机构设置情况"以及"有完善的规章制度与程序引导员工行为"两项。表6-1显示该量表作为整体测量工具有一定的可行性。

表6-1 量表内容与信度

指标	民主参与管理				社会民主（CP）	组织因素		劳动力市场（LM）
	信息共享	决策参与	责任关怀	人文关怀		组织气氛（OC）	组织结构（OS）	
Cronbach's α 值	0.911	0.931	0.797	0.886	0.944	0.857	0.833	0.881
题项数	8	7	4	6	10	4	6	4

（二）数据与方法

利用前文的大规模调研（N = 469），利用 SPSS 软件，把民主参与管理的四个维度作为因变量，把影响民主参与管理三大组织因素作为自变量，并分析调节变量的影响作用，以检验假设模型。

三 数据分析与假设验证

（一）数据效度分析与相关性分析

1. 效度分析

本研究使用 Amos17.0 软件对员工感知的量表五个构念进行验证性因子分析。结果表明九因子模型（民主参与四维度、组织规模、组织结构、组织气氛、劳动力市场规范度与公民参与）拟合度最好（$\chi^2 = 493.5$，df = 113，$\chi^2/df = 4.365$，CFI = 0.936，GFI = 0.881，RMSEA = 0.075）。而六因子模型（将民主二维度与参与二维度各合并为一个因子）的拟合指数较差（$\chi^2 = 644.4$，df = 116，$\chi^2/df = 5.552$，CFI = 0.924，GFI = 0.824，RMSEA = 0.088），五因子模型（将民主参与四维度合并为一个因子），软件无法运作，可见其拟合度较差。表明九个因子有较好的区分效度，因此采用九因子模型进行假设检验。

2. 相关性分析

由表6-2可知，民主参与管理内部四变量间都有相关性，可以作为一个整体的研究构念。相关变量间存在正相关或负相关，但负相关的变量间不显著，而正相关的变量间大多数显著，这与我们的预想一致，可以进一步进行统计分析以检验假设模型。

表 6-2 相关变量的均值、标准差及相关系数

	均值	标准差	1	2	3	4	5	6	7	8
信息共享	3.843	1.342	—							
决策参与	3.765	1.209	0.032*	—						
责任关怀	3.825	1.384	0.440**	0.364**	—					
人文关怀	3.358	1.338	0.432**	0.313**	0.001*	—				
组织规模	2.26	1.422	-0.012	0.099*	0.054	0.114*	—			
组织结构	3.682	1.286	0.400**	0.512**	0.352**	0.445**	0.193**	—		
组织气氛	3.643	1.335	0.587**	0.360**	0.569**	0.393**	-0.004	0.409**	—	
劳动力市场	3.323	1.425	0.386**	0.416**	0.258**	0.489**	0.188**	0.634**	0.387**	—
公民参与	4.012	2.011	0.157**	0.117*	0.400**	-0.040	-0.003	0.051	0.233**	0.033

注：* 代表 $p<0.05$，** 代表 $p<0.01$，$N=469$。

（二）回归分析与假设检验

借助 SPSS 软件，以企业民主参与管理的四个维度为因变量，对相关自变量与调节变量进行回归。首先，对组织结构进行曲线回归分析，由表 6-3 可知，在组织规模与采用民主参与管理的线性模型中，组织规模只有对决策参与与人文关怀维度有影响，对信息共享与责任关怀则无影响。在人文关怀与决策参与对组织规模的线性回归模型中，b_1 的系数均为正，说明随着规模的扩大，企业选择人文关怀与决策参与管理的可能性越大；且二次模型中显示组织规模的平方与采用人文关怀与决策参与正相关（$b_2>0$），说明当规模到达一定程度后，企业采用人文

关怀与决策参与管理的可能性会有所下降,但总体上是增长的趋势。从四个模型的 F 检验结果来看,人文关怀的二次模型 $p<0.01$,其他三个均 $p<0.05$,说明模型成立的统计学意义显著,假设 H6-1 得到部分支持。

表6-3 企业民主参与管理对组织规模的回归模型分析

因变量	信息共享		决策参与		责任关怀		人文关怀	
回归模型	线性	曲线	线性	曲线	线性	曲线	线性	曲线
b1	-0.008	0.079	0.070	-0.141	0.038	0.076	0.080	-0.195
b2	—	-0.016	—	0.038	—	-0.007	—	0.050
F	0.063	0.218	4.163*	3.413*	1.351	0.710	6.095*	4.952**

注:N=469,** 代表在1%的水平上显著,* 表示在5%的水平上显著。

表6-4 多元回归分析与假设验证

变量/模型	M1	M2 OLS 回归	M3 OLS 回归	M4 OLS 回归	假设检验
因变量	信息共享	决策参与	责任关怀	人文关怀	—
Cons	—	—	—	—	—
组织结构 (OS)	0.196** (4.74)	0.324** (7.086)	0.085* (2.129)	0.419** (9.585)	H6-2 部分支持
组织气氛 (OC)	0.515** (12.808)	0.228** (5.114)	0.478** (11.937)	0.230** (5.406)	H6-3 支持
LM × OS	—	—	—	—	H6-4 不支持
LM × OC	—	—	—	—	
CP × OS	—	0.126* (2.438)	—	0.136** (2.75)	H6-5 部分支持
CP × OC	—	-0.096* (-2.326)	-0.093* (-2.447)	-0.083* (-2.11)	
F	46.472	23.932	47.175	33.508	显著
Adj. R2	0.368	0.227	0.411	0.294	显著

注:N=469,括号内为 t 值,** 代表在1%的水平上显著,* 表示在5%的水平上显著。

虽然组织规模与人文关怀与决策参与有一定的曲线关系,但并不否定其中的总体正相关趋势。我们因此把组织规模也作为自变量之一,构建包括多变量的多元模型，回归分析结果列在表6-4。表6-4显示，在控制了区域、产业、学历、工龄与性别后，四个模型回归结果都显著，方差分析的F统计量较大，相应的$p<0.01$，相关统计均具有统计学上的意义，可用于检验相关理论假设。

从表6-4可知，第一，组织因素中，作为单因素回归时，组织结构与组织气氛均能产生正向影响。因此，提升组织的有机化，营造组织气氛有利于企业实施民主参与管理。因此，H6-2、H6-3得到部分支持。第二，外部因素的调节作用。从表6-4的整体上可看出，两大因素对民主管理的调节作用比参与管理的调节作用强。这说明，民主管理更容易受到外部因素的影响，而外部社会制度设计一般不会去约束企业的参与管理行为。具体地，首先，劳动力市场在组织因素对企业实施民主参与管理的作用不明显，H6-4没有得到很好的支持。其次，公民参与对信息共享没有良好的调节作用，但对决策参与、责任关怀与人文关怀等方面有一定的调节作用，如公民参与弱化了组织结构与组织气氛对企业实施民主参与管理的作用，特别是组织气氛对企业实施决策参与、责任关怀与人文关怀方面均产生了负向的调节作用。可见，社会的公民参与气氛可能会导致企业的组织气氛对企业的民主参与管理产生负面的作用，这可能与家族企业的是否实施民主参与管理的独立有关，因此，H6-5总体上得到支持。

另外，海峡两岸企业民主参与管理差异显著。在四个模型回归过程中，发现区域社会经济因素对企业实施民主参与管理有一定的影响。借助于SPSS软件的参数检验，独立样本检验结果列在表6-5；从表6-5可知，均值比较结果显示，港澳台民主参与管理比大陆要好，但方差检验说明，两岸四地家族企业在民主参与管理的第四个因素，即人文关怀存在异方差；而责任关怀只有在10%的区间内异方差显著，但T检验也不显著；另外两维度，即参与方面，两岸的表现不存在差异。因此，可以认为，两岸家族企业在民主方面存在差异，港澳台企业民主管理比内地得分高；但在参与管理方面，差异不显著。世界各地民主参与管理存在差异，虽然海峡两岸在文化上是同根同源的，但近百年来的不同发展模式已经造就企业管理风格的差异。但从T检验的显著性也可知，在社会民主化程度的影响下，港澳台企业更关注责任关怀与人文关怀。

表 6-5 变量描述与独立样本 T 检验

变量	均值		方差检验			均值检验	
			零假设	F	Sig.	T	Sig.(2-tailed)
参与因素1（信息共享）	大陆	3.817	方差相等假设	0.294	0.588	0.914	0.361
	港澳台	4.162	方差不相等假设			0.882	0.379
参与因素2（决策参与）	大陆	3.700	方差相等假设	0.385	0.535	-3.581	0.000
	港澳台	3.781	方差不相等假设			-3.731	0.000
民主因素1（责任关怀）	大陆	3.685	方差相等假设	3.127	0.078	-0.461	0.645
	港澳台	4.142	方差不相等假设			-0.433	0.666
民主因素2（人文关怀）	大陆	3.301	方差相等假设	8.315	0.004	-5.145	0.000
	港澳台	3.536	方差不相等假设			-5.735	0.000

四 结论与讨论

在整合了人力资源管理（HRM）与劳动关系（IR）两个领域对工作场所民主参与管理的研究的基础上，结合前期基于中国情境的扎根研究并提出"民主参与管理"构念及其测量量表，本章借助于相关成熟问卷以及海峡两岸的经验数据，综合考虑企业内外部因素对企业民主参与管理的影响。

根据 Glew 等（1995）的研究，当企业提出参与管理动议或项目后，为什么不被执行并取得成效。基于海峡两岸实证结果，我们认为，企业内部的因素是关键，组织应着力于内部结构与气氛等的改善，来提升决策参与度与组织绩效。

外部社会管理政策方面，与理论假设相反，劳动力市场与社会民主意识弱化了组织结构与组织气氛对企业实施民主参与管理的作用。这也许可以解释，中国六部委颁布的《企业民主管理规定》为什么没有引起理论与实践界的重视，不被企业所践行。因为，内地家族企业内部缺乏相应的组织设计与民主氛围，而外部的劳动力市场与民主意识只是一种外在的软约束，在实际操作过程中，企业缺乏对民主参与管理的收益与风险评估的能力，就会选择民主参与管理的"替代品"，如关系投入等，而不选择民主参与管理模式。当然,外部社会也会促使企业通过扩大规模来作用于民主参与管理,但其中的作用也是有限的,一则是组织规模本身与企业民主参与管理行为间的关系不明显;二则是曲线关系的调节作用较为复杂,数据显示,外部因素较难通过组织规模来实现对民主参与管理产生作用。总之,在企业实施民主参与管理的过程中,家族企业的内外部因素相对割裂,但外因发挥作用必须通过内因来实现的原理再次得以强调,外部社会管理制度设计必须要充分重视企业的实际情况。

第七章 价值性分析：民主参与管理的人本绩效

上一章通过实证说明，组织因素导致中国企业实施民主参与管理本身的动力不足。现实中，有些企业实施民主参与管理，希望员工积极参与其中，然而有些制度设计并未得到员工的积极响应。作为一项有利于提升员工利益的制度，为什么无法得到员工的鼎力支持呢？这需要分析员工在工作场所的需求与工作价值取向。从工作价值取向角度，田喜洲等（2013）认为，我国情境下的工作价值取向包括谋生取向、职业取向与呼唤取向三个维度。从人本发展的角度看，按照需要理论，员工在工作过程中期望得到能力的开发与发展，工作条件的舒适性和安全性、相对独立性，工作地位等。具体包括工作环境舒适、工作时间规律、安全性高；在组织中承担独立且责任重大的工作、受人尊敬、能够管理他人并有机会参与高层管理、薪酬提升空间大等；以及工作内容和方式的多样性、能够激发自身潜力、组织氛围融洽、从事工作的利他性等。

第四章的扎根分析结论显示，在中华情境下，民主参与管理本身综合了行为与民主价值的构念。如果企业实施了民主参与管理行为，能否实现员工的上述需要，特别是民主的价值目标？对此，本章将进行进一步分析。

一 价值性：从政治民主目标到工业民主目标

近代西方民主理论，主要有两大流派，其一是共和主义取向的，直接民主、参与民主理论等均属此类，主张对于公共事务由公司直接介入进行决策，这是民主制的"原型"，渊源于古雅典的直接民主理论，代表人物包括卢梭（Rousseau）、科尔（GDH. Cole）、佩特曼（Pateman）、巴伯（B. Barber）等；其二是自由主义取向的，或称代议制民主理论，主张由选举阁下的官员在严格界定的地域内先例权利以代表公司的利益或主张并坚持法治，代表人物包括熊彼特（Schumpeter）、萨托利（G. Satori）、密尔（JS. Mill）、达尔（RA. Dahl）、亨廷顿（Huntington·Samuel）等。

这两大流派对民主的目标及其实现（民主化）有不同的理解，参与式民主认为民主的基本价值在于负责、妥协、个体的自由发展、人类的平等；而代议制民主则强调"选举"+"公民权利"的实现。著名民主理论家戴蒙德（2005）提出了民主的评估问题，包括八个维度：法治、参与、竞争、纵向问责、横向问责、自由、平等、回应。其中，民主的核心价值目标是什么？对于民主的内在价值，古典民主（城邦制）强调全民参与。霍布斯、洛克的自然法理论则认为，人在自然状态下，是天然平等、自由的，因此自由和平等是人类本性的要求，平等是自由的前提，自由是平等的目标。但自由主义关心的是权力的限度问题，而民主关心的是谁获取权力的问题。自由主义的标准体系内，过分追求全民参与，特别是像中国这样的大国，极易走向另一个极端，即多数暴政，反而将践踏个人自由，为此，需要一个提供平等参与的机制，政治因此产生。经典自由主义因此认为，现代民主只能是代议制。因此，民主变成一种实现平等的制度，其终极目标在于实现自由。对此，佩特曼（1970）认为，要恢复古典民主，民主的实质就在于公民参与，并且提出了公民参与的实践应当由经济领域开始，并逐步向政治领域扩展，以实现真正的民主化。

可见，民主化的目标在于实现社会的公平与法治，以及人类的自由与平等。而对于工作场所的民主，也要符合民主的契约、平等、自由三大核心价值。

分析员工的民主参与收益问题，首先需要厘清员工参与的程度。科格斯（Cox）等2009年提出了员工参与的嵌入（embeddedness）问题，即广度与深度问题。广度就是参与的具体形式，深度则是指员工参与的卷入度（involvement）以及员工在执行过程中的联系程度。这一思想根源于早期衡量不同参与形式的影响程度与功能。如佩特曼（1970）认为工业民主可以包含三个层次，一是部分参与，"双方或多方在决策过程互相影响，但最终的决策权只在其中的一方";二是充分参与,"决策整体中的每一个成员平等地享有决定政策结果的权力的过程";三是权威结构民主化,即管理者是由企业中所有员工选举产生的,并且是可以罢免的。而对于这三个层次的参与民主的效果如何,佩特曼(1970)之后的观点可以概括为如图7-1所示模型:

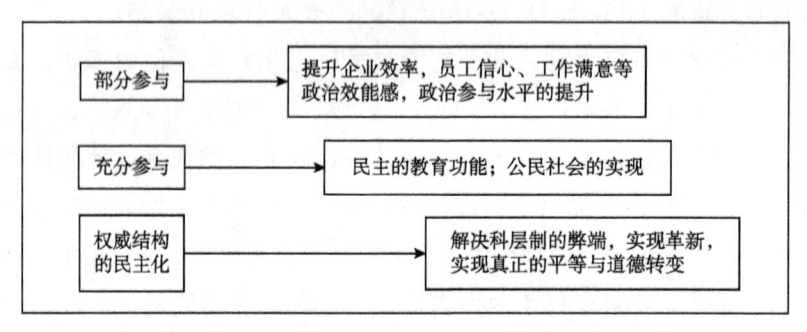

```
部分参与        →    提升企业效率,员工信心、工作满意等
                     政治效能感,政治参与水平的提升

充分参与        →    民主的教育功能;公民社会的实现

权威结构        →    解决科层制的弊端,实现革新,
的民主化              实现真正的平等与道德转变
```

图7-1 佩特曼的民主与参与分析(作者整理)

但是,通过对三个民主化的例子分析后,佩特曼(1970)认为,在工业领域要进行第三种的民主是不可能的。对于这些复杂情境的探讨,有利于揭示如何实现各种层次的民主问题。在工作场所,如何实现高层次的参与如权威结构的民主化,需要厘清政府、企业、商会、NGO(包括 ILO 等国际组织)、社会文化等复杂因素。李汉林(2010)基于中国情境,分析了如何实现组织团结这一效率的三大因素,即政府、工会与商会/协会等企业外部三方机制的力量。

如何衡量员工的参与程度,加芙妮(Gaffney,2005)提出了如何衡量某种参与形式的有效性问题,从代议制的角度,提出衡量员工参与程度的五个测量维度:a. 代表的组成与来源;b. 代表的独立性;c. 代表的代表性;d. 代表的专业化水平(受训练没?);e. 代表的责任心。

其次,民主参与的价值性问题表现在哪些方面,即员工可能在哪些方面收益?相关研究涉及员工参与的结果主要表现在:改进职业安全与健康,降低工作压力,提高工作满意度和改进工作生活平衡等。第一,职业安全与健康的测量主要是通过工厂的生产事故或伤害来衡量,当然也有学者提出,职业安全与健康还应当包括精神方面的元素(Bohle & Quinlan,2004)。第二,压力降低与工作满意度,主要来源于员工的工作自主性,员工参与意味着员工可以"控制"工作,当他们执行任务时能够自己做主工作时间与工作方式,降低疲劳与压力(Macky & Boxall, 2008),提升满意度。工作满意度虽然是企业管理过程中为了实现组织承诺与降低离职率的一个研究范式,但它终究还是有益于员工的。第三,工作生活平衡有相关文献涉及直接参与与间接参与。如工会通过集体协议、提升员工对公司政策的意识、推动公司重视工作生活平衡的预案等来实现员工的工作生活平衡(Budd & Mumford, 2004),相关研究证实工作兴趣与参与有利于实现员工的工作生活平衡(Berg, Kalleberg & Appelbaum, 2004)。

上述相关因素之间的关系,主要理论基础是卡拉塞克(Karasek, 1979)提出的需求控制模型,后来发展成为工作需求控制支持模型(The job demand-control-support, JDCS),该模型(简称JDC)包括工作环境中两个重要变量:工作需求和工作控制。工作需求主要涉及时间压力和角色冲突两个方面,工作控制指个体对工作控制的程度,主要有技能多样性和决策权力两个维度。如图7-2所示:

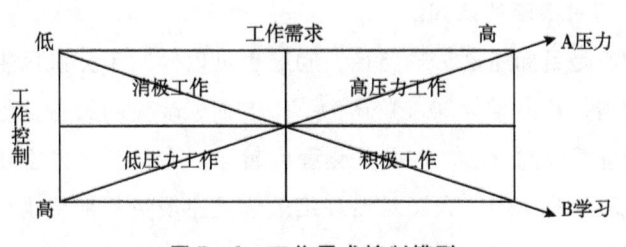

图7-2 工作需求控制模型

图7-2中表示,根据对角线A,压力会随着工作需求的增加而增加,由此得出"压力假设"。压力假设具体表现为:高度压力(高需求、低控制)工作下的员工最有可能会产生生理和心理问题,且工作需求、工作控制各自具有明显的直接效应。根据对角线B,如果个体的控制或技能可以适应工作需求带来的挑战,则可以胜任工作,由此得出"学习假设",即高需求的工作如果伴随高控制,则可以增加员工的学习、激励和个人发展。相反,低需求的工作如果伴随低控制,则形成一种"习得无助"局面,会严重影响员工的工作积极性。

在工作需求控制支持模型的基础上,Vanroelen等2010年把其中的控制变量进行丰富，从传统的任务与工作自主性方面延伸到工作的生理因素，如重物与有毒物质、其他压力因素包括加班时间与不规则的工时制。这一模型就延伸了工作满意、工作压力与工作需求控制模型，包含了社会支持与工作生活平衡的因素。

总之，在实现民主的过程中，对于员工来说，民主的价值在于实现员工的自由平等权利。结合扎根研究，在中华情境下，具体来说，自由需要话语权来保障，平等则需要程序公平，契约等需要员工对企业管理决策的参与控制。三者之间的关系如何？根据韦伯夫妇（1897）的最初设计，工业民主代表着从工业基层民主到宏观政治民主在内的完整制度规划。但后来有关工业民主的理论与实践普遍放弃了韦伯夫妇（1897）设计的上层建筑，工业民主越来越被限制在工厂和企业内部。在企业组织内部，如何实现工业自由、平等的工人权利，以及契约精神；民主本身是作为一种目标，还是一种治理路径；厘清民主是一种目标还是路径，首先需要对民主理论作一番分析。值得庆幸的是，近年来，通过民主理论的研究，对这一问题有了相对清晰的认知。

民主到底是目标还是治理路径，问题也可以等同于分清民主的内在价值与工具价值，徐斯勤（2011）认为，一方面，政体的民主化程度会影响人民对于治理绩效的看法，在民主化程度越深，人民对"民主政治"价值的信念越强烈的政体中，人民对治理绩效或民主质量的期待也越高，评价越严。另一方面，治理绩效会影响"民主政体"的正当性，人民对"民主"支持的程度，取决于公民是否感知到的"民主"的政治机构提供可接受程度的"民主"，以及感知到"民主"的运作能产生良善的治理。总之，民主所要实现的内在价值，与民主的绩效之间是相互影响相互作用的，存在双向因果的影响关系。这一理念，同样可适用于工作场所。许多肯定民主本身为目的的人，常常主张民主不应只是一种安排政治权力的制度，还应是一种生活方式，根据这个观点，应该把政治领域里的民主精神（平等、参与、自主、多数决策等）扩大到各种政治以外的领域，如经济、文化、社会等领域，民主不单纯是如何安排公共权力的问题，更重要的是，它与人们的人生态度、生活方式、生存状态息息相关（周光辉，1999）。

总之，只要存在企业组织，就必然存在对企业组织的管理，由此衍生出来的权力的运用及分享权力资源等问题。劳资之间的力量对比决定着员工在多大程度上分享企业的利益,分享企业内部的权力资源。从工业民主角度看,工业民主恰恰是企业内部的这样一种权力和利益的分配机制。可见,在企业内部,劳动关系要民主化,也需要好的民主治理绩效,要提升民主治理绩效,需要一定的民主化程度,而员工的民主内在价值是关键变量。从实证的角度看,民主的价值是一个多维的目标体系,民主参与管理是一种合工具性的价值范畴。

二 理论模型与假设

企业实施民主参与管理,员工与企业都可能从中获益,对于员工来说,可能会实现自身内在的需要以及想要达到的目标(Super,1970),或者满足了其内在的动机,员工在工作过程中,其动机是希望通过参与工作过程而获得满意的结果(Brown,2002),这就是基于员工角度的民主参与管理的价值性特征。这种满意的结果可能包括,员工所感知到的个人权利与工作成长环境等主要人本绩效。Knudsen 等(2011)基于丹麦工作场所的案例分析,论证了与高参与相伴随的是高质量的工作环境。同时,良好的工作环境与高自主性都有利于员工的成长。基于此,我们提出了本章的第一个假设:

H7-1:企业民主参与管理对人本绩效有正向的预测作用。

民主参与管理能够实现员工成长,主要是因为员工在工作过程中具有自主权。台湾的韩志翔等(Han, et al., 2010)基于儒家的"仁义"思想,认为员工决策参与有利于提升员工的人性化需求,使员工在精神上产生对组织拥有或控制的感知,提升了员工在工作场所的团队与认知一致感等良好的心理体验,这一过程也是借助于发言权机制来实现员工的心理所有权(psychological ownership)。因决策参与有利于提升员工的自主性,自主性体现在员工对企业的心理所有权,而这种心理所有权需要发言权机制,使员工在工作过程中更为主动。同时,信息共享加强了员工对企业信息的掌握,也为发言权的实现提供必要的信息基础;员工还可以通过工会等来实现发言权,比如工会通过投票等实现对企业管理决策的参与,促使管理者提升员工的工作环境,实现关怀管理,这种间接的参与也有利于提升员工对组织的话语权等控制能力。

另外，员工的发言权是员工工作环境与成长的有效途径或保障。如企业责任关怀下的工作保障等，能够实现员工的归属感与组织承诺，以实现员工目标、价值与成功。在中国文化的情境下，因为"诚信公司"的伦理责任促成了员工们对公司更大的忠诚和创造力，中国制造业企业通过实施基于社会责任的人力资源管理来实现组织认同，国内企业意识到发言权机制的多元性，一方面员工的建言行为有利于提高组织对自己的绩效评价，促成一致性；另一方面，通过发言权，满足了员工表达意见、发泄不满的自由与需求，这种保障员工发言权的管理制度有利于提高个体对价值的感知。Bendersky（2003）基于多元论的观点，认为劳资之间的民主参与等合作伙伴管理实践，有利于提升员工的话语权与控制权，有利于实现员工的权利，因此员工将实现与组织共同成长。可见，发言权等在民主参与管理与员工成长间存在中介效应。除了直接参与外，间接参与的发言权中介效应更为明显，Annette（2011）认为，工会、工作委员会等员工集体发言权机制有利于实现员工的权利，包括知情权、协议权与人权在内的员工权利的实现最终将有利于提升员工对组织价值的感知，这种关联在德国表现得更为明显。我们认为，中国家族企业的民主参与管理可以通过员工感知到的言论自由与权益保障程度来实现员工成长，是通过发言权来强化其"人际"或"人本"的管理理念，即发言权在民主参与管理与人本化间存在中介效应。由此，本章提出第二个假设：

H7-2：发言权在企业民主参与管理与人本绩效间存在中介作用。

本章研究的理论模型与假设关系如图7-3所示。

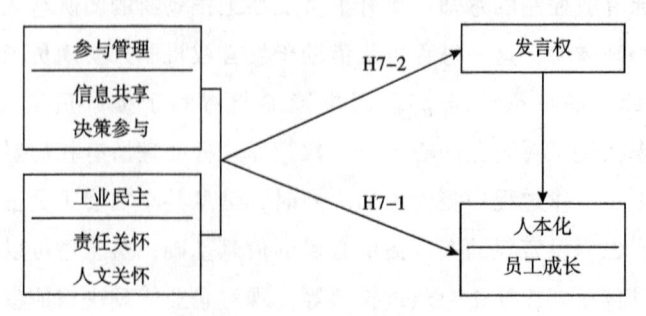

图7-3 研究理论模型与假设

三 变量、数据与方法

(一) 变量与测量

1. 民主参与管理

第五章的量表开发已经证明备用模型的量表有较好的信度（α = 0.947），本章将采用备用模型，即四维度模型。

2. 民主的内在价值

民主的内在价值包括自由、自治、平等、正义等，从民主参与的结构模型（图3-2）可知，民主的价值性体现在人本化与组织公平公正气氛等。其中人本化方面，李志等（2008）把人本管理的内容分为三个方面，即满足员工物质、情感与发展需要。基于扎根分析与本章的研究对象，我们认为员工具体可以从发言权、员工成长两个方面受益。

(1) 发言权（Voice）

关于发言权，巴德（Budd, 2004）认为它是在决策中提出有益见解的能力。但巴德把发言权的要素分为两个，一是工业民主，二是雇员决策。显然，其定义已经超出我们所要界定的范畴。基于这种视角的分析，相关理论研究认为发言权，不管是集体还是员工个体的发言权，对企业绩效将产生负面影响。基于人本管理，我们所要考察的发言权是，员工在企业政治、道德伦理、财产等方面具有一定的自主决策权，并得到相应的人性尊严。

发言权量表采用 Daly & Geyer（1994）有下属发言权量表，他们在研究员工对公司使用的公平程序感知，以及在制定哪些影响员工决策时所编制的员工发言权分量表。该量表评估了员工在决策最终被指定之前表达他们观点和对决策人的关注程度如何。发言权测量包括描述管理者在多大程度上提供足够的决策制定自由等四道题目。该量表的信度，a 系数为 0.77。结构方程模型分析显示，分配公平、程序公平和发言权之间的作用是相互独立的。程序公平与留职意图、分配公平和发言权正相关。Daly & Geyer 研究时所采用的发言权题目是：(1) 人们和我一样都参与到改革决策的制定中；(2) 管理者在制定迁移决策之前没有给我一个表达自己观点的机会（R：反向测量）；(3) 组织在制定迁移决策之前没有倾听我的观点；（4）管理者在制定迁移决策之前询问了我对此的想法。吴小云（2010）把上述测量发言权的题目由管理层制定迁移决策扩展到一般决策，还将反向题目改为正向题目，调整后形成的量表是：（1）人们和我一样都参与到决策的制定中；（2）领导在制定决策之前给我一个表达自己观点的机会；（3）领导在制定决策之前倾听了我的想法；（4）我的工作对我来说非常重要。但结果显示，发言权与过程公平及程序公平间相关性显著。

借鉴巴德关于发言权的要素维度分析，以及李志（2008）、吴小云（2010）的研究成果，共 18 个题项，a 系数值在 0.78~0.89 之间，其中因子载荷在 0.4 以上的有 15 项。我们把发言权界定为以下三方面的内容：a. 我的经济利益在公司里能够得到有效的保障；b. 我在公司里有表达观点的机会，上级在制定决策之前倾听了我的想法；c. 我的人格在公司里能够得到重视与尊重。

（2）员工成长

员工成长分析，主要是基于需求成长比较分析，梁镇（2009）认为，普通员工的成长主要是技能的提高，中外知识型员工的主要需求因素在次序上虽然存在一些差异，主要集中在薪酬、个人发展、工作成就、工作自主四个方面的因素。翁清雄，席酉民（2011）更侧重于员工的职业成长，认为员工在企业的成长其实就是职业的成长，并通过质性研究，认为主要由四个维度构成，即职业目标进展、职业能力发展、晋升速度和报酬增长，共 15 个题项。综合这两大研究，以及前文关于发言权的指标，本书把员工成长界定在能力发展与晋升、工作成就、工作自主四个题项。a. 目前的工作使我获得了与工作相关的技能与素质，为我提供了较好的发展机会；b. 目前的工作与我的职业理想目标相关，使我有能力与上级或权威进行对话；c. 目前的工作是我较感兴趣的职业，为我创造力的发挥提供必要的空间；d. 目前的工作比较自由，能自主地安排时间，实现工作与生活的平衡。

上述连续性变量均采用利克特六点制量表形式。为了检验量表的可靠性，借鉴第五章的实证分析结果，借助于 SPSS 软件对 94 份预调研问卷进行信度检验与因子分析，结果比较理想。表 7-1 显示该量表作为整体测量工具有一定的可行性。

表 7-1 量表内容与信度

指标	民主参与管理				人本绩效	
	信息共享	决策参与	责任关怀	人文关怀	发言权	员工成长
a 值	0.911	0.931	0.797	0.886	0.840	0.861
题项数	8	7	4	6	3	4

（二）数据与方法

利用 SPSS 软件，对前文的大规模调研（N=469）数据进行分析，把民主参与管理的四个维度作为自变量，把人本化作为因变量，并分析发言权的中介效应，以检验假设模型。

四 数据分析与假设验证

1. 相关性分析

借助 AMOS 软件，通过验证性因子分析，分析测量模型内变量间的区别效度，结果显示，六因素模型全模型即民主参与四因子、发言权与员工成长，χ^2（353）=1041.602，$p<0.001$，GFI=0.865，RMR=0.086，CFI=0.931，RMSEA=0.065，与五因素模型，即去掉信息共享后，χ^2（192）=600.608，$p<0.001$，GFI=0.861，RMR=0.087，CFI=0.945，RMSEA=0.067，在模型拟合上均被认可，比其他模型的拟合效果要好，因此，我们将采用有显著效度的六因素模型或五因素模型作为后续研究的基本模型。

表 7-2 披露了相关变量间的相关系数。如表所示，民主参与各维度与发言权、员工成长之间的相关性均为正相关（$p<0.01$），这与我们的预想一致，可以进一步进行统计分析以检验变量之间的相互关系。

表 7-2 变量的相关关系

	1	2	3	4	5
信息共享	—	—	—	—	—
决策参与	0.611**	—	—	—	—
责任关怀	0.616**	0.598**	—	—	—
人文关怀	0.707**	0.665**	0.769**	—	—
发言权	0.690**	0.772**	0.757**	0.779**	—
员工成长	0.593**	0.648**	0.842**	0.338**	0.865**

注：** 代表 $p<0.01$，N=469。

2. 模型的拟合效应与假设检验

经过不断的实验调试，结果显示，信息共享与中介变量或结果变量间不存在直接的路径关系，而民主参与管理的其他三维度与结果变量均存在一定的关系，即五因素模型更为可靠。Amos 软件统计的结构方程模型拟合优度分析结果显示，$\chi^2/df = 2.963$，介于 $2.0 \sim 5.0$ 之间，GFI = 0.900，CFI = 0.949，均达到 0.9 的良好水平，RMSEA = 0.064，小于 0.08 的可适配标准。因此，理论模型与样本数据可以适配。具体变量之间的关系结果列在图 7-4。

从图 7-4 可知，企业的人文关怀对发言权没有直接的作用效应，但对员工成长有直接效应，即发言权在人文关怀与员工成长之间不存在中介效应；决策参与与责任关怀与员工成长之间不存在直接的作用，必须通过发言权来实现，即发言权在责任关怀、决策参与与员工成长间存在完全的中介效应。因此，H7-1、H7-2 均得到部分的支持。

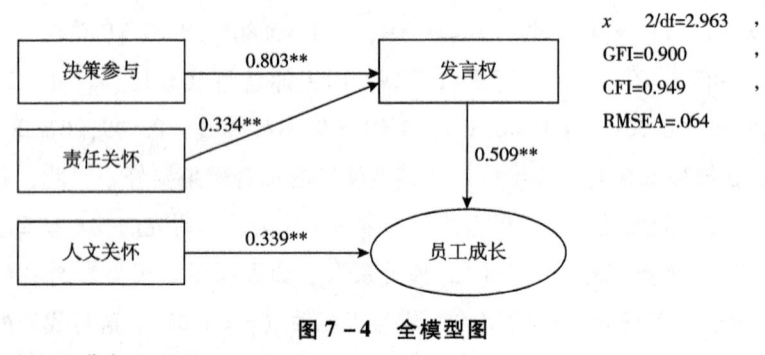

图 7-4 全模型图

注：** 代表 $p < 0.001$。

五 结论

基于海峡两岸的家族企业，本章综合研究了民主参与管理的人本绩效及其实现机制。结果显示，家族企业实施信息共享，不能提升员工的人本绩效；而民主参与的其余三个维度都有助于提升人本绩效，决策参与、责任关怀通过发言权中介机制有助于员工的成长；人文关怀不需要中介机制，企业通过人文关怀可直接作用于员工的成长。

从价值性的角度看，对于关注于员工成长的企业来说，人文关怀管理可直接作用于员工的成长,这也是大量企业为了提升企业的人力资源竞争力实施的管理策略,另外,责任关怀与决策参与也可间接地促进员工成长,这种间接作用主要体现在员工实现了对企业的一定程度控制权所产生的,或者是因为员工感知到自身权利得到保护而产生的美好体验;对于员工或外部社会来说,促使企业实践民主参与管理,主要是落实企业的责任关怀、决策参与与人文关怀等实践。

总之,民主参与管理对员工来说,本身是一种价值性活动,通过这种活动,员工还可以借助于话语权等,实现自身内在的动机,如可以实现工作环境改善,实现自我成长。因此,民主参与管理是一项有利于员工成长的好的管理制度。

第八章 工具性分析：民主参与管理的组织绩效

第六章的实证说明，因为管理效率是企业实施民主参与管理的最直接动因。那么，企业实践民主参与管理的具体效率如何呢？在分析民主参与管理的人本价值后，本章将进一步分析民主参与的管理价值，即民主参与管理的组织绩效功能。

一 工具性：民主参与的管理价值

企业的目标在于实现利润最大化，企业所有的管理实践都应当服务于此，即保护资本收益最大化和企业运营效率的提升。理论上，一直以来，参与管理被认为有利于组织绩效，特别是有利于提升效率与财务绩效。因此员工参与经常被认为是增进组织目标的工具，具体的目标包括员工合作行为、认可管理决策（Baptiste，2008；Heller，2003；Donaghey，et al.，2012）；获取员工信息（Donaghey et al.，2012）；增进职业安全与健康（Eaton & ocerino，2000；Gunningham，2008；Markey & Patmore，2011；Sorensen et al.，2009）；建立员工对组织目标的认同（Taras & Kaufman，2006）；通过提升员工知识与技能实现效率的提高（Dundon & Gollan，2007）。结合上一章的分析，具体的民主参与管理的结果及其分类见表 8-1。

表 8-1 民主参与的员工与组织目标

参与形式	主要利益	相关利益
员工及其工会组织	影响力	由于影响力而获得的相关收益，如满意度、工作环境的改善等
雇主与企业	高绩效	缓和冲突；有利于组织目标实现的员工积极性与组织承诺；可持续发展等
社会	社会和谐	缓和社会冲突，经济增长

在具体的实践方式及其理论研究方面，Richard 等（1980）通过实例论证了员工参与比奖金计划更能提升企业的劳动生产率；此后，更多的学者围绕合作计划、参与决策（Cotton, et al. 1988）、产品质量（Cooke, 1992）、员工满意度（wagner, 1994）等形式与因素论证了员工参与的积极作用，因为员工参与可以降低员工流失率、改善工作气氛、实现员工的组织承诺，从而提升企业绩效关系（Guthrie, 2001; Batt, 2002）。这些研究主要从人力资源的角度来论证。如高绩效工作系统、战略人力资源管理等。

从长远角度看，组织的获益更重要的是来自组织的可持续发展。Arthur 与 Aiman – Smith（2001）在借助 1930 年代的斯坎伦计划的分析范式基础上，分析了"利润分享"这一独特的参与项目的组织成效。当然，他们的分析是序贯性的分析，通过考察对一个大型制造工厂的员工建议在一个纵向时间段内对组织学习影响，结果发现：基于"一级学习"（那些常规化、渐进性和以现状为导向的学习）所提出的建议开始的时候比较多，但随着时间的流逝逐渐减少；而那些与"二级学习"（以开发新的思考和行为模式为导向的学习）相吻合的建议随着时间的流逝却日渐盛行。总之，员工参与对组织学习特别是"二级学习"等组织变革的影响是越来越显著的。

实施民主参与的企业一般具有战略性。企业成功实践实施民主参与管理的原因是什么？是不是只有战略思维的企业，才具有这种能力？这种战略可能是基于外部压力，如外部的劳动力市场或民主法制社会发展的要求。当然，也有可能是组织的战略绩效，如由于企业实践后的组织绩效提升的缘故。理论上，在 Glew（1995）、Parnell（1992）等所总结的相关因素中，组织绩效是企业实施民主参与管理的首要因素。那么，中国情境下，民主参与管理是否可以提供企业的绩效呢？企业成功实践民主参与，还需要相应的执行环境，需要企业管理层与员工的全面配合。员工为什么要参与民主参与呢？组织绩效引导、上级指令、个人发展还是其他因素？进一步地，组织绩效是否有利于组织发展？具体作用路径与机制是什么？本书借助于实证的数据，试图回答以下两个问题：（1）民主参与管理与组织绩效的直接关系？（2）民主参与管理与民主价值间的中介机制如何？

这些问题的研究与解答，有利于揭示民主参与管理对组织绩效与劳资和谐目标的作用路径与机理，进一步厘清工具性与价值性，提升企业的实践动力，具有一定的理论与实践意义。

二　理论模型与假设

从组织的角度上，民主参与之所以能够实现高绩效，主要在于通过员工参与能够使员工与管理层之间达成一种共同目标，使员工更易于接受公司的管理决策。因为，共同目标同时意味着增进沟通交流、减少冲突、更多合作（Gollan, 2006; Markey & Patmore, 2009; Taksa, 2009）。塔拉斯与卡夫曼（2006）认为，共同目标能够在工作场所创造一个能够促进公司成功的员工联盟（Taras & Kaufman, 2006）。相关理论研究说明，通过参与管理实现共同目标与创建员工合作团队将有利于加强公司面对变迁时的员工追随与支持，获取决策过程中的更多合法性基础，保证更强的组织承诺（Baptiste, 2008; Butler, 2005; Gollan, 2006; Taksa, 2009; Taras & Kaufman, 2006）。在盎格鲁-撒克逊国家，员工参与还可以减少员工对工会的需要，实现"工会规避"（union avoidance, Taras & Kaufman, 2006）。实证上，对于组织来说，员工民主参与有利于提升组织目标，如高绩效工作系统或高参与工作系统，主要涉及组织目标与如何有效利用人力资源（Black & Lynch, 2001; Theriou & Chatzoglou, 2014）。相关研究显示，高绩效工作系统对于提升工作满意度或员工对工作的控制方面有一定的作用（Macky & Boxall, 2008）。

在国内，胡建国（2006）等发现，建立工会对于提高工人的劳动报酬具有一定的影响。工会工人的教育收益率在不同教育水平上都要大于非工会工人。工龄对工会工人的年终工资影响是显著的，而对非工会工人的年终工资影响不显著。在建立工会与没有建立工会的企业中，职位差别对劳动报酬的影响存在差异。对于中国员工参与的效果，冯同庆（2005）的课题组研究成果认为，以工会与职代会为主的员工参与地位与作用不可或缺，在企业中取得一些实效。但这些作用的实现，有职工群众的原因，也有国有企业的传统（父爱主义），还有外企的作用。未来中国企业员工参与的希望在于职工群众民主训练的进一步发展，这一观点类似于佩特曼

(1970) 的民主的"教育"功能。他们还提到了员工与企业、政府的互动作用，其实就是公司的治理问题。

实证上，国内学者经常运用高参与工作系统（High Involvement WorkSystem）来表达员工参与对企业管理的作用。张一弛（2004）首先提出高参与工作系统在东方适用性问题。程德俊等（2006）论证了人力资本专用性在中国情境下的中介作用，即高参与工作系统通过人力资源专用性对企业绩效产生影响。随后，程德俊及其团队围绕高参与工作系统的作用机制进行跟踪研究，包括社会网络在企业变革中的作用（2006）、员工的信任（2010），以及社会资本的中介作用等（2011）。谢玉华等（2009，2010）也用实证分析湖南企业员工参与和员工忠诚度的关系。这些研究大都是针对制造业的非公经济进行调查，论证了高参与工作系统通过情感信任对组织创新绩效产生了积极影响。陈万思（2013）认为，参与式管理促进员工组织公平感提升，并有助于形成企业和谐劳资关系氛围，这一关系又受到代际关系的调节。从广义的员工参与来说，国内的实证研究还应该包括与高参与工作系统相关的高绩效工作系统、高承诺工作系统、最佳人力资源管理活动和弹性工作系统等范式。国内相关的实证研究，大多都认为二者之间存在正向的相关关系（范秀成、英格玛，2003；刘善仕、周巧笑，2005；常耀方，2007；王晓玲，2009；饶敏，2009；孙健敏、张明睿，2009；张徽燕等，2012）。基于此，我们提出了本章的第一个假设：

H8-1：企业民主参与管理对组织绩效有正向的预测作用。

民主参与管理能够提升组织绩效，主要是由于员工感知到的组织气氛，Harter 等（2002）研究了 HRM、员工参与以及事业部绩效之间的关系，结果表明员工参与度与顾客满意度、生产率、收益率、员工离职率、事故率等绩效指标显著相关，而人力资源政策的实施有助于改变组织的各项管理职能，提高员工参与度与组织绩效。Fulmer 等（2003）的研究表明，有效的人力资源政策有利于组织形成良好的员工关系氛围，有助于改善员工的工作动机，提高生产率，降低离职率，最终提高财务绩效。

另外，员工感知的组织公平气氛与工作压力等也能提升组织绩效。近年来医疗行业的实证研究，说明了员工压力与医疗质量间存在一些相关性

(Givan et al., 2013; Palmer & Eveline, 2012)。相关研究也论述了, 为了衡量组织的结果, 从收益与成本的角度来分析组织是有道理的, 但也需要从社会的角度, 以收益与成本来衡量员工参与的积极作用 (Fairris, 2002)。国内的相关研究表明, 高绩效工作系统是通过如社会交换或程序公平等的中介或调节来实现的。苗仁涛等 (2013) 的实证研究表明, 下属的程序公平感调节了高绩效工作系统对下属组织支持感和领导成员交换的影响; 进一步, 程序公平调节了领导成员交换对高绩效工作系统与组织公民行为关系的完全中介作用。因此, 公平的组织气氛具有工具性的功能。而基于民主参与的价值性角度, 我们认为公平的组织气氛也是参与实践的结果变量之一, 因为公平公正属于平等自由的范畴, 具有民主的内在价值性。由此, 本书提出第二个假设:

H8-2: 分配公平在企业民主参与管理与组织绩效间存在中介作用。

本研究的理论模型与假设关系如图 8-1 所示。

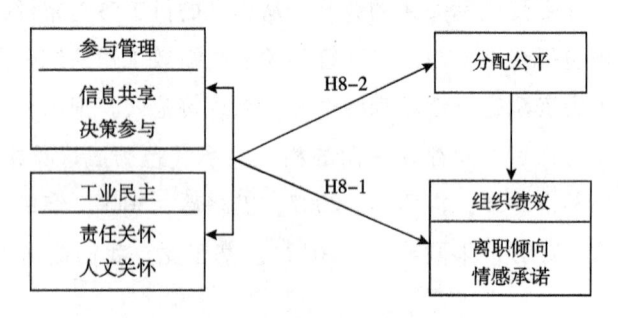

图 8-1 研究理论模型与假设

三 变量、数据与方法

(一) 变量与测量

1. 民主参与管理

第五章的量表开发已经证明备用模型的量表有较好的信度 (α = 0.947), 本章将采用备用模型, 即四维度模型。

2. 民主的管理价值

(1) 组织绩效

组织绩效以员工绩效来表示, 具体用情感承诺与离职倾向来衡量。

情感承诺采用 Allen & Meyer（1997）的 6 个项目量表（α=0.92），这个量表都被 Wu 等（2006）基于中国情境验证过。离职倾向采用 Wu 等（2006）中国版本的 Bluedorn's（1982）量表，包括 3 个题项（α=0.87）。

(2) 组织公平

组织公平是从个体认知衡量的公平与公正程度，其中最重要的是分配的公平。因此，本书的公平维度的测量，借鉴谢玉华团队 2010 年开发的与员工参与相关的公平维度的问卷，其公平也主要体现在薪酬公平方面，包括五个题项。即：a. 我感觉我的薪水在企业内部里是相当公平的；b. 与其他公司里相类似的工作相比，我认为我所得的薪水是公平的；c. 在公司，管理者一般能以一种公平的方式来下达指令；d. 在公司，我认为我的报酬水平能够反映我的责任与付出；e. 我认为近两年我工资和（或）奖金的增加幅度能够真实反映我的绩效表。

上述连续性变量均采用利克特六点制量表形式。为了检验量表的可靠性，借鉴第五章的实证分析结果，借助于 SPSS 软件对 94 份预调研问卷进行信度检验与因子分析，结果比较理想。表 8-2 显示该量表作为整体测量工具有一定的可行性。

表 8-2 量表内容与信度

指　标	民主参与管理				分配公平	情感承诺	离职倾向
	信息共享	决策参与	责任关怀	人文关怀			
α 值	0.911	0.931	0.797	0.886	0.906	0.931	0.863
题项数	8	7	4	6	5	6	3

(二) 数据与方法

利用前文的大规模调研（N=469），利用 SPSS 软件，把民主参与管理的四个维度作为自变量，把组织绩效作为因变量，并分析分配公平的中介效应，以检验假设模型。

四　数据分析与假设验证

1. 相关性分析

借助 AMOS 软件，通过验证性因子分析，分析测量模型内变量间的区别效度，结果显示，七因素模型全模型即民主参与四因子、分配公平、离职倾向与情感承诺，χ^2（564）= 1583.458，$p < 0.001$，GFI = 0.835，RMR = 0.083，CFI = 0.922，RMSEA = 0.062，比其他模型，如五因素模型，即把民主参与组合成两个变量，χ^2（186）= 600.608，$p < 0.001$，GFI = 0.801，RMR = 0.097，CFI = 0.845，RMSEA = 0.074，的拟合效果要好，因此，我们将采用有显著效度的七因素模型作为后续研究的基本模型。

表 8 - 3 披露了相关变量间的相关系数。如表所示，民主参与各维度与发言权、员工成长之间的相关性均为正相关（$p < 0.01$），这与我们的预想一致，可以进一步进行统计分析以检验变量之间的相互关系。

表 8 - 3　变量的相关关系

	1	2	3	4	5	6
信息共享	—	—	—	—		
决策参与	0.607**	—	—	—		
责任关怀	0.591**	0.732**	—	—		
人文关怀	0.703**	0.658**	0.769**	—		
分配公平	0.556**	0.638**	0.661**	0.860**		
离职倾向	-0.168*	-0.168**	-0.135**	-0.190**	-0.248**	
情感承诺	0.449**	0.574**	0.591**	0.789**	0.889**	-0.461**

注：* 代表 $p < 0.05$，** 代表 $p < 0.01$，N = 469。

2. 模型的拟合效应与假设检验

经过不断的实验调试，结果显示，除了人文关怀与情感承诺存在直接效应外，其他自变量与结果变量间均不存在直接效应，需要通过分配公平来中介。Amos 软件统计的结构方程模型拟合优度分析结果显示，χ^2/df = 2.294，介于 2.0~5.0 之间，GFI = 0.870，CFI = 0.945，均达到 0.85 的可接受水平，RMR = 0.079，小于 0.08 的可适配标准。因此，理论模型与样本数据可以适配。各变量之间的关系结果列在图 8 - 2。

从图 8 - 2 可知，除了信息共享外，民主参与管理的三大维度对结果变量间均存在正向的促进作用，说明实施民主参与管理可以提升企业的绩效。信息共享对企业的结果变量存在弱负向作用（β = -0.174，P = 0.016），因此，H8 - 1 得到部分的支持。上述的作用关系，需要通过分

```
信息共享 ──0.174*──→
决策参与 ──0.422**──→  分配公平  ──−0.225**──→ 离职倾向
责任关怀 ──0.238*──→
人文关怀 ──0.442**──→         ──0.624**──→ 情感承诺
         ──0.509**──────────────────────────→
```

$x^2/df=2.294$, $GFI=0.870$, $CFI=0.945$, $RMR=.079$

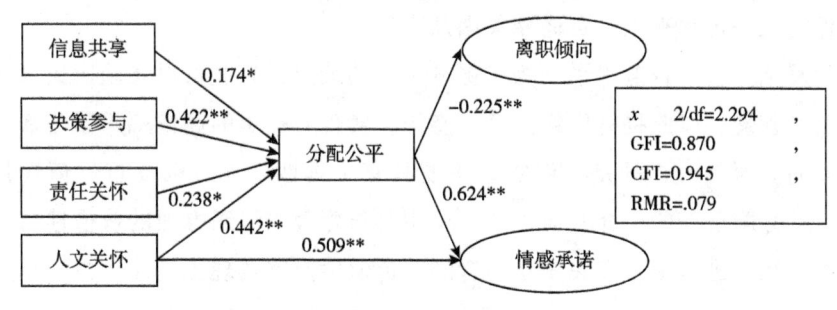

图 8-2 全模型图

注：** 代表 p < 0.01，* 代表 p < 0.05

配公平来中介，除了人文关怀对情感承诺有直接的作用关系外，其余三个变量与离职倾向或情感承诺的关系均需要通过分配公平来中介，即完全中介作用。因此，H8-2 均得到支持。

五　结论

文章通过实证分析，结果显示，家族企业实施信息共享，将对员工的情感承诺与低离职倾向产生负面的作用；而民主参与的其余三个维度，即决策参与、责任关怀与人文关怀都有助于提升组织绩效，其中，人文关怀对情感承诺有直接的促进作用，分配公平在民主参与管理四维度与组织绩效间存在中介作用。

民主参与管理的正向三个维度对组织绩效的正向作用显著，这与我们的理论模型与假设一致。然而，信息共享与组织绩效间存在负向的作用，这与我们的假设相反。其中可能是原因是，在家族企业内部，本书的组织绩效（离职倾向、情感承诺）是基于员工感知的员工绩效。当企业把组织信息让员工共享时，员工可能会不断地对信息的真实性进行揣测和验证，以此来判断企业的策略或管理者行为是否真实可信。因此，企业希望通过信息共享，提升管理效率，把信息共享等参与管理当作一种沟通的工具，而员工期望通过信息管理，全面了解企业的真实现状与运作流程等信息，希望它是一种信任制度（Kandathil，2007）。在家族企业内部，非家族成员对信息共享的感知程度往往较弱，他们感知到的信息共享程度较低，但是，他们对企业总体评价如公平性等，往往不会那么低，其绩效也会保持在一定水平上,负向相关因此产生。

　　总之,对于企业来说,为了提升员工的绩效,企业可以实施决策参与与关怀管理,以此提升组织的公平感知,实现对员工的高情感承诺与低离职倾向。值得一提的是,组织公平既具有工具性功能,也具有价值性特征。从分配公平的中介效应可知,民主参与管理在组织方面的价值性与工具性存在促进作用,即民主参与管理的价值性能够实现工具性,提升企业的管理价值。

第九章 价值性与工具性的统一

上两章通过实证分析，结果显示，企业实施民主参与管理，既能提升人本绩效等民主的内在价值，也能提升组织绩效等管理价值。然而，实证分析结果也显示，同样的民主参与管理维度，可能对人本绩效与组织绩效产生不同程度的影响，如决策参与对两大绩效的影响程度不同。关注视角的差异将导致民主参与管理实践的内在价值与管理价值之间不统一。企业的参与管理行为偏向于基于经济交易的工具性管理模式，而员工更需要基于社会交换的人本发展等内在价值。双方应当如何有效兼顾，统一于什么目标？这成为理论与实践争议的焦点，本章将就此进行深入分析。

一 民主参与管理的目标

前文的理论综述与实证分析表明，关于民主参与管理的目标，主要有三种观点，一是价值论，即基于员工视角的人本管理理念，认为民主参与短期有利于提升员工的积极性与组织绩效，长期由于发言权的实现将促进员工的成长；二是基于组织视角的工具论，把员工的民主建言过程当作公司治理策略，最终为了企业的变革与发展。相关研究论证员工参与组织绩效间的相关性（Caseyl, 1997; Thomas, 2004; Keith, 2005; Abdulkadir, 2012）；三是双向因果关系论，基于社会交换的双向视角以及研究的动态性，学者（徐斯勤，2011）认为政治民主的内在价值与治理绩效存在双向的因果关系。实证上，相关研究虽然以员工为视角的研究，但在强调人本与价值的同时，实证研究也论证了企业工作场所民主化管理与企业社会责任对组织效率的促进作用（Mackey et al., 2007; Jeffrey, 2012）。双向因果关系实质上是个体目标与组织目标的长期动态融合过程，是基于价值性与工具性统一的关系表现。

理论上，员工—组织关系理论（Employment Organization Relationship）认为员工与组织之间的交换包括社会交换和经济交换两种形式，但两大交换是互斥还是统一，国内外的理论研究也存在争议。现实中，企业支付工资时，关注的不仅仅是劳动的量，而是劳动的质，即员工的努力程度；员工在付出努力后，要求得到的也不仅仅是薪酬，他们更在意的是个人成就及评价与工作氛围等。员工—组织关系的理论研究已经突破员工视角的心理契约与组织视角的诱因—贡献模型，朝双向视角的方向发展（Tkleab，2003）。这对于解决 EOR 理论的核心难题，即劳资交易表面上的公平交易与实质上的心理预期双向不匹配提供了有益的指导。

双向视角的结论如果能够成立，将能大幅度提升企业管理与员工期望的匹配度。近年来 HR 研究主要表现在论证管理实践的组织绩效目标，但其本质是强调人本目标的，因为 HR 理论基础是以"人"为第一资源；同时，劳动关系管理也逐步转移到企业内部的管理策略研究。因此，两大思路研究有了融合的趋势，即主张价值性与工具性共存（Kaufman，2001）。但这只能说明理论的综合研究有其必要性与可行性，具体的理论模型构建尚处于探索阶段，特别是基于具体情境的哪些管理实践能够同时实现其价值性与工具性，还需要经验的数据来验证。需要特别指出的是，双向视角的研究结论一般需要基于序贯数据支持，需要从动态角度观测员工成长与组织绩效变化。如何从静态角度分析员工—组织关系的共同目标成为理论界一直关注的话题。从利益相关者理论，到企业社会责任理论，相关理论始终存在较大的争议。由于比较易于被企业接受，SV 正成为替代企业社会责任的新研究热点范式。

波特等（2011）论证了 SV 的定义，并分析了如何在价值链上创造 SV。Szmigin（2013）区分了经济与社会系统的目标差异与 SV 的实现障碍，他借助于斯密的"公正旁观者"与"同情"机制，试图论证企业与社会之间 SV 的形成机理。然而，在市场导向下，"同情"机制等道德劝说显得苍白，单方面的"示好"不利于共享价值观的形成。基于企业内部人力资源管理系统的企业文化建设成为共享价值观形成的有效途径，在施恩（1992）组织文化的三层次论基础上，Hatch（1993，2002）认为，价值观等组织文化需要经过前瞻性象征化（prospective symbolization）与回溯性象征化（retrospective symbolization）两个过程。实践上，以参与管理与团队建设等有利于组织认同的实现方式为企业所追捧，其中，团队建设具有 SV 的结果属性，参与管理侧重于前因变量，因此成为企业实现共享价值观的有效路径。从企业文化象征化的两个作用过程看，从民主参与到组织认同与共享价值观的作用机理中，SV 似乎存在的整合工具性与价值性的功能。同时，理论研究的分歧也需要 SV 这种基于终极目标构念的统一。然而，其中的具体机制如何，已有研究缺乏深入实证的探讨。

首先，本章试图从传统企业绩效理论的观点，论证工具性与价值性能否统一于组织短期目标。因为上一章的分析证实了民主参与在组织内部存在民主价值（公平）对管理价值（员工绩效）的促进作用，因此有必要进一步分析民主参与的其他内在价值（如发言权、成长）对组织绩效的作用。通过这种综合分析，试图进一步揭示民主参与管理的工具性与价值性之争，即以组织绩效为因变量，主要通过价值性与工具性的对比分析，比较分析民主参与管理实践与员工绩效间的中介效应（具体理论模型见图 9-1）。这是对第七、八章理论与实证研究的延续。

其次，本章主要内容在于跳出传统企业绩效理论，以 SV 为因变量，进一步分析 SV 目标内涵的统一效果。在比较分析价值性与工具性关系的基础上，分析中华情境下民主参与管理与 SV 的关系是工具性中介还是价值性中介，即民主参与实践是组织发展的策略，员工因此感知到组织的远大前景而产生连续承诺，并以组织价值观替代个体价值观；还是因为员工在民主参与过程中，被激发了主人翁意识而产生与组织一致的价值观。同时，还将分析从民主参与管理到 SV 的作用路径中，家族关系在其中的调节效应如何。通过对比分析，将揭示民主参与管理对人本目标、员工绩效目标，SV 目标的作用路径与机理，对于指导或引导企业的民主参与管理，提升组织绩效，实现人本目标，具有一定的理论与实践意义。也为家族企业实践民主参与管理提供一些经验数据，为家族企业如何实现人性化管理提供深入的思考与借鉴。

二 统一于组织绩效目标的实证分析

(一) 理论模型与假设

工具性理论模型在上一章已经提出并得到较好的数据支持。结合价值性，理论模型可能会出现新的复杂关系。从员工的角度看，员工感知获得发言权与成长，就会表现出积极的组织行为。因此，组织的员工绩效是人本化管理的目标。理论上，人性化的雇佣关系应当在雇主效率、员工公平和发言权之间寻求平衡，为了追求效率，企业除了通过赋予员工的公平感知外，还可以通过赋予员工发言权来实现。

赋予发言权不仅有利于员工成长，也有利于提升组织绩效。人本化管理是以调动和激发人的积极性和创造性为根本，而员工的积极组织行为除了受到员工个体特征的影响外，最重要的因素是工作设计与上下级关系，包括工作自主性、领导模式、同事互信合作关系等，这些因素又可以通过民主参与管理来实现。具体地，首先决策参与有利于提升员工的自主性，因为决策参与提升了员工的心理所有权，使员工与企业的联系更加紧密 (Masterson, 2003)，这种心理所有权是由于员工借助于决策中的发言权机制，来实现员工加大对企业的投入，并强化员工利他的意愿 (梁建，2009)。其次，信息共享加强了员工对企业信息的掌握，为发言权的实现提供必要的信息基础，而且信息共享还有助于提升员工对管理方的信任，如果员工感知到管理方透露信息的准确性，他将因此信任管理方，并表现出积极的组织行为。最后，除了直接参与外，间接参与的发言权中介效应更为明显，Annette (2011) 强调员工集体发言权等机制的作用，如德国 (Hübler, 2003)，而在亚洲，情况就不太一样了。一份基于亚太四国（日本、韩国、菲律宾与澳大利亚）的研究显示，亚太企业实施代表制主要是基于外部甚至是国外的跨国公司或组织压力，这与欧洲企业自发管理行为差异显著 (Raymond, 2006)。可见，亚太地区企业自发实施职工代表制以及承担员工的社会责任的动力不足。在国内，企业意识到发言权机制的多元性，也强调责任意识，通过保障员工发言权的管理制度来提高个体绩效。韩志翔等 (Han, et al., 2010) 的员工的心理所有权机制，使在中华文化下家族企业的管理方意识到，虽然有必要偏向于实施一些"法外"的基于人性的管理方式，但也会善于利用心理所有权等发言权机制，化解外部的雇佣压力，以实现组织高绩效。我们认为，中国家族企业的民主参与管理会提升员工的言论自由与权益保障感知，通过发言权来提升员工承诺与组织绩效，即实践人性化的发言权机制在企业实施民主参与管理与员工绩效间存在中介效应。除了第八章的两大假设（H8-1，H8-2）外，本章单独提出如下假设关系：

H9-1：发言权在企业民主参与管理与员工绩效间存在中介作用。

第6章通过实证分析发现，海峡两岸家族企业民主参与管理的动因存在一定的差异，那么，两岸家族企业在民主参与管理过程中的组织绩效是否也存在差异呢？通过两岸的数据，以地理因素作为调节变量（1=内地，0=港澳台），检验地理因素对两岸家族企业实施民主参与管理及其组织绩效的差异性。

H9-2：地理因素在民主参与管理与组织绩效间的关系存在调节效应。

结合第八章的理论模型，本章从综合的角度，提出综合性的模型，本章的理论模型与假设关系如图9-1所示。

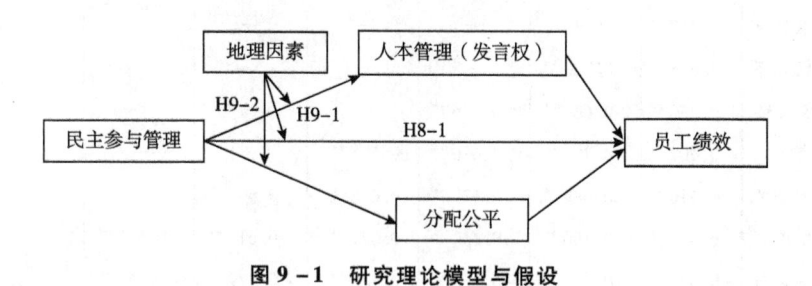

图9-1 研究理论模型与假设

（二）研究方法

数据量表参照上两章的结果。借助于Spss17.0软件与Amos17.0软件进行统计分析，首先进行信度分析与验证性因子分析，检验量表的信度与效度；然后，通过直接效应分析，再次检验假设H8-1；为了实现实证研究的互证，采用不同于第八章结构方程模型方法，而依据Baron & Kenny（1986）的三步骤分析思路，检验变量间的中介作用；再通过分组结构方程模型分析，对比海峡两岸的效应差异。

1. 效度分析

本研究使用Amos17.0软件对员工感知的量表五个构念进行验证性因子

分析。结果表明八因子模型（民主参与四维度、发言权、分配公平、情感承诺与离职倾向）拟合度最好（$\chi^2 = 493.5$，df = 113，$\chi^2/df = 4.365$，CFI = 0.936，GFI = 0.881，，RMSEA = 0.075）。而六因子模型（将民主二维度与参与二维度各合并为一个因子）的拟合指数较差（$\chi^2 = 644.4$，df = 116，$\chi^2/df = 5.552$，CFI = 0.924，GFI = 0.824，RMSEA = 0.088），五因子模型（将民主参与四维度合并为一个因子），软件无法运作，可见其拟合度较差。表明八个因子有较好的区分效度，因此采用八因子模型进行假设检验。

2. 相关性分析

由表 9 – 1 可知，七个变量与离职倾向的相关系数大多数为负（除信息共享与离职倾向不相关外），其余相关变量间均为正相关（p<0.01），这与我们的预想一致，可以进一步进行统计分析以检验变量之间的相互关系。

表 9 – 1　相关变量的均值、标准差及相关系数

	1	2	3	4	5	6	7
信息共享	—						
决策参与	0.707**	—					
责任关怀	0.645**	0.723**	—				
人文关怀	0.630**	0.667**	0.726**	—			
发言权	0.607**	0.735**	0.670**	0.575**	—		
分配公平	0.516**	0.648**	0.639**	0.646**	0.664**	—	
情感承诺	0.434**	0.560**	0.551**	0.571**	0.618**	0.668**	—
离职倾向	-0.073	-0.164**	-0.167**	-0.133**	-0.179**	-0.216**	-0.395**

注：** 代表 p<0.01，N=469。

（三）假设验证与结果

1. 假设检验

Amos 软件统计的结构方程模型结果列在表 9 – 2。首先从 M1 可知，除了信息共享外，民主参与的其他三大维度对员工绩效均有一定的促进作用。企业的决策参与与人文关怀管理行为，对员工的情感承诺有显著的正向预测作用，而责任关怀对员工的离职倾向有显著的负向预测作用，与第八章结果类似，再次支持了假设 H8 – 1。

其次，中介作用的检验则根据 Baron 的三个步骤的检验法进行：表

9-1、表9-2显示，①自变量（民主管理的四大维度）对中介变量（发言权和组织公正）之间显著相关，且有一定的预测作用（M2）；②除了信息共享外，自变量与因变量（情感承诺与离职倾向）之间相关性显著，且有一定的预测作用（M1）；③因变量对中介变量和自变量同时进入回归方程时，发言权（中介变量）对情感承诺有一定的促进作用，分配公平对情感承诺有促进作用，对离职倾向有显著的负向预测作用。而且当中介变量进入回归方程后，M3比M1的拟合效果更好，其中自变量对因变量的回归系数降低，从而证明了假设H9-1，也进一步验证了假设H8-2。

表9-2 结构方程模型比较

变量	直接作用模型：M1		M2		中介效应模型：M3	
	情感承诺	离职倾向	发言权	分配公平	情感承诺	离职倾向
信息共享	-0.174 (-1.954)	—	-0.084 (-1.448)		-0.083 (-1.332)	
决策参与	0.359*** (4.701)	—	0.468*** (3.594)		-0.084 (-0.905)	
责任关怀	—	-0.359** (-4.404)	0.661** (2.464)	0.867*** (5.488)	—	-0.018 (-0.093)
人文关怀	0.485** (7.437)	—		0.21** (2.074)	0.197** (3.028)	
发言权					0.241** (2.488)	
分配公平					0.491*** (6.690)	-0.332** (-2.371)
χ^2/df	2.982		2.819		2.798	
RMSEA	0.065		0.062		0.062	
NFI	0.901		0.908		0.906	
CFI	0.932		0.938		0.920	
NNFI	0.898		0.890		0.904	

注：** 代表 $p<0.01$，*** 代表 $p<0.001$，$N=469$。

中介效应模型中（M3），自变量与中介变量的影响作用仍然存在。首先，发言权的中介机制中，决策参与（$\beta=0.457$，$t=5.094$）与责任关怀

（β=0.702，t=5.203）对发言权的作用仍然存在，比直接作用模型（M2：β=0.468，t=3.594；β=0.661，t=2.464）有所增强。其次，在分配公平的机制中，信息共享由原来的不显著（β=0.084，t=1.448）变成负作用（β=-0.347，t=-3.674），责任关怀（β=0.833，t=8.343）对分配公平的作用也仍然显著存在，且有所加强。最后，人文关怀对员工绩效有直接效应，但不通过发言权或分配公平实现；信息共享既没有直接效应，也没有中介效应。可见，在企业的民主参与管理中，决策参与主要通过发言权机制来实现，而责任关怀可通过发言权与分配公平两大中介机制来实现员工绩效，二者均为完全中介效应。具体的中介机制如图9-2所示：

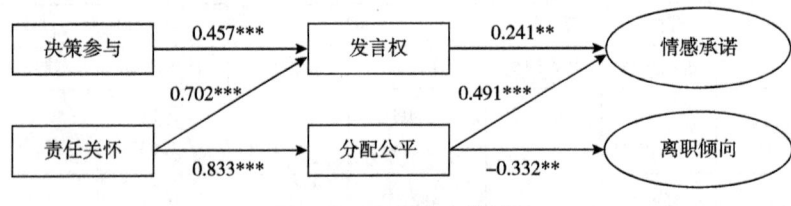

图9-2 中介效应模型图

2. 地域的调节效应：分组结构方程分析

为了分析海峡两岸管理情境对管理行为及其结果的影响，有必要把地域因素作为调节变量进行进一步分析。当调节变量是类别变量时，可做分组结构方程分析其中的调节效应（温忠麟等，2005）。由此得到限制模型（所有回归权重限制相等）5个与非限制模型（参数自由估计模型）1个，除了测量模型的残差外，其余的测量模型系数、结构模型系数、结构模型的协方差、结构模型的残差与非限制模型均无差异，模型的 χ^2、χ^2/df、显著性以及拟合结果列在表9-3。

表9-3 分组结构方程模型比较

模型	限制模型		非限制模型
	测量模型的残差模型	其余4个限制模型	（参数自由估计）
χ^2	3059.946	2850.387	2850.387
χ^2/df	2.338	2.278	2.278
RMSEA	0.048	0.047	0.047
CFI	0.902	0.911	0.911

由表9-3可知，限制与非限制模型都拟合得较好，并且主要模型的χ^2检验显著，χ^2/df相等，相关的拟合指数也相等，说明地域因素对于中介效应的调节效应不显著。即海峡两岸家族企业民主参与管理及其作用机制没有显著差异，实证数据没有支持H9-2。

（四）结论

从工具性的角度看，与第八章结论相似，家族企业的信息共享策略，无法有效实现既定的目标，而民主参与的其余三个维度都有助于提升员工绩效。从中介效应可知，决策参与通过发言权中介机制来提升员工的情感承诺，责任关怀既可通过发言权又可通过分配公平的机制来实现员工绩效，中介机制均为完全中介模型；人文关怀不需要中介机制，企业通过人文关怀可直接作用于员工的情感承诺与离职倾向，直接提升了员工绩效。上述直接作用或中介效应不受地域的调节，即三大管理行为及其效率在海峡两岸没有显著差异，研究结论在中华文化情境下具有普遍性。

民主参与四个维度对员工绩效的作用有负效应（弱）、直接正效应和间接正效应三种。可见西方文献中的不一致结论在中国也存在。这说明单纯地从某个视角而不是全面地考察将难以得出确切的结论，综合性的研究对于厘清理论争议有其独到之处。企业实施民主参与管理策略，不同情境下员工反应必然会存在差异。在中国家族企业内部，即便企业基于工具性而实施了决策参与，却也能通过人本的价值性来实现其员工绩效；而基于企业社会责任浪潮所实施的责任关怀，却偏向于通过工具性（公平交换的中介效应大于发言权的）这一中介机制来实现组织绩效。

因此，对于企业来说，关怀管理可直接或间接地提升员工绩效；对于员工来说，参与企业管理可通过发言权实现言论的自由表达与人权保障等，因此家族企业的民主参与管理存在交互的作用关系，从传统短期的组织绩效来看，民主参与管理是兼具价值性与工具性的双重统一整体。

三 以共享价值为目标的统一分析

民主参与管理的共同目标是什么？劳动关系学专家巴德（2004）认为，劳动关系管理的目标是公平、效率与发言权三者的有效统一与均衡。其实，公平、效率与发言权不仅仅是平衡关系，还应当是统一的整体，即找到员工发展与组织发展的交汇点，通过满足人本发展的内在价值需求，在创造出人本价值的同时实现组织绩效。那么，什么是员工—组织间的SV？共享价值观原属于企业社会责任的范畴，波特等（2011）认为SV是企业通过创造社会价值来实现经济价值的一种自利行为，借此以提高企业经营效率与竞争优势。其中，社会价值包括员工、股东与消费者的利益诉求。波特等认为，SV的实现需要新价值链配置，这需要科技、节约能源和支持性的员工。近年来，SV被运用到包括国家核心竞争力、企业社会网络、企业知识管理、产业链等的分析。在工作场所，共享价值观指的是"公司的唯一纽带"或"我们所有的象征与内涵"。梁光霞（2007）对SV的定义是：价值共享是指核心员工与企业之间共同生存，共同创造，共同享受由此带来的价值增值，并共同承担由此产生的风险。

（一）理论综述与模型假设

对于共享价值观的作用，理论上有两种界定，一是信奉"强文化假说"，认为SV有利于提升组织绩效，特别重视SV在公司并购或跨文化管理中的作用；另一种即符号象征说，把共同价值观当作管理的组织符号或象征。对此，McDonald等（1991）区分了价值、目标和愿景的关系，认为共同价值是愿景的无形表现，而目标是有形表现形式。基于符号象征说，我们认为工作场所的SV是：组织文化中被象征化的组织价值观体系，这些价值观体系产生于工作过程中员工的超越性体验，促进其与组织的紧密联系并产生与组织一致性的亲密感觉。

1. 民主参与管理对SV的作用机制

共享价值观的形成是一个过程。Hatch（2002）认为组织文化的前瞻性象征化即企业首先要对组织内的"物质"（外显或人工制品）进行管理、抽象出能代表组织的物质的象征意义与价值观；回溯性象征化是企业引导员工对外显的解读，使员工逐步知觉到的组织身份特征对自己的意义，并将自己纳入特定的"类别"中，以获取自身的价值所在的过程。可见，共享价值观的形成是一个动态的过程，在此过程中，信息共享等民主参与的人力资源管理实践的作用显著，并通过激励与组织认同来实现。Shen等（2014）论证了组织认同在人力资源社会责任管理对员工角色外行为的中介效应。但对于民主参与对员工行为以及共享价值观形成的研究，则存在争议，因为参与策略及其作用机制较为混乱。除非把可持续发展作为共同理念，管理层与员工产生共识，才有可能平衡经济与社会、民主与效益、个体与组织利益，并厘清其中的混杂关系。因此，基于员工或组织的不同研究视角，从民主参与到共享价值观的形成过程，存在价值性与工具性的双重路径。

从员工视角看，员工所感知到的个人权利与工作成长环境是民主参与的主要人本绩效。Knudsen 等（2011）基于丹麦工作场所的案例分析，论证了与高参与相伴随的是高质量的工作环境。同时，信息共享加强了员工对企业信息的掌握，为发言权的实现提供必要的信息基础；决策参与有利于提升员工的自主性，因为决策参与提升了员工的心理所有权（psychological ownership），这种心理所有权是由于员工借助于决策中的发言权机制，使员工在工作过程中更为主动，因此良好的工作环境与高自主性都有利于员工的成长。

同时，员工个体的参与绩效有利于 SV 的产生。一些参与方式为员工的利益提供了新的保护通道，因此提升了他们的组织承诺与奉献精神（Knudsen, 2011）。良好的工作环境与心理所有权等紧密了员工与企业的联系，促进员工加大对企业的投入，并强化员工利他的意愿。如信息共享等通道有助于提升员工对管理方的信任，如果员工感知到管理方透露信息的准确性，他将因此信任管理方，产生出高层所需要的意识与行为，表现出与组织一致的行为。组织内顺畅的信息流加速了员工向组织靠拢的进程，使之快速融入组织，形成共享价值观。因此，人本绩效在民主参与与 SV 间存在中介效应。除了直接参与外，间接参与的发言权中介效应更为明显，Annette（2011）认为保障员工权利有利于提升员工组织价值感知。

在中国传统文化的情境下，企业伦理责任有利于员工们的忠诚和创造力，中国制造业企业通过实施社会责任人力资源管理来实现组织认同，并促使员工完成任务绩效与角色外行为。企业意识到发言权机制的多元性，如建言行为有利于促成企业与员工认同一致性并提高个体对组织价值的感知，实现回溯性象征化。决策参与过程中的发言权等机制有利于提升员工的人性化需求，并产生美好的心理体验。总之，在中华文化情境下的家族企业，虽然偏向于实施一些"法外"的基于人性的管理方式，但也会善于利用心理所有权等机制，化解外部的雇佣压力，以实现共享价值观。我们认为，中国家族企业的民主参与管理能够借助于员工感知到的言论自由与权益保障程度来实现，通过发言权来强化其"人际"或"人情"的管理理念，即实践人本化的管理机制在民主参与管理与共享价值观间存在的中介效应。由此，本书提出如下假设：

H9-3：人本绩效在企业民主参与管理与SV间存在中介作用。

从工具性的角度看，企业实施民主参与管理与价值观管理都是为了组织绩效（Porter，2011）。民主参与管理的主要组织绩效是因为提升了员工的商业敏锐性与承诺，实现最优决策，从而有利于信任以及稳定的员工—组织关系。信息共享有利于提升组织承诺，因为信息流向过程中，过多的中间管理层是信息共享的障碍，信息共享与决策参与有利于提升一线员工与基层管理者对工作的认可。员工之所以产生不一致的价值观，很重要的原因在于他们工作环境与工作任务的理解是不同于公司高层，参与所产生的组织承诺等有利于管理沟通与信任，实现价值一致性。实证上，吴承丰（2010）探讨了海峡两岸企业伦理气氛，如关怀等对不同行业员工与组织绩效的影响。参与性的组织气氛能提升组织绩效，因为员工感知到的参与气氛对组织绩效如财务绩效、降低辞职率、提升员工士气等有积极作用。在我国，企业贴心的关怀管理，往往是改变员工行为的前提假设（谢玉华，2010）。责任关怀中的雇佣保障将有效提升员工的积极行为，雇佣保障因此具有锁定功能，而相对于那些认为企业已公平对待自己的有雇佣保障的员工来说，员工—组织关系的锁定更紧密，员工—组织关系更密切，员工绩效更高。理论与实践表明，国外研究认为企业的民主参与有利于产生基于情感承诺的互信与稳定关系等，而国内企业的民主参与更易于实现组织的连续承诺与工作保有的互信。

另外，稳定的雇佣关系与高竞争力有利于促进员工与组织一致性目标的产生，并最终实现高阶段价值，即SV。那些成功实施民主参与并凝练出价值体系的企业容易为员工所感知，并加速其有效的回溯性象征化进程。共享价值观与组织绩效有互为前提的循环促进关系，但从象征化过程看，只有那些高组织绩效特别是组织气氛良好获得员工认可的企业，才能实现象征化。同时，低离职倾向与长期的雇佣关系是回溯性象征化的必要前提。共享价值观必然以稳定雇佣关系、有效的组织结构等 HR 体系为前提。由此我们认为，中国文化情境下，组织绩效特别是低离职倾向与连续承诺等稳定雇佣关系是共享价值观的前提，也是从民主参与管理到共享价值观的中介变量。由此，本书提出如此假设：

H9-4：以低离职倾向为代表的组织绩效在企业民主参与管理与 SV 间存在中介作用。

2. 家族关系的调节效应

自企业建立以来，家族企业就在家族生活中扮演非常关键的角色。即使成员没有参加企业的经营活动，由于成员一直伴随企业成长，听企业内的相关故事，不时碰到与企业相关的信息，企业成为他们成长、身份与生命不可分割的部分。由于信息来源不一致，家族成员与非家族成员的价值观与"基本假设"差异较大。家族成员更关注并投入于企业的成长，更多地从企业中获得收益。家族成员更容易参与卷入组织中，基于社会情感财富理论（Socioemotional wealth theory），Gomez-Mejia 团队（2011）认为家族企业与非家族企业在企业管理过程中的决策差异显著，因为家族成员会把保全和创造社会情感财富视为所有家族成员的首要目标，并消除或掩盖家族成员之间在公司治理、战略、风险与流程等次要目标的冲突。因此不管有没有民主参与，家族成员把组织绩效都当成首要目标。特别是中国文化情境下，家族成员不用考虑与企业之间的雇佣关系，他们更重视的是发言权与成长期望，这是他们积极参与企业运营的身份象征与目标价值。相反，非家族成员难以介入组织的运作，发言权与成长目标等往往无法得到有效保障。由此，本书提出如下假设：

H9-5：家族关系在民主参与管理与人本绩效存在调节效应。家族成员更易于实践民主参与，发言权更易于得到保障，个人成长环境更优。

家族关系与 SV 的关系如何？在家族成员与非家族成员（或者家族及管理层与员工）之间的价值关系上，Haugh 等（2003）通过对苏格兰四家家族企业的田野调查发现，三家企业的家族文化对企业核心团队与外围成员之间的作用是不同的，核心团队包括家族成员、部分管理人员以及一些与家族成员有朋友关系的员工，判断是否核心团队的标准在于员工是否具备与家族文化相融合的共享价值观,包括归属感、诚实、忠诚、信任与尊重五个方面。由于家族成员更容易参与卷入组织中,因此家族成员更着眼于企业的长远利益,他们对企业的身份认同感比非家族成员强,这种认同感是 SV 形成的基石。在家族内部,家族成员每天接触的同事、客户、竞争对手以及他们的工作场所之外的环境与非家族成员差异较大,因此会形成与非家族成员不一样的组织价值观。而在核心团队与外围成员之间,特别是在那些短期性员工内部,容易自发产生一些亚文化与价值观,威胁着家族文化所能包容的价值观。这种情境下,应当通过企业整体价值而不是个体价值来提升员工对组织的价值认同。中国文化的情境下,家族与非家族成员在这些方面的差异更为显著,人性化管理与价值观方面均存在显著的差异。由此,本书提出第六个假设:

H9-6:家族关系在人本绩效与共享价值观间存在调节效应。家族成员更易于实践民主参与,体验发言权等人本绩效,更快形成共享价值观。

至此,本研究的理论模型与假设关系已经形成,具体如图 9-3 所示。

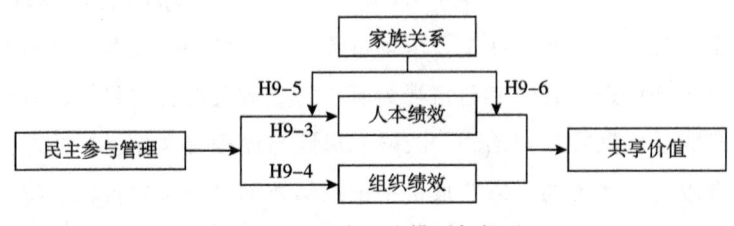

图 9-3 研究理论模型与假设

(二) 变量与方法

1. SV 的测量

李永锋等 (2007) 论证了企业声誉和共享价值观对合作创新企业间信任的影响比较显著,并认为共享价值观包括道德规范的相似性、企业文化的包容性和合作目标认识的一致性等四方面。参照李志等 (2008) 的人本理论、凌文辁等 (2006) 的组织支持感,本书对李永锋 (2007) 的共享价值观进行适度修改,也包括四个题项,即:包容员工所犯错误,包容性的企业文化;让员工担当最适合的工作、为员工的成就而骄傲;看重员工的工作价值和目标;员工认同,不轻易惩罚或解雇员工。预调研分析结果显示,该量表有较高的信度 (a = 0.802)。

2. 研究方法

本研究借助于 Spss17.0 软件与 Amos17.0 软件进行统计分析，首先通过验证性因子分析，检验量表的信度与效度，以及数据与模型间的适配情况；然后，采用结构方程模型的方法，检验变量间的直接效应与中介作用；再通过分组结构方程模型分析，对比家族成员与非家族成员的效应差异。

（三）数据分析与假设验证

1. 效度检验与相关性分析

由于理论模型包含有中介效应与调节效应模型，模型较为复杂，为了提升模型的共同度，降低随机误差，借鉴 Little（2002）等的平衡法，把相关单维的题项进行打包。其中，民主参与中的参与管理打包成两个，组织共享打包成 SVP_1 与 SVP_2，关怀、发言权与员工成长均简化为一个观测变量。然后再通过验证性因子分析，分析测量模型内变量间的区别效度，结果显示，二阶组合的四因素模型，即民主参与、离职倾向、人本绩效与 SV，$\chi^2(29) = 72.108$，$p < 0.001$，GFI = 0.970，RMR = 0.086，CFI = 0.988，RMSEA = 0.056，比其他模型的拟合效果要好，如未打包组合的一阶 8 因素模型 $\chi^2(783) = 2599.167$，$p < 0.001$，GFI = 0.852，RMR = 0.089，CFI = 0.881，RMSEA = 0.07。因此，我们将采用有显著效度的四因素模型作为后续研究的基本模型。

表 9-4 披露了相关变量间的相关系数。如表所示，民主参与、离职倾向、人本绩效与 SV 之间的相关性均为正相关（$p < 0.01$），这与我们的预想一致，可以进一步进行统计分析以检验变量之间的相互关系。

表 9-4 变量的相关关系

	1	2	3	4
家族关系	—	—	—	—
民主参与	0.707	—	—	—
人本化	0.645	0.824**	—	—
低离职倾向	0.630	0.190**	0.015*	—
SV	0.161*	0.816**	0.985**	0.243**

注：** 代表 $p < 0.01$，* 代表 $p < 0.05$，N = 469。

2. 中介效应检验

Amos 软件统计的结构方程模型拟合优度分析结果显示，$\chi^2/df = 3.652$，介于 2.0～5.0 之间，GFI = 0.955，CFI = 0.978，均达到 0.9 的可接受水平，RMSEA = 0.075，小于 0.08 的可适配标准。因此，理论模型与样本数据可以适配。具体变量之间的关系结果列在图 9-4。

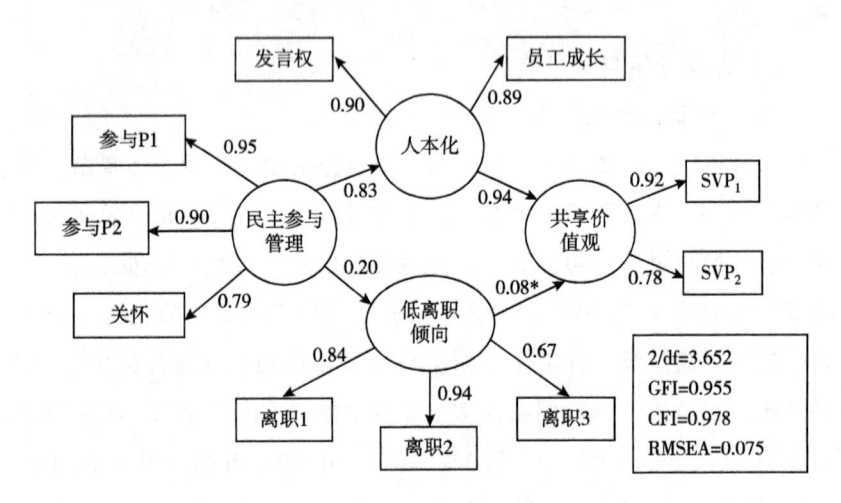

图 9-4 结构方程模型图

注：* 代表 $p < 0.05$；没有标注的数据，其显著性均为 $p < 0.01$。

从图中可知，民主参与与 SV 之间没有直接的因果关系，民主参与管理对 SV 之间的 0.795（$p < 0.01$）总效应均为间接效应，间接效应可分解为人本绩效（$\beta = 0.940$，$p < 0.01$），以及组织绩效（$\beta = 0.082$，$p < 0.05$）。

中介效应模型显示，人本绩效是主要中介效应，因此假设 H9-3 得到支持；另外，离职倾向在民主参与管理与共享价值观间的中介效应也显著，但中介作用比人本绩效低，因此假设 H9-4 也得到数据的支持。

3. 调节效应检验：分组结构方程分析

为了分析家族关系对人本绩效中介模型（独立模型）的调节作用，我们把家族关系因素作为调节变量进行进一步分析。当调节变量是类别变量时，可做分组结构方程分析其中的调节效应。由此得到限制模型（所有回归权重限制相等）五个与非限制模型（参数自由估计模型）一个，五个限制模型（即测量模型的残差、测量模型系数、结构模型系数、结构模型的协方差、结构模型的残差）与非限制模型存在显著差异，文章以测量模型的残差模型作为对照，把二模型的 χ^2、χ^2/df、显著性以及拟合结果列在表 9-5。

表 9-5　分组结构方程模型比较

模　　型	χ^2	χ^2/df	GFI	CFI	RMSEA
限制模型（测量模型的残差模型）	51.946	4.638	0.966	0.985	0.078
非限制模型（参数自由估计）	59.231	5.185	0.965	0.982	0.089

由表 9-5 可知，限制与非限制模型拟合效果都可以接受，模型的 χ^2 检验显著，但二模型的 χ^2/df 与相关的拟合指数不相等，限制模型拟合得更好，说明把员工进行分组拟合效果更好。这证明了家族关系在人本绩效中介于企业民主参与管理与 SV 关系时有调节效应。即家族成员的民主参与程度更高，员工感知的人本绩效更高，更容易形成共享价值观。假设 H9-4、H9-5 得到支持。

在 SV 成为企业外部价值链管理系统的背景下，本章借助于 SV 理念，延伸了民主参与管理的价值性与工具性探讨。实证分析较好地支持了理论模型，在家族企业内部共享价值观的形成过程中，员工产生回溯性象征化与身份认同，主要是基于其发言权或意识到组织能够带来个体成长等因素；同时，基于离职倾向的组织绩效也存在一定的中介作用；共享价值观形成过程中的价值性中介受到个体特征与身份的影响，其中家族与非家族成员对组织认同的差异显著，家族成员更易于实践民主参与管理，获得人本绩效，使员工快速与组织共享价值观。

四　结论

不管是基于企业直接目标（员工绩效），还是企业间接目标（SV），本章的实证分析结果表明，民主参与对组织目标的效应体现在高价值性中介与低工具性中介，价值性指的是民主参与通过发言权机制实现员工自我价值，提升员工的绩效；或者是因为发言权机制使员工意识到组织能够带来个体成长等因素而产生与组织一致的价值观。工具性中介指的是以分配公平为代表的组织气氛是组织提升绩效的前提，或者是以低离职倾向为代表的稳定员工—组织关系等组织绩效是员工形成共享价值观的前提。

　　虽然本章的实证研究运用到不同的民主参与管理模型（四因素或者三因素），但实证分析总体上支持了理论假设。实证的结论足以解释，现实中企业实施民主参与管理的积极性不高，以及理论研究的系统不足等问题。由于工具性与价值性的争议与模糊，使得民主参与等最佳管理实践难以得到应有的重视，理论上双向因果的复杂性关系更加弱化了理论的深入与实践的推广。对于偏人本管理的民主参与管理来说，如何厘清其中的复杂关系，加大企业的实践动力。本章首先分析组织直接目标（绩效目标），试图统一工具性与价值性的争议，进一步地借助于 SV 这一员工—组织关系高阶段价值的概念，通过实证研究简化了民主参与管理的动态复杂关系，实现从静态的角度，回答了民主参与管理的工具性与价值性的争议，厘清一元论与多元论之争，论证了民主参与管理是兼顾价值性与工具性统一的有效管理实践。

　　两个模型的分析结果显示，相对于组织绩效，SV 是更好的结果变量。因为首先从拟合指数上看，SV 的拟合（GFI = 0.985；全模型的残差 γ = 0.301，p = 0.014）比组织绩效（GFI = 0.895；全模型的残差 γ = 0.501，p = 0.000）有一定的改善作用，因此 SV 具有更好的解释作用；其次，SV 模型是一个完全中介模型，而组织绩效模型含有部分中介作用（人文关怀等具有直接效应），说明 SV 是一个更长远的管理目标。这与企业管理现实是吻合的，那些能够更好地实践民主参与管理的企业，一般具有更清晰远大的战略，把民主参与管理不仅作为一个实现组织绩效的工具，而且把组织绩效等短期目标作为实现组织发展（员工—组织共同目标的实现）的工具，即"作为工具的工具"。由此我们认为，民主参与管理是"价值性"与"工具性"的统一。

第十章 价值性与工具性的动态统一

为了验证工具性与价值性间的动态统一关系,我们把民主参与管理当作自变量,把 SV 当作因变量,探讨二者间的中介路径。通过多重中介,即员工感知的先后来分析其中的动态性。其中,价值性包括员工感知的组织支持、言论自由以及在此基础上产生的认同感与个体成长等,我们以发言权与员工感知到的成长机会来衡量企业管理的人本化程度。工具性包括员工承诺、角色外行为、组织公平与组织发展等,我们以员工的组织承诺与公平气氛来衡量企业管理的工具性目标。

一 多重中介效应的理论分析

1. 人本化在民主参与管理与 SV 间存在中介作用

从民主参与管理到实现 SV 是一个互动的过程,员工在互动过程中感受人本化体验。作为重要的人力资源管理实践,民主参与管理首先通过员工建言来实现,如信息共享为建言奠定基础,而决策参与管理有利于提升员工的言论自由与自主性,决策参与也提升了员工的心理所有权。因此,信息共享有利于员工发言权的实施,而发言权的实施使得员工在工作过程中更为主动。其次,参与管理与发言权还能促发良好的工作环境,因为高参与才会带来高质量的工作环境,这些都有利于员工的成长 (Knudsen et al., 2011)。

同时,员工个体的发言权与成长有利于 SV 的产生。发言权机制与带来的良好的工作环境与心理所有权等紧密了员工与企业的联系,促使员工加大对企业的投入,并强化员工利他的意愿。信息共享等通道有助于提升员工对管理方的信任,如果员工感知到管理方透露信息的准确性,他将因此信任管理方，产生出高层所需要的意识与认同行为，这种认同被认为是组织文化形成的基础（象征化）。组织认同在企业管理与员工角色外行为之间存在中介效应。因为组织内顺畅的信息流加速了员工向组织靠拢的进程，使之快速融入组织，产生企业需要的一致行为，这种行为是企业前期投入的回报，其中的角色外行为是企业对员工信任的基础，企业因此也认可员工的价值理念，最终形成SV。另外，集体性的工会活动等关怀管理有利于保障员工的权利，包括知情权与协议权在内的员工权利的实现将有助于员工成长感知，并最终有利于提升员工对组织的美好体验与亲密感觉。因此，人本化在民主参与与SV间存在中介效应。

在中国大陆，前述理论也说明了企业对发言权机制的重视，一些企业开始实践建言等参与式管理，以提升员工对组织文化的认同。在中国台湾，企业则重视员工的心理所有权。总之，企业的民主参与管理通过实施发言权促进员工的积极行为与成长，并以此来强化其组织的价值管理理念，即实践人本化的管理机制在民主参与管理与SV间存在中介效应。

2. 公平气氛在民主参与管理与SV间存在中介效应

民主参与管理能够提升组织绩效，并实现SV，主要是由于员工感知到的组织气氛。有效的人力资源政策有利于组织形成良好的员工关系氛围，并可改善员工的工作动机，提高生产率。相关研究论述了人力资源管理、员工参与以及组织绩效之间的关系，结果表明员工参与度与顾客满意度、员工离职率等绩效指标显著相关，其中人力资源政策的实施有助于改变组织的各项管理职能，提高员工参与度与组织气氛。

另外，公平气氛有助于SV的产生，员工感知的组织公平气氛有助于降低员工的工作压力等。近年来医疗行业的实证研究，说明了员工压力与医疗质量间存在一些相关性。工作压力的下降有助于实现组织认同与互信，从而共享价值观。国内相关研究也表明高绩效工作系统是通过如社会交换或程序公平等的中介或调节来实现的，苗仁涛等（2013）的实证研究表明，下属的组织公平感调节了高绩效工作系统对下属组织支持感和领导成员交换的影响。因此，公平的组织气氛具有工具性的功能，也是参与实践的结果变量之一，它有助于员工与组织产生一致的感觉。我们认为，公平气氛在民主参与管理与SV间存在中介效应。

3. 员工的连续承诺在民主参与管理与 SV 间存在中介效应

企业实践民主参与管理，可以实现员工—组织关系的稳定与相互信任的建立等组织绩效。如信息共享有利于提升组织承诺，信息共享与决策参与有利于提升一线员工与基层管理者对工作的认可与承诺。企业贴心的人性化管理，往往是改变员工行为的有效对策（谢玉华，2010）。因为责任关怀中的雇佣保障将有效提升员工的积极行为，雇佣保障有利于紧密员工与组织的关系，更易于激发连续承诺。总体上，国外研究认为企业的民主参与有利于产生稳定关系与基于情感承诺的互信等，而国内企业的民主参与更易于实现组织的连续承诺与低离职率。

同时，稳定雇佣关系是 SV 的前提。稳定的雇佣关系有利于促进员工与组织一致性的产生。低离职倾向与长期的雇佣关系是组织文化象征化的必要前提，紧密的员工—组织关系将产生更多的一致性行为，SV 必然以稳定的雇佣关系、有效的组织结构等 HR 体系为前提。员工之所以产生不一致的价值观，很重要的原因在于他们对工作环境与工作任务的理解不同于公司高层，参与所产生的组织承诺等有利于管理沟通与信任，实现价值一致性。那些成功实施民主参与的企业所凝练出的价值理念容易被员工所感知，产生认同与一致性。在中国，组织绩效特别是低离职倾向与连续承诺等稳定雇佣关系是 SV 的前提，也是从民主参与管理到 SV 的中介变量。由此，我们认为员工的连续承诺在民主参与管理与 SV 间存在中介效应。

结合前文的理论模型（图 4-4），基于上述理论分析，本文假设，民主参与管理的价值性与工具性在民主参与管理与 SV 间起中介作用。以民主参与管理为自变量，SV 为因变量，工具性与价值性为中介变量，建立起本文的假设模型（图 10-1）。由于民主参与管理属于企业的工具性策略，基于社会交换理论，我们认为这种管理实践是先通过员工的认可（价值性），再实现回报（工具性）的过程。因此民主参与管理是先通过价值性，再实现组织绩效等工具性目标，最终实现 SV。即民主参与管理与 SV 间存在三条关系路径：第一，民主参与管理通过人本化影响 SV 的形成；第二，民主参与管理通过人本化影响组织的公平气氛，进而影响 SV 的产生；第三，民主参与管理通过人本化影响组织的连续承诺，进而影响 SV 的产生。

二 变量数据与方法

相关变量采用前文描述。研究借助于 Spss17.0 与 Amos17.0 软件进行统计分析,首先通过验证性因子分析,检验量表的信度与效度,以及数据与模型间的适配情况;然后,采用结构方程模型的方法,检验变量间的多重中介作用。

三 结果与分析

1. 描述性分析

表 10-1 披露了相关变量的均值、标准差与相关系数。如表 10-1 所示,民主参与、连续承诺、公平气氛、人本化与 SV 之间的相关性均为正相关($p<0.001$),这与我们的预想一致,可以进一步进行统计分析以检验变量之间的相互关系。

表 10-1 各变量的均值、标准差与相关系数

	均值	标准差	1	2	3	4
民主参与	3.451	0.469	—			
人本化	3.889	0.678	0.981***	—		
公平气氛	3.685	0.051	0.437***	0.199***	—	
连续承诺	3.702	0.108	0.298***	0.139***	0.051***	—
SV	3.789	0.323	0.869***	0.407***	0.135***	0.101***

注:*** 表示 $p<0.001$,N=469。

由于理论模型包含有多个中介效应,为控制由潜变量的多个项目造成的膨胀测量误差,提升模型的共同度,借鉴 Little(2002)等的平衡法,把相关同维的题项进行打包。其中,民主参与中的参与管理与组织共享各打包成两个,公平气氛、关怀、发言权与员工成长均简化为一个观测变量,连续承诺则由反离职倾向的三个观测变量构成。

2. 验证性因子分析

根据前文理论假设分析,我们设计了含三个中介变量的链式多重中介模型(M0),以分析三条关系路径的显著性。为检验假设模型(M0)并

确定三个中介变量之间的关系,在假设模型的基础上提出三个竞争模型。竞争模型 M1 增加公平气氛到连续承诺的路径,构成含有四条关系路径的多重中介作用模型。竞争模型 M2 在 M0 的基础上增加民主参与到公平气氛的路径,构成四条关系路径的并联式多重中介作用模型。竞争模型 M3 增加民主参与到公平气氛,公平气氛到连续承诺的路径,构成六条关系路径的多重中介作用模型。

表 10-2 列出了四个结构模型的拟合指数。结果表明,假设模型(图 10-1)与实际数据拟合良好,表明价值性与工具性在民主参与与 SV 间起多重中介作用。从表中可知,M0 拟合指数最优,可以作为后续研究的基本模型。M0 拟合最好也说明在民主参与管理的价值性与工具性关系中,二者不是并列关系(M2),而是先价值性再工具性的因果递进关系,其中的转换正是发生于民主参与管理曲线与 45°射线的交点处,价值性与工具性统一。

表 10-2 假设模型与竞争模型的拟合指数

模 型	χ^2	χ^2/df	GFI	CFI	NFI	RMSEA
M0	150.05	3.954	0.944	0.963	0.972	0.075
M1	150.67	4.059	0.944	0.972	0.963	0.079
M2	150.02	4.167	0.944	0.972	0.963	0.082
M3	154.1	4.166	0.942	0.962	0.971	0.082

3. 中介效应检验

使用 Bootstrap 程序检验中介效应的显著性。首先,设定 Bootstrap 样本为 2000,然后以第 2.5 百分位数和第 97.5 百分位数估计 95% 的中介效应置信区间。

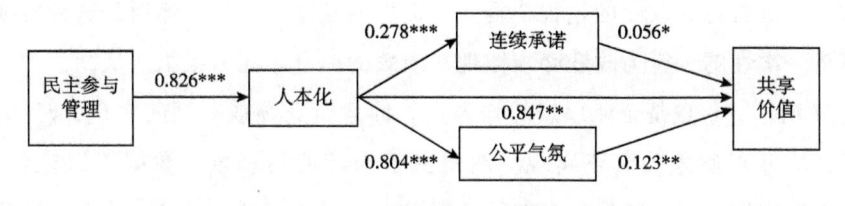

图 10-1 多种中介模型图

注:*** 表示 $p<0.001$,** 表示 $p<0.01$ 注:* 表示 $p<0.05$。

由表10-3可知，各条路径的95%置信区间都没有包括0，因此验证了从民主参与管理到SV三条路径的中介效应显著，实证研究总体上支持了假设模型（M0）。

表10-3 对中介效应显著性的Bootstrap分析

路径	标准化的间接效应估计	95%的置信区间	
		下限	上限
民主参与—人本化—SV	0.826×0.847=0.700	0.05	0.20
民主参与—人本化—连续承诺—SV	0.826×0.278×0.056=0.013	0.001	0.02
人本化—连续承诺—SV	0.278×0.056=0.016	0.002	0.01
民主参与—人本化—公平气氛—SV	0.826×0.804×0.123=0.082	0.001	0.10
人本化—公平气氛—SV	0.804×0.123=0.099	0.04	0.11

从表10-3可知，从民主参与到SV，其中总间接效应为0.795。通过对比中介效应分析，说明人本化的价值性是主要的中介路径（间接效应为0.700），从组织绩效的工具性中介作用看，公平气氛是主要的中介路径，其间接效应大于（0.082＞0.013）连续承诺的。

四 结论

综合上述理论与实证研究，说明实证模型（图10-1）为理论模型（图4-4）提供有力的支持。民主参与管理是先通过价值性中介，再通过工具性中介实现SV，是一种价值性与工具性统一的管理工具。实证数据刻画了现实情境中员工心理变化的过程，即情境—认知—情绪—行为的过程，针对企业所实施的民主参与（投入改变情境），员工感知后将产生良好的心理体验，在行为上就会表现出回报的特征。这种从情境改变到认知、回应与行为改变的过程，是一个良性的互动与转换。然而，这种转换不是一次性的，行为改变必须体现在绩效的提升才能为组织所认同，如图4-4所示，B点是企业理想的均衡点，即运营业绩或利润的实现，SV需要经历B点后才能真正实现。然而由于未能搜集有效的数据予以论证，本文的实证模型未能提供有效的证据以支持理论模型。当然，基于实证研究对假设模型的支撑，本文也得到了一些有价值的结论：

1. 民主参与对企业来说是一种有效的主动管理工具

企业的经验式管理投入对于提升员工积极性来说是必要而非充分的。在人才成为组织第一资源的经济背景下，如何获取员工的积极情感体验成为组织管理的重点与难点。现实中，中国家族企业难以有效提升员工的连续承诺，企业实施的情感留人由于阻碍了组织发展所必需的控制性管理而不被推广；同样地，待遇留人存在刚性化与外在激励的不足，事业留人也难以被非家族员工认可。显然，企业出现种种"高投入与低忠诚"并存的情况，是因为企业的类似管理实践属于必要而非充分的投入，这更突出了民主参与管理的可行性，以及在激励员工方面的有效性。

只有施行能够产生劳资互信与 SV 的民主参与等管理投入，才是出现员工高忠诚的充要条件。实证研究说明，作为有效激励员工的工具，民主参与管理的有效性主要体现在人性化的强中介效应，以及连续承诺中介路径的显著性和最终实现 SV 的必然趋势性。即民主参与管理是通过为员工搭建成长平台，因为兼顾了员工与社会的需求与利益诉求，必然能获取员工的认同和积极回报。在用工荒的背景下，民主参与管理能够有效避免企业内部出现高薪酬与低忠诚并存局面的出现。作为有效的激励员工且价值性与工具性统一的管理工具，民主参与管理不应该由于"民主"的头衔而被视为外部社会"要求"的管理工具，"民主"是企业策略有效性（引发员工积极回应）的基石。

2. 民主参与管理对劳方是有价值的

从人的全面发展角度看，民主参与管理是有价值的。从 SV 的实现过程看，企业如果想与员工达成共识，员工将受益更大（中介效应＝0.7），因此应当积极回应。数据说明在中国民主参与管理总体上被员工感知为价值性管理，不被企业所推崇。因此，企业实施民主参与管理必然能实现民主的价值性，员工在参与过程中不必理会企业最初的动机是为了提升管理效率还是其他。本文还论证了在价值的实现过程中，员工在满足基本生活与工作需要（生存权与知悉权等）后，将实现高层次需要（发言谈判等），最终实现自我价值。

3. 民主参与管理是劳资关系迈向更高均衡点的艰难一步

劳资和谐是以资方的投入为前提，资方先投入与承诺是良性互动的起点,是相互投资型劳动关系实现的关键。因为从员工行为改变过程看,员工只有先感知到情境改变,才会有认知、情绪体验及行为的改变。企业要求员工有角色外行为,则需要劳资关系情境的改变。另外,从情境改变及双方认可角度看,企业改变比员工改变更易实施并得到双方互认。本文经验数据验证了,从民主参与管理到SV的管理哲学理念是有效的,符合劳资关系中多方利益,是有效的改变策略体系。

然而,现实中大部分家族企业往往要求劳方先投入,然后依据劳动成果和考核结果,再给予相应的报酬。这种期待员工去改变劳资情境的被动管理哲学是导致劳资关系的低度均衡—准契约型关系成为中国企业劳资关系主流的元凶。它阻碍了相互投资型与和谐劳动等更高均衡点的出现,因此限制了员工的角色外行为,成为中国人敬业度下降的关键因素。要改变劳资的市场交易理念与传统社会伦理法则,使中国劳资关系向更高阶段迈出关键的一步,则需要企业先行,民主参与管理是管理理念与管理哲学的变革,因此是艰难的跳跃。如图4-4所示,O点是关键,过了这个关键点之后,基于社会交换,必然表现为凸向横轴的数理特征,即员工积极情绪体验产生,良性互动因此开始,SV引领的OABC目标集将逐步实现,先价值性后工具性以及工具性与价值性统一的局面必然会出现。

第三篇
如何实践民主参与管理

理论与实证研究结果表明，劳资关系从低度均衡到高度均衡的关键是要探索现实的目标及其实践路径。劳资关系出现低度均衡是因为企业以市场交易法则对待劳资关系，忽略了劳资关系本质上是一种社会关系。劳资关系要实现从低度均衡到高度均衡的跳跃，需要企业实施必要的关怀管理以及充分的民主参与实践。劳资互动本质上是社会、组织与个体的互动体系。

　　那么，应当如何实践民主参与管理？民主参与管理兼具工具性与价值性的特征，在企业的不同经营情境与发展阶段，民主参与的实现可能会出现反复。基于理论模型与实证数据，本篇首先对理论的总体管理模型进行解读，提出了具体的管理策略；然后，分别从组织内部与外部进行分析，提出企业的管理策略与社会管理制度的建设建议。

　　同时，本篇也是全文的总结篇，在分析全书的结论后，也将交代全文的创新之处与不足之处，并展望未来继续研究的领域，以及工作团队努力的目标。

第十一章 企业实施民主参与管理的理论探讨与对策建议

第二篇的实证分析结论显示，民主参与管理是工具性与价值性的双重统一，价值性与工具性在民主参与管理实践中得到较为和谐的平衡与统一。然而，在企业的不同经营情境与发展阶段，民主参与管理可能会出现反复。特别是因为，民主参与管理在短期上表现偏直接目标的价值性（价值性中介效应更大），长期或间接目标才具有兼顾工具性与价值性的特征，使得企业在实践过程中存在动力不足，持续能力下降等态势。如何实践民主参与管理，本章将借助于理论模型，揭示其中的实践原理，并提出总体的对策与建议。

本书的基础理论模型图在绪言中就提出了（图0-1），该图可以分解为民主参与管理的影响因素和民主参与管理的功能分析两大部分，功能分析又可以分为民主参与管理对结果变量的促进作用分析，以及民主参与管理与结果变量间的复杂关系分析两个部分。本章将结合三种实证现状，提出具体的对策建议。

一 企业不实施民主参与管理的原因及对策

（一）原因分析

总体上，组织与员工之间的关系，不仅表现为经济的交易关系，还是一种社会交换的关系。我国大部分家族企业管理实践还停留在经济的交换关系层次，对于民主参与管理这种偏社会交换的管理实践，缺乏成熟的理论与完善的管理系统。为了解释这种现象及其背后的因素，相关理论提出了许多论说，借助实证结论，我们对这些论说进行讨论。

1. 动力不足说

从影响因素的角度看，动力主要指企业管理层的意愿。基于管理者感知，Parnell（1992）提出参与管理决策是下列三个因素的函数，一是组织文化能否支持参与管理；二是参与管理是否能有效提升管理效率；三是参与管理是否会削弱他们的权力。在三大因素中，管理效率的提升是企业最直接的动力，但其中的关系需要通过员工满意度、员工的组织承诺等中介来实现，特别是这一过程又受到来自组织情境与员工人格等的调节，使得民主参与管理与管理效率间的关系模糊化。因此，组织气氛所代表的文化因素，以及结构有机化所代表的权力机制成为主要动力及执行力的保障机制。与前人的理论研究一致，本书基于237位管理者的感知，也论证了组织气氛、组织结构有机化对民主参与管理有直接的促进作用。

2. 压力不足说

在企业社会责任与民主化管理浪潮的推动下，各国不断提高工作场所标准，并敦促企业采用有利于人类发展的民主参与管理机制等。其中，在劳动力力量相对薄弱的条件下，加大工会势力，推动员工进入企业关键管理岗位，并影响企业的决策与分配，成为各发展中国家劳动管理部门的主要途径。除了在家族企业组建工会外，借助于劳动力短缺等市场有利条件，推动劳动力市场的规范，将成为企业实施民主参与管理的助推力。本书的实证分析显示，劳动力市场的规范如社会保险缴纳等，也可以推动企业实施更多的民主参与管理项目，但主要是作用于规模大的企业。而且劳动力市场规范也能弱化两岸企业的内部民主治理。理论和实践经验也存在两种可能，在许多发达国家，外部压力可以成为促进员工参与民主管理的重要力量，如莱茵模式下的企业劳动关系管理；然而，美国外部压力却成为约束民主参与管理的重要因素，因为美国联邦劳动关系委员会（NLRB）认为参与管理项目可能导致管理层主导劳动者组织，并认定其为非法。世界各国对市场与社会关系认知和实践是不同的，外部压力与民主参与管理间的关系需要基于情境进行具体分析。随着中国劳动力市场的不断变化，通过加强劳动立法与执法，扩大对家族企业的就业保护等，以此来加大企业民主管理的压力，其效果可能不会很理想。

3. 环境不良论

环境主要是组织外部的管理情境，其中社会民主是提升工业民主化的最主要元素。社会民主化程度能够影响有自主决策能力企业的管理决策，促使其自发地实施民主参与管理。然而，在美国实施很好的民主参与管理制度，到英国、荷兰可能会降低效率，到社会主义体系的国家可能还会适得其反。如在苏联民主体系下，参与所提供的与上司的经常接触，会导致过多的虚假承诺或被视为对特殊员工的偏见。从两岸的实践来看，社会民主化程度主要是推动了企业通过规模来实施信息管理与责任关怀，U形关系也导致企业人文关怀的下降。这说明，两岸家族企业对员工的关怀，是在企业基于利润最大化与生存法则条件下的反应。外部民主参与管理环境能够促进规模大的、有竞争力的企业实施责任关怀与参与管理，但对于大部分中小家族企业而言，外部民主社会要求企业承担更多责任时，企业反而可能走上相反的道路，如减少了人性化管理中的人文关怀。市场法则与社会交换再一次面临着两难的选择，考验着社会管理决策者。换句话说，中国社会民主化促进了企业对员工责任的认知，却降低了企业与员工间的人性化情愫。优化家族企业实施民主参与管理的社会民主环境，对于员工而言到底是利好还是利差，引人深思，也许外部民主"要求"应当协同企业生存与发展才是理性的政策选择，但是，从长远看，外部民主环境肯定有利于企业的民主价值。

4. 能力不足论

从麦格雷戈（1960）到佩特曼（1970）与 Glew（1995），大部分民主参与管理理论大师都认为，员工的参与意愿、社会参与意识是民主参与管理体系的关键。当然，也有学者意识到其中的弱相关甚至不相关。独立样本 T 检验（表6-5）结果显示，海峡两岸，同根同源，人们的民主意识与知识能力（学历，$t = -1.581$）差异不显著，但组织结构（$t = -3.137$）等组织因素差异显著。可见，两岸民主参与管理差异不是由员工的个体因素或社会民主意识差异导致的，而是由组织因素引发的。民主是一种人的内在需求，只要外部组织能满足人的这一需求，民主参与管理实践产生，人们得到满足后，将会产生积极行为。换句话说，民主参与管理的效果如何，关键在于企业的制度设计是否唤醒员工内在的民主与成长需要，而与员工的职位、学历与工龄等个体的外在因素关系不大。民主参与是一种需要，如同人类对自由平等的追求，这种需要与生俱来。参与管理属于高层次的需求，但不一定只有在低层次需求得到满足后，人们才有意愿去享受，传统的层次需要理论已经受到诟病。因此，把实施民主的障碍归因于人们缺乏民主意识，应当基于提升人们参与管理这一高层次需求的能力提出，并从推动人类发展的角度设计参与计划。相反，若一味地强调民众的民主意识培育的观点，是抑制人的内在需求的社会管理思维在企业内部管理的映射。

(二) 对策及建议

从系统科学的角度看，民主参与管理的实践可能取决于企业的内外部因素。然而，外部的责任要求与理论研究只是外因，在实践中，企业是否实施民主管理，关键取决于企业管理者决策与内部实施条件。基于实证分析，上述理论模型分析可以推论，两岸家族企业不实施民主参与管理，可能的原因有：一是劳动力市场压力不足，或者社会不尊重人们的民主参与需求，企业缺乏应有的外部社会的民主压力；二是企业找到了民主参与管理的替代品，如果其他"廉价"管理就能解决规模扩大过程中的问题并提升员工的"努力"，相比之下，民主参与管理的风险与代价可能过高；三是企业缺乏组织结构与气氛等必要的条件。

在这三大因素中，基于外部企业文化情境的企业管理策略是重点。为促使大陆企业实施民主参与管理，企业内外部制度设计要充分考虑到组织内外部因素间的相互作用。对于家族企业来说，如何从组织内部角度提升企业实践民主参与管理的积极性，引导企业进行组织制度设计与气氛营造是推进企业民主化管理的关键。具体地，为了获取有机化组织，企业可以通过工作设计，构建以团队为核心的任务，通过组织设计，弱化权威与控制，鼓励互动，创造更多非正式的、面对面平等交流沟通的平台，以及基于绩效的奖励与激励制度，营造良好的支持与互助气氛等来提升民主参与管理的可能性。

外部社会民主管理体系的建设也应当被重视。随着企业用工问题的逐步深化，综合劳资之间的社会交换与市场交换关系，外部社会应当从三方面引导家族企业实施民主参与管理，一是营造民主参与管理有利于提升管理效率与组织竞争力理论与实践氛围；二是宣传授权所带来的正向影响，积极评价其中的风险，帮助企业克服授权等民主参与管理的困难；三是树立榜样，积极探索与推广成功民主管理实践，通过示范性引导企业采用能满足员工内在需求的民主参与管理策略，引导和帮助企业构筑良好的组织结构与氛围，这也是海峡两岸劳资关系管理的共同规律。

二 借助于民主参与管理，提升家族企业竞争力

基于截面的数据分析与纵向的案例观察，都证实了民主参与管理可以提升组织的竞争力。具体包括，企业外在竞争力如产品竞争力、研发能力、品牌力等，以及企业内在竞争力如资源竞争力、决策效率、信息与执行力及企业文化等。如决策参与提升了企业的决策效率，体现在组织公平气氛与员工情感承诺的产生；关怀管理也可以实现员工成长与公平气氛，提升组织的资源竞争力。这种竞争力的形成，是家族企业在民主参与管理中形成的不易被竞争对手仿效并能带来超额利润的独特能力。

（一）工具性的理论分析

1. 民主参与管理的工具性目标

民主参与的组织效率，最有力的证据来自生产率的提升。在员工参与的文献中，与劳动生产率相关的文献有：绩效、有效性与效率、利润等。而这些实证研究主要集中于高绩效工作系统中，而这方面的有力结果却主要是认证了高绩效工作系统有益于提升企业的人力资源，聚焦于员工的保护与组织的社会目标等。对劳动生产率的作用方面的研究，相关理论还从行业入手，比如制造业的员工劳动生产率易于测量，而以服务业为主的相关行业，员工的劳动生产则难以衡量。

民主参与管理和企业绩效间的关系如何，总体上，大部分学者认为二者正相关的实证研究较多，如杨叶（2008）等认为，员工参与管理可以满足员工个人成长、自我价值实现的需要，充分调动员工的积极性，达到组织绩效提高的目的。又如程德俊团队（2009~2011）的系列成果论证了高参与工作系统通过信任、社会资本等中介，实现对组织创新绩效的促进作用。本书的实证研究也证实了民主参与管理的组织绩效功能。

综合参与管理与民主参与管理对组织绩效的关系，可以发现单纯的参与管理可能不一定会实现高绩效，而民主参与管理比单纯的参与管理更有利于组织绩效。因为参与管理是以员工的积极响应为前提的，以员工不会观望或推测管理方意图等为前提假设；而民主参与管理则可以显著地提升组织绩效，因为民主的关怀管理可以增进员工与组织间的亲密关系，把参与管理的前提假设变成现实。

2. 经济交换与工具性分析

随着社会交换理论的发展，工具性理念与经济交换经常被当作对立理论而被组织所放弃（徐燕，2012）。特别是基于中华文化的人际互动所产生的企业家族化与社会化问题，更加强化了管理的情感性成分。然而，人们也注意到现实中大部分企业采用的是基于物质激励的准交易契约型雇佣关系（赵曙明，2011）。其实，亚当·斯密的市场交换法则已经成为现代文明社会的基础，契约特别是明示契约是"经济人"行为的基本准则。法经济学认为产权是一种社会工具，它能帮助一个人与他人交易时形成合理预期。基于工具性的功利主义交换论认为经济人进行交易或交换时，总是能够基于最优信息理性地寻求物质利益或效用的最大化，员工与组织的功利主义也是双方所有后续交换的基础，因此基于分配公平的经济交换是家族企业提升员工绩效的基石，是"工具性"的最有力支撑。基于功利主义视角的衡量个体投入与收益的分配公平成为有效地预防不合理预期以及认知差异的关键，成为最有效的管理机制。

图 9-1 显示，民主参与管理作为偏人本管理的实践范畴，其价值性的功能更大。而这也是民主参与管理的魅力所在，通过关怀管理，再加上明确的民主参与管理的组织与个体收益，通过个体收益与组织收益的相互促进，如员工承诺以增加产品竞争力，以及雇主品牌建设方面等。

3. 工具性与可持续发展

企业内部 HR 战略与外部社会制度是相互映衬的。民主参与策略是一项有利于提升劳动者价值认可的管理机制，同时也具备组织绩效的功能。本书通过对自由"经济人"的家族企业的现状调查分析，发现参与管理能够实现高绩效与高保障，既有工具性的元素，也有价值性的本意，值得组织内外部管理者推广。实践中，大量的企业可以基于经济交换的雇佣管理,通过民主参与管理完善明示契约,使员工基于公平公正交换而感到可以进一步与企业合作,并提供等价或积极行为;在此基础上,还可以基于社会交换的人本管理,通过民主参与管理重构心理契约,使员工感到有义务或使命为组织提供服务,促发积极行为,实现组织可持续发展。

(二) 对策建议

家族企业应当通过劳动契约来明晰产权,为员工承担必要的经济与法律责任,通过责任关怀来提升员工的工作安全感,借助于公平的经济交换,不仅能够有效降低劳动争议案的发生率,最重要的是使劳资双方对劳动者的努力程度做出合乎预期的评价。如建立对员工努力程度的量化考核指标体系,把公平公正建立在可测量的客观基础上,是降低员工高自我评价与认知差异的关键。在此基础上,增进员工与组织间的亲密关系,以实现民主参与管理的高组织绩效功能。实现可持续发展,在民主参与实践中既要有战略匹配度,还要有与组织战略匹配的执行系统。劳资和谐还取决于企业内外部制度及其管理的统一:强调价值性的外部管理制度首先需要通过内部制度与策略来实现;同时,工具性目标能否实现,有竞争性的企业制度是基于劳动制度等外部战略环境的;良好的制度设计还需要"氛围",虽然企业内部民主参与氛围的营造是一个长期的相互博弈的整合过程,但有了战略匹配度,内部公平与活跃的氛围将成为可能。

三 双向因果关系与价值性的实现

价值性的实现,需要基于社会交换以提升劳资双方的投入意愿。产权清晰与公平交换是劳资双方额外投入的前提,持续的相互投资还需要基于情感的社会交换关系。Shore 等(2006)认为,社会交换关系是基于高度信任的、广泛投资的、关注长期与重视关系的交换关系,有利于双方的价值认同。对员工而言,发言权是提升价值认同的有效机制,如建言机制所带来的积极效应包括增强员工对组织的信任,提高领导满意度,提高员工对组织公平的感知,降低离职率,促使员工表现出更多的角色内绩效与创造力等(Thomas, 2012)。

(一) 理论讨论

员工—组织关系的目标一直备受争议。卡夫曼(1993)提出了包括正当程序、尊严、尊重以及技能与领导能力的发展机会等多维的标准。巴德（2004）则将之简化为公平、效率与发言权三位一体的目标体系。公平与效率一直是难以兼顾的目标，发言权的提出，使得员工—组织关系的目标似乎更加难以平衡。实证分析为理论的探讨提出新的课题。

1. 价值性的扩张：从发言权到 SV

为了分析民主参与管理的功能，我们把实证分析的结果总结在图 11-1。图 11-1 显示了价值性的扩张过程，从民主行为，到发言权机会，再到员工成长与 SV，最后实现民主化。这一过程是民主价值扩张的过程，也是管理实践的目的所在。

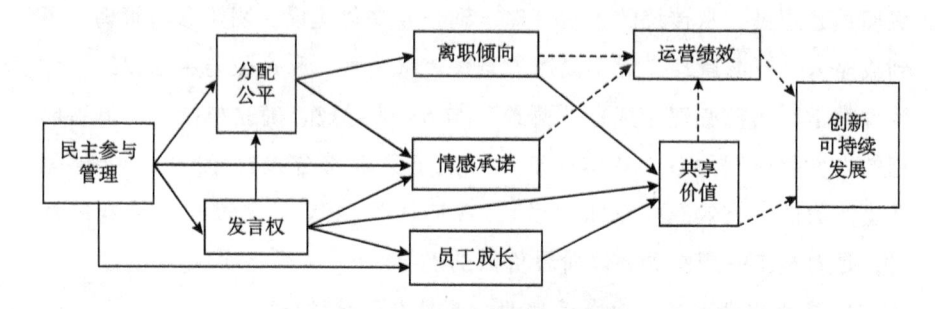

图 11-1　研究理论模型与结论

注：由于上述模型无法通过一个综合的全模型予以拟合，为了严谨起见，相关的路径系数未标注，具体数据见第二篇的分模型结论。图中虚线表示未经实证分析检验。

组织发展理论（OD）认为，任何企业管理实践不仅仅只是组织绩效的功能，其必然带有一定的人本价值。从奥德佛的 GRE 理论对人需要的关注，到企业社会责任与共享价值观理论，组织对社会价值性的扩张从未中断过。在工作场所，员工需要通过民主参与实现这些价值，从人类社会发展角度看，组织的变革与发展其实质是人的发展。因为组织发展涉及人员、群体和组织文化，它包含着明显的价值导向，组织发展注重合作协调而不是冲突对抗，强调自我监控而不是规章控制。组织发展理论是对民主参与管理的最有力理论支撑，相关的成功实践也为民主参与管理提供最强有力的证据。

2. 工具性还是价值性：从平衡论到共享价值观

巴德（2004）平衡论的核心观点是：为了平衡对立的人权（财产权

与劳动权），就需要平衡公平、效率与发言权。这一观点的前提是，财产权与劳动权是对抗的。其实，这是一种员工—组织关系底线的探讨，并由此衍生出现实的"三方协商"机制。三方协商的结果是集体合同，根据《劳动合同法》，集体合同是对资方在劳动报酬等方面最基本义务的规定，其规定的内容一般低于个人劳动合同标准，属于区域或行业对劳动者最基本要求的规定。因此，劳资双方权益需要平衡，是以集体谈判是最有效制度为前提的探讨，然而，社会发展不仅需要探讨社会主体间底线的、基础的经济准则的建立，还需要探讨劳资主体间道德伦理准则的、本体的价值建立。近年来，人力资源管理实践已经跨越"二方协商"，正在朝人性化雇佣关系迈进。从传统的人本管理，到企业文化建设，团队参与管理，再到战略人力资源管理，无不渗透着兼顾效率公平，财产权与劳动权统一的管理哲学，其核心理念正是"愿景"与SV的寻找、确立与推广。借鉴巴德的人性化雇佣关系或"体面工作"的定义（符合人权标准的、能够创造生产力的、有效率的雇佣关系），我们认为，SV是愿景与价值观的探讨，是对员工—组织关系高阶段价值的追寻。

3. 多重中介：民主参与管理的工具性与价值性统一

组织发展理论与图11-1的实证结论表明，民主价值扩张过程也是组织目标的实现过程。图11-2显示，民主参与兼顾工具性与价值性功能。虽然从路径系数的角度看，民主参与管理是偏向于价值性的实践，但从路径数来说，二者差异不显著。特别是从基于共享价值观的组织目标角度看，作为组织凝聚力的核心维度，价值观共享过程是最有效的员工激励体系。在实践中，因为在实现共享价值观方面的强大功能，企业文化建设成为近年来理论与实践的热点。大量的研究分析了共享价值观对组织绩效的作用，然而应当如何实现共享价值观呢？数据与案例都表明，因为民主参与对SV没有直接的效应，因此需要综合民主参与管理的价值性与工具性中介功能，SV具备统筹组织、工人与社会多重目标的功能。但共享价值观的形成过程存在强价值性与弱工具性中介的特征。本书的实证研究说明，民主参与管理具有强价值性与弱工具性的特征，具体总结见图11-2。

从图11-2可知，在虚线上方，民主参与管理的功能较强，即价值性较强。而下方的工具性功能相对较弱。但是从中介角度看，民主参与管理

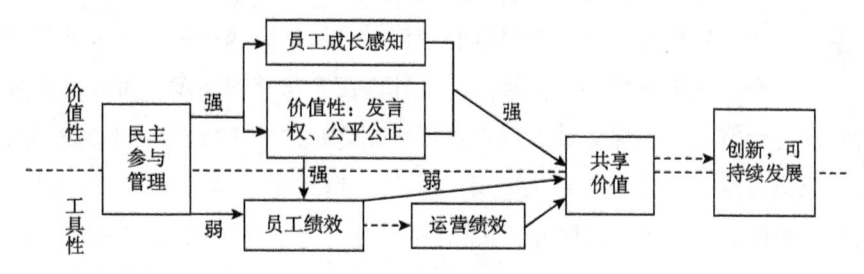

图 11-2　民主参与管理的价值性与工具性

可通过强价值性实现强工具性。总之，与传统人事管理理念不同，作为一种新的管理实践，民主参与管理的实践结果表现为价值性与工具性的双向互动作用。在实现家族企业与员工之间的双赢互动对策体系中，民主参与管理显然具有较强的有效性。

（二）对策与建议

组织发展一般被看作改善组织中人的因素的训练和发展措施。是价值性的体现，学者认为，组织发展是组织为了实现自己的发展目标，适应主客观环境的变化，不断推进组织学习、提高、创新、变革的过程。因此，组织发展是基于企业的民主管理，实现了人本主义的民主价值观，从而实现组织目标的一个过程。

1. 家族企业：主动变革员工关系管理情境

（1）明确民主参与管理对 SV 的作用路径

首先，发言权机制是实现 SV 的关键，企业要关注民主参与管理的发言权机制。如通过信息共享与决策参与等，提升组织的建言效率，通过团队管理等，打破员工沉默与内隐性建言的忧虑，充分的参与管理与建言等可以促使员工在参与管理中体会到组织的目标与自身目标的一致性，或者通过自我驱动调整自我目标以适应组织目标。其次，通过关怀管理关注员工成长，借助于柔性管理，提升企业文化、优化组织气氛，以此来提升员工对组织目标的认同感，实现共享价值观。最后，企业在目标管理中，要注重目标实现后的分享，通过公司的宣传系统等信息共享与决策参与，促成员工对组织的认同感，降低离职倾向。

（2）实践 SV 的民主参与策略

首先，突破泛家族化管理，实践全面参与管理。因为外来职业经理人所感知的泛家族程度不同，会影响管理层对组织认同的进程，并因此损害组织的效率。基于家族的人本理念，设计全面参与管理制度，重视民主参与管理的价值性，如保障员工的权益可优化组织的民主气氛，调和家族关系与经济关系。优化工作环境，提升士气，借助于"大家与小家、组织与员工共同成长"等多种媒介，实现核心人员与外围员工达到"共识"，形成信任，员工形成工作生活统一，实现管理创新。其次，设计民主参与制度，让员工感知组织的发展前景，提升他们与组织目标的联系度或匹配度，因为目标一致，员工能感知离开组织可能牺牲的个体目标，将做出与组织共进退的承诺与选择。结合发言权机制，使员工感知自我价值与目标的实现可能性，促进员工的自我成长。组织因此在心理上被员工所接受，并作为他们目标的一部分，员工就会表现出协作的团队行为，由于强烈的组织认同可能会出现以组织目标来代替员工个体目标，共享价值观因此产生。

(3) 调和家族系统与经济系统，通过 SV 机制提升员工对家族的认同

从文化或交换关系看，企业内部有多个子系统，如家族系统与经济系统，控制权或所有权系统，员工中的地域、学缘等非正式组织系统。有些子系统易于形成 SV，如家族、非正式组织等；有些子系统则不易于形成，如经济系统等。经济系统中的员工—组织关系为什么难以形成 SV，企业为什么没有对员工实施人性化管理？这不只是因为企业的短视行为或伦理管理缺陷，更不是因为社会法制约束不足，而是来源于企业与员工间的目标或愿景差异。家族企业内家族系统 SV 的产生，强调依赖家族成员积极投入与参与管理来实现。基于社会情感财富理论，与家族有关系的成员总是能够以最好的工作标准，实现最高效的生产力，是最稳定的有效雇佣关系，因此是人性化的雇佣关系。因为家族成员与家族之间关系最符合"情、理、法"的中华传统准则。家族成员关系的调节效应说明，如何设计相应的机制以提升员工对家族的认同成为未来家族企业管理的关键。员工进入组织，意味着与组织目标的冲突、匹配与融合的进程，是一个伴随着员工个人身份特征与组织身份特征的比照和心理调整的过程。

2. 员工：从沉默的大多数转变成积极管理参与者

现实中，企业的关怀管理易得到员工的响应，可产生一定的互动效应。而参与管理往往成为胎死腹中的计划或表面化流程，如信息共享被员

工当作揣摩管理方"是否信任我"的工具,决策参与成为员工心目中的"走过场"、演戏。佩特曼(1970)与纽曼(1989)均提到员工因素对民主参与的约束。员工及工会组织要维护好互动参与平台,因为相对于传统的漫长晋升以进入管理的人力资源体系,民主参与平台具有强价值性。中国长期的奴役文化使人们的参与意识不足,然而我们也看到互联网下的民众声音正处于井喷的状态。通过移动互联网,提升作为社会主体的意识,以唤醒身边的人参与组织活动的需求,提升自我管理能力正成为每一个当代产业工人的使命。为了实现自我价值,员工首先要树立主体意识与职业理想,通过尽快社会化,寻找组织中的合理定位与组织认同,组织起来,积极参与,做积极的建言者,而不是沉默的大多数;其次,员工要提升自我管理能力与参与管理的能力,通过不断的学习与管理训练,提升参与决策的技能与觉悟,成为对组织的科学决策有贡献的一分子,通过不断的"管理付出",增添参与管理的自我效能感,充当好良性互动平台的维护者角色,实现自我价值并为组织所认同。

3. 政府:扮演好督促奖励与组织培训的社会管理角色

在影响参与管理的因素中,纽曼(1989)三因素论(组织因素、关系因素与社会因素)成为理论框架,他认为强调等级安排和身份地位的社会或组织结构不利于员工管理。结合本文的实证研究,作为社会管理者,政府首先要督促企业实施关怀管理,鼓励企业的参与管理计划。坚决全面落实劳动法,推进法律的全面执行,规范劳动力市场,同时要激励企业实施参与管理,树立典型与榜样,奖励优秀的管理实践;其次,政府还是社会互动气氛的营造者,通过对 115 份港澳台样本与 354 大陆样本的独立样本 T 检验(表 6-5),结果显示大陆企业在人文关怀与责任关怀方面比港澳台低(异方差显著),因此互动气氛不仅仅需要民主政治气氛,还需要加强社会对员工的"关怀"气氛。最后,为提升员工的互动能力,政府还应当通过培训提升工人参与管理的意识与能力,培育一代优秀的民主参与管理者。

四 结论

本章基于实证数据与案例观察的研究基础,从理论上概括了如何提升企业实践民主参与管理的动因，指出民主参与管理的组织绩效，以及人本绩效，最后分析了其中相互作用的复杂机制。总体上，民主参与管理是价值性与工具性统一的管理实践，组织绩效与员工价值存在双向因果关系。但从动态的过程看，组织绩效与员工价值则存在因果促进关系。如在中国家族企业中，为了提升组织绩效，企业要加入大投入，员工感知到企业的人本管理，就会表现出认同与组织承诺，组织气氛因此得以改善，企业业绩与员工成长价值得以实现，双方再一次达成互信与共识，经过绩效与价值的不断互动，最终实现共享价值与和谐关系。

因此，对家族企业来说，首先要加大投入，不管是物质还是非物质的（发展机会）。然后基于完善的评价体系与公平交换基础，劳资双方通过广义发言权机制，包括决策参与的建言管理等，保障员工参与成果，提升员工绩效，以此降低员工的认知差异。组织投入是循环上升的相互高投入的基础，员工通过参与实现发言权，产生组织承诺，最终实现共享价值观与双赢。

未来，新一轮的智能机器人、网络技术和自动化生产模式正悄悄地改写着工作场所的劳资关系版图；同时职工所有制与家族创始人的理念以及中国的草根创业文化相冲突，中国企业正处在职业经理人与家族企业合作的困难期。企业实践民主参与管理的可能性与紧迫性均在加强。因此，未来需要加大对民主参与管理的实践探索与理论归纳，以发挥其在智能化条件下对职业经理人和科层管理制度安排的弥补或替代功能。对于企业来说，具体应当如何践行民主参与管理，社会管理制度应当如何推进民主参与管理系统的执行，这些具体的管理实践与对策，则需要进一步基于人口学与地理学特征进行分析。

第十二章　借助于民主参与管理，提升组织绩效

理论的对策是否有效，还需要基于具体的管理情境。除了案例分析是基于具体情境外，本书的截面数据主要来源于五家合作企业资料（364份，占全部问卷的77.26%），本章将选取其中的3家企业进行对比分析，并提出具体的组织管理对策。

一　样本企业基本情况与介绍

（一）企业基本情况

三家企业分别来自福建的A化工制造业公司与台湾B金融企业以及江西的C房地产装修服务公司。

A公司成立于1988年，现有员工13000多人，2011年在香港上市，主要从事差别化纤维的研发生产与销售，主要产品为涤纶长丝产品拉伸变形丝和全牵伸丝，为纺织服装的上游企业。公司下设分公司9家，均具有独立的法人资格。此次接受访问的员工有91人，均为基层员工或中层管理者。

B企业成立于1983年，现有员工1000多人，为台湾金融服务企业，公司管理幅度与结构较为复杂。主要从事金融证券交易等服务，主要产品为金融资本及其衍生品等，此次接受访问的员工有70人，主要为一线员工。

C公司成立于2009年，现有员工300多人，为江西的小型家族企业，公司管理幅度较为简单。主要从事房屋精装修以及房屋销售与装修中介等，此次接受访问的员工有52人，员工成分较为复杂，从公司高层到基层均有。

(二) 描述性统计

为了了解不同规模、行业与地区公司的民主参与管理现状，以及不同员工对公司民主参与管理的感知程度，首先对三家公司进行描述性统计分析，具体数据列在表12-1。

表12-1 三家公司的样本数据描述性统计

公司		工龄	参与机会	受教育程度	信息共享	决策参与	关怀	发言权	员工成长	分配公平	情感承诺	离职	SV
A	E	3.26	1.89	2.93	1.66	3.80	3.29	3.83	3.86	3.51	3.38	3.23	2.51
	SD	0.197	0.229	0.91	0.118	0.144	0.180	0.182	0.186	0.187	0.187	0.109	0.119
B	E	2.70	4.48	2.00	1.79	3.96	3.37	4.39	3.99	3.96	3.92	1.94	2.71
	SD	0.212	0.619	0.151	0.174	0.161	0.226	0.190	0.213	0.209	0.208	0.137	0.134
C	E	1.93	2.24	2.34	2.13	3.12	3.04	3.17	3.36	3.23	3.37	1.90	2.08
	SD	0.119	0.193	0.093	0.099	0.119	0.116	0.152	0.132	0.127	0.144	0.173	0.087

注：工龄1指的是1年以内，2为1~3年，3为3~5年，4为5年以上；受教育程度1为高中及以下，2为专科，3为本科，4为研究生及以上。

从表12-1可知，除了受教育程度、信息共享与离职倾向、工龄三个指标外，B公司的其他方面指标值均最高。结合前文的实证分析可知，台湾样本企业的民主参与管理程度较高，员工参与机会大。大陆两家企业中，大型上市公司的工龄较长，受教育水平较高，但参与机会不如小企业多，特别是信息共享方面，而决策参与与关怀水平大企业的表现更好，结果大企业的价值性与工具性都更高，工作保持或留职（低离职倾向）与共享价值观也较高。

二 人口统计学特征的民主参与管理

从员工角度看，工龄与参与机会的关系不大，并不是工龄越长的员工参与机会越大，受教育程度与参与机会也没有必要的线性关系。但另外数据显示，员工的年龄、职位与员工参与机会相关性较强。如表12-2、表12-3所示：从年龄来说，36~45岁的员工所感知的参与机会最多，45岁以上的员工的参与机会比26~35岁的员工感知到的低；同时，越高层的员工所感知的参与机会也越多。

表 12-2 按年龄分的参与机会

年龄（岁）	16~25	26~35	36~45	>45
参与机会（项）	1.167	2.32	3.395	2.134

表 12-3 按职位分的参与机会

职 位	一线员工	基层管理者	高层管理者	决策者
参与机会（项）	1.192	2.204	3.232	3.844

结合前文的独立样本 T 检验结果（表 6-5），从参与结果的角度看，大陆企业在人文关怀与责任关怀方面比港澳台低（异方差显著）。由此，我们可以得出如下结论：

第一，民主参与管理的人口统计学特征在年龄与岗位上差异显著。随着员工年龄的增长，企业管理实践体会的知识与经验会增长，同时企业也会给这些员工更多的参与机会，因此年龄（≤45 岁）与员工参与管理机会成正比。相对来说，职位与参与机会之间的关系较显而易见。

第二，民主参与管理的区域变量差异显著。大陆与港澳台企业的差异显著，不管是基于企业的对比分析还是独立样本 T 检验的结论，都说明大陆与港澳台民主参与管理机会与结果变量上均存在显著差异。

第三，民主参与管理的情境变量与结果变量存在较强的关联，如年龄、岗位与区域因素，对民主参与的结果变量，如关怀管理，以及价值性与工具性均会产生一定的差异性影响。

三　组织管理对策与建议

（一）做劳资关系情境的主动变革者

民主参与管理需要企业先迈出变革劳资关系情境的步伐。在市场理念盛行的现实中，我国家族企业把劳资关系定位于经济的交易关系，忽略了劳资间的社会交换关系。在家族企业中，企业投入时希望双方是经济交易关系，而在产出时却要求员工投入情感和额外努力。换句话说，在劳资交易中，企业支付工资时，关注的不仅仅是劳动的量，而且是劳动的质，即员工的努力程度与额外的付出。这种期待员工来改变劳资关系情境的被动管理仅适用于劳动力的买方市场条件，用工荒条件下及企业对员工忠诚的依赖要求企业通过劳动契约，把年薪制或股份制等薪酬、社会保险与福利等以明示契约的形式对员工做出承诺，通过先期高投入保障，激发员工的积极情感，并通过制度避免对明示契约的违犯，提升承诺的信任力。

同时，构建员工参与的管理平台。组织通过营造良好的组织气氛以及合适的社会化活动等方式可以促进员工参与（Glew et al.，1995）。我国企业应当通过组织结构设计，减少科层制对员工信息反馈与影响，减少领导下属权力距离，营造民主管理气氛；设计信息共享制度，借助于网络资源，宣传公司发展愿景、使命、战略目标与经营计划，组织员工学习行业发展态势，公布组织信息，及时告知员工绩效考核结果与顾客对产品或服务的满意情况，实现账务与经营管理信息公开透明；优化决策体制，鼓励员工参与决策过程，认真考虑员工提出的相关建议，采纳并全面贯彻员工的合理化建议，实施弹性工作制，使员工感知到个人工作的决策自由度；优化参与互动平台，鼓励员工参与互动，通过树立榜样打破员工参与顾忌，实现从明示契约到心理契约的合理升级。

（二）优化组织民主气氛，实现互惠互利

实证数据说明，大陆企业全面的参与管理，应该通过企业内部制度设计来实现。首先，Glew 等（1995）认为企业实施民主参与管理变革，首先应由企业最高层提出。从两岸共同的规律中可以发现，外部劳动力市场能够影响企业最高层决策，同时大陆家族企业正经历企业转型升级与规模扩张。劳动力市场方面，除了日益规范的劳动法规外，随着大陆人口政策的变化与"家"文化背景下的中国新生代员工问题的日益严重，如缺乏必要的工作压力，大陆企业所面临的员工管理问题，将比港澳台更难解决，民主参与管理因此将会逐步得到高层的青睐。其次，高层的决策能否得到中层、基层的执行，一般认为取决于下列三因素：一是组织文化能否支持民主参与管理；二是参与管理是否能有效提升管理效率；三是民主管理是否会削弱他们的权力。这三大因素与本书实证分析一致，是两岸家族企业管理的共同规律与发展趋势：一是组织气氛对民主参与管理四维度都有影响，其所代表的文化因素，能提升大陆企业民主参与管理的执行力；二是责任关怀与员工成长需要正相关，说明民主参与管理可解决员工的"努力"问题，提升企业的管理效率；三是组织结构有机化对两岸的参与

管理都有影响，对责任关怀也有影响，其所代表的权力机制设计也将提升大陆企业的民主参与管理水平。总之，组织气氛营造与结构有机化是两岸家族企业实施民主参与管理的共同因素与规律。大陆家族企业如果要解决规模扩张中的员工激励等问题，应当基于个体成长的组织气氛营造与组织结构设计。

因此，企业应该：首先，为员工提供明晰的战略愿景，加强员工对战略的认同，增强员工参与设计不同阶段的战略流程的意识；其次，企业通过工作设计，构建以团队为核心的任务，通过组织设计，弱化权威与控制，鼓励互动，为所有的员工与管理者创造更多非正式的、面对面的平等交流沟通平台；再次，鼓励献计献策，设计专人负责收集、整理合理化建议，研究其可用价值，评级发奖，并尽快采用，营造良好的建言参与气氛，在这种员工普遍参与决策和管理的氛围下，员工通过培训、经验交流等形式能提升自身参与的知识水平和技能，最终实现技能与氛围的良性互动与双向统一；最后，基于绩效的奖励与激励制度，良好的支持与互助气氛等来实现民主参与管理的可能性。

（三）因人而异的互动参与，提升管理效率

实证数据说明年龄、岗位与区域因素，对民主参与的结果变量，以及价值性与工具性均会产生一定的差异性影响。因此，需要对不同的员工实施不同的参与管理策略。

首先，年轻员工或新员工是公司未来竞争力的核心，是基于组织战略的依托。针对新员工的特点，如新鲜血液、新思维、新理念多，同时对组织流程和文化不了解，要为新员工提供建言机会。强调非正式组织参与管理的作用，以自由结合、自愿参加的原则把年轻的新员工组织起来，如实行职工建议制或质量控制小组。同时，加强关怀管理，为新员工尽快融入组织，避免非生产性减员的产生。让新员工参与管理，培育或实现他们的管理意识，甚至提供他们进入管理层的机会，增强他们的组织支持感，有利于实现员工的组织认同感。

其次，为有经验的员工提供参与管理与决策的机会，有经验的员工意味着他们是最了解工作的人，在工作比较复杂时，施行参与决策，将产生更完善的决策。要基于利益相关的原则，发挥和利用老员工的智力、技术知识，以及沟通等管理能力和资源，通过老员工的示范作用，优化组织气氛，以带动全员参与管理文化的建设。具体参与方式可以考虑资本参与、决策参与等正式的参与机会，鼓励老员工在优化产品设计、提高产品质量、降低产品成本及增进企业员工福利等经营管理方面出谋献策。

最后，对于基层管理者来说，要提供适当的成长机会与充分的发展平台。管理者流失成为近年来中小企业，特别是家族企业的人才建设问题。鼓励基层管理者亲自参加企业制度目标的制定，让他们感到自己对目标的实现负有责任，并以极大热情投入工作。实现部门与组织目标以及个体目标的共赢，提供员工的职业生涯上升通道。更多地关心和参与企业决策管理，可以强化管理层的主人翁意识，从而达到留住人才、稳定管理团队与人才队伍的目的。

（四）探讨路径与机制，提升民主参与管理意识

注重民主参与管理对结果变量影响过程中的中介效应。实证研究（图8-2、图11-1）说明民主参与对员工绩效，如承诺、动机和离职倾向等的影响较弱。当然，在适当条件下实施民主参与管理的价值性更高，作为偏价值性的管理实践，应注重其中的"中介效应"及"螺旋交互作用"关系。工具性与价值性的统一在工作复杂性及合作程度提升的今天变得更为重要。员工工作中的相互依赖需要和其他部门与工作单位的人共同商议，这需要通过团队、委员会和群体会议来解决共同影响他们的问题。民主参与的工具性体现在组织承诺、低离职倾向与共同目标的产生。企业实施民主参与管理，可以提升员工对组织的认同度，在实施组织战略与计划时，员工会更加认可相关的决策与计划。民主参与的价值性体现在，民主参与管理是一种内在的激励制度，发言权等会使员工的工作变得更有趣、更有意义。因为，最好的工作激励是工作本身。对于家族企业，实践民主参与管理，应当基于生命周期，采用不同的民主参与管理形式。

新创业企业可以实施员工股份所有制。新创业企业对非家族成员的吸引力较弱，为了提升非家族成员的工作积极性，需要让他们感知到心理所有权，对于新创业企业来说，心理所有权的产生是需要物质基础的。实施股份所有制，才有可能实现非家族成员从目标制定、达成目标的措施的制

定、决策，到问题的解决、管理的执行、组织结构的变革等的全面参与。同时也有利于强化企业的规范管理，减少家庭系统对企业的影响。

成熟企业可以实施财务参与，建设参与管理制度。如对职业经理人实行期权与年薪制，即规定薪酬中股票期权占很大的比重。未上市的公司也可以实施企业股本改革，通过管理入股与技术入股的方式实现心理所有权。把管理者的收益与公司的利益紧密联系，实现经理、一般员工成为真正的利益相关者。同时，通过财务参与，也是实现分配公平的重要保障，因此，财务参与是心理所有权与决策参与的物质基础。其次，借助于参与管理的制度化，提升管理者、员工与公司的心理契约，将能实现工具性与价值性的统一。民主参与管理的 SV 功能说明，民主参与管理能增强组织凝聚力，融洽公司的人际关系，实现员工成长，提升工作满意度，并实现组织竞争力的提升。

大规模的成熟企业可以实施代表参与制。虽然代议制对员工与组织双方的积极影响较弱，但有利于提供代表们的象征化价值，从而有利于组织民主气氛与参与文化的形成。同时，代表们被定期告知企业的经营状况并拥有对公司的经营施加影响的机会。代议制也能提升代表对组织的身份认同。代议制的价值还体现在对员工权益的保障上，特别是在民主氛围较强的社会管理背景下。

（五）通过管理创新，实现全面的参与管理

中国目前实施全面参与管理有可行性。首先，由于信用缺失等原因，20多年来，我国的职业经理人市场还不发达。同时，由于中国家族企业创始人的草根创业理念，对家族财富的重视及家族系统的认同，目前出现了职业经理人与家族企业合作的困难期。在此背景下，一般性的员工参与管理能成为企业弥补家族人才不足、充分挖掘员工潜能以壮大企业实力的有效途径，并成为职业经理人市场制度的有效弥补机制。其次，对于组织内部的员工来说，工作与生活的统一或平衡成为他们的全部。除了工作中的参与外，他们一般都参与企业或社区的其他组织与活动，如兴趣小组、老乡会、工会活动、家庭成员活动等，对于企业来说，这些活动也可以提升组织的绩效。如通过兴趣小组活动管理，实现员工情感沟通，增强组织的连续承诺，可能更有利于员工的留职管理。

如何实施系统的参与管理，成为组织工作设计与组织管理的关键。研究发现，全面参与企业管理优化了组织的民主决策气氛。企业组织通过信息共享与增加自由裁量权等提升了员工的活力，使员工表现出全面的积极组织行为。如盼盼集团注重"全员参与"，鼓励员工参与质量管理小组，将"参与"与"职责"相结合，综合培训、激励、建言等因素，促进员工主人翁意识的形成，有效提高员工的参与积极性，这样不仅提高了员工参与的有效性，也在一定时期内提升了公司的民主化管理水平。借助于关怀管理等增进员工与组织间的亲密关系，减少员工的观望或推测行为，提升劳资双方互信，促进高组织绩效的产生。

（六）借助民主参与，优化家族企业管理系统

中国许多大家族企业之所以不愿意上市，主要是为了避免家族财产被分割。因此，在非上市公司，财务参与等职工所有制可能与家族创始人的理念以及中国的草根创业文化相冲突，一般性的参与管理将成为企业实践的重点。在此背景下，民主参与管理正是这样一种有效的制度安排。因为，运用民主参与管理，实现组织与员工的互动，让员工了解企业的发展目标与使命，并充分发挥外部需求的制度安排，如职代会等，能提升管理效率，发现人才，挖掘员工潜能并提升员工创造力，最终实现企业与职工共享价值观与长期的双赢。

首先，发展与完善建言制度，优化管理气氛。在家族企业中，有利于代议制的实施土壤比较匮乏，建言与质量管理成为比较受欢迎的管理模式。如盼盼集团充分发挥管理层在质量管理小组中的作用，定期开会讨论员工在工作中所发现的问题和提出的改进建议，充分吸收具有创新性、价值性的意见和建议，并及时将采纳结果反馈给员工，给予适当的奖励，促进员工在参与质量管理过程中实现自身价值，实现内在成长。

其次，要注重管理体系建设，特别是管理层的培养。在公司组织结构的扁平化发展的背景下，管理方式由权力型向参与型转变。家族企业管理体系建设过程中，主要是构建中间管理层。在职业经理人市场不完善的背景下，家族企业缺乏中间管理层，这更需要企业管理者的管理幅度加大，权力下放。参与型管理方式的基本特征是将所有能下放到基层的管理权限都下放到基层，使管理者在遇到困难时得到员工的广泛支持，上情很快下

达,下情迅速上报,反应灵敏效益高。

最后,家庭座谈式沟通参与等参与方式。沟通参与从心灵上挖掘员工的内驱力,为其提供施展才华的舞台。它缩短了员工与管理者间的距离,解决了企业组织绩效反馈与创新源的障碍,使员工充分发挥能动性,使企业发展获得强大的原动力。

第十三章　提升民主参与管理价值性的社会管理策略

对于价值性属性的管理策略，外部社会更应当有所作为。要促进企业实施民主参与管理，实现良性的劳资互动。不作为的社会管理策略，主要是由于认识的问题，如把互动不足归结于员工能力不足，或者是简单的管理模式，即认为企业压力不足，应当加强法制等规范等。本章首先通过理论分析，指出组织内外部的协同管理模式，再结合实证分析结论，提出具体的社会管理对策。

一　社会民主与企业民主参与管理的互动

（一）社会民主与工业民主

社会民主与工业民主之间的关系，主要涉及政治社会领域民主扩展到企业，以及经济领域企业或产业的自身民主化甚至影响到政治与社会民主两种观点。为了分析其中的争议点，需要对企业的性质进行剖析。汤姆林森认为，在经济学中，有三个认识企业性质问题的一般理论框架，即"单一最大限度"理论、行为理论和马克思主义理论。第一，"单一最大限度"即利润最大化理论，认为企业是利用一组特定的价格、技术和市场的最大利润的追求者。第二，行为理论主要把传统的新古典理论的分析形式和组织理论糅合在一起。这一理论认为企业是管理者群体的轮换式的联合体，在这个联合体中，部门利益可能会导致相互冲突，而共同利益则需要相互合作，这二者处于动态平衡中。第三，马克思主义理论。马克思将个体资本家看作人格化的资本。

在"单一最大限度"的第一种理论模式下，工业民主处于较低水平，工业民主体现更多的是"协商",使雇员了解并理解决策和计划,以便更好地组织工作达到组织的目标。在第二种模式中,管理者群体需要为各种各样的目标从事不断的谈判,强调工业民主的集体谈判功能。与单一最大限度理论相比,雇员的地位已从消极被动管理提高到可以对企业管理积极参与,与低水平的协商不同,这种参与可以影响企业的最终决策。在第三种模式中,真正工人监督或工人自治的工业民主才是改变资本与劳动的冲突性结构实现社会和谐的方案。显然,这种划分与佩特曼(1970)的假参与、部分参与以及完全参与理论有异曲同工之处,是更激进的划分模式。

三种划分方式体现了工业民主的实现过程具有时间性,随着社会经济的发展,工业民主逐步从假参与过渡到部分参与。因此内含着社会民主影响政治民主的观点。然而,20世纪80年代以来,随着全球经济的稳定发展,着眼于企业内部的管理理念被提到日程上来。特别是利益相关者与企业社会责任概念的发展更是助长这一思维的发展。利益相关者理论似乎有政治社会民主与工业民主相结合的功能,并赋予工业民主新的理念,主张企业通过参考内外部利益相关者的权益,不仅要通过外部社会政治民主来影响企业内部民主化过程,更要通过企业自身的民主进程,提升外部社会民主。其实质是两种民主化路径的综合。

社会民主与工业民主的这种关系也体现于企业内部。员工是企业的主要内部利益相关者,同时员工也受到企业社会政治民主思潮与民主意识的影响。员工追求的是参与企业生产经营的权利,通过参与生产经营管理决策,实现权益保护以及自我价值的实现等。我国台湾学者黄北豪认为,产业民主并非追求财产权上齐头式的平等,而是探讨企业的经营理论,也就是说是在企业追求利润过程中在"企业经营权"之上,来追求民主的可能。在他的分析体系中,员工的参与管理与相关权益的保护,可以分类或分层次,具体见表13-1。

从企业内部看,员工产业民主较少涉及财产权,台湾学者卫民也认为,"工业民主为一种增进劳工参与管理决策之各项政策或者措施之总称,劳工参与乃指劳工以劳工之地位而直接或间接地行使企业经营权之职权而言"。通过理论分析可知,对于企业来说,民主参与属于一个系统的内容,民主是系统的总称,参与是关键的途径,民主化是目标。

表 13-1 产业民主过程中的员工参与程度的演变

参与层级	相关事项	参与程度	民主	
高层次之共同决定	企业之经营决策、财务及投资决策、人力资源规划决策	所有经济事务上之共同决策	企业民主	产业民主
低层次之共同决定↑	工作时间、福利计划、薪资结构	在人事、工作关系及经济事项下之共同决定	↑ 厂务民主	
同意权↑	招募、调职、解雇	经由厂务会议的讨论，劳方有同意权		
协商权↑	工作环境、工作流程、工作范围	员工组成厂务委员会，向资方提出讨论		
发言权↑	解雇	员工有权针对解雇事项发言，而资方必须倾听		
获悉权↑	人事规则			

（二）社会民主与工业民主的互动

关于政府、企业与社会之间的互动关系在不同国家所施行的模式差异较大。基于利益相关者理论，乔治·斯蒂纳（2002）从社会责任、商业道德、全球管理、污染与环境、人力资源等不同方面探讨企业、政府和社会之间的相互关系及其对企业经理的影响。在"市场经济模型"中，企业追求个人利益的同时向社会提供财富对社会做出贡献，市场经济模型因此反对政府对企业的干预；"主导模型"认为企业和政府控制着社会的绝大部分个人和团体，大企业与政府协商一致以维护自己的利益；在"动态力量模型"中，"企业－政府－社会"关系是一种相互作用的系统，社会的各种力量之间相互作用，能够对政府和企业形成压力；"相关利益团体模型"则强调企业对社会的责任。

从企业内部看，员工若要参与企业的各项管理决策，首先需要了解基于外部社会政治民主的相关法律法规，然后基于企业（如各项规章制度、生产经营情况等）与员工个体的实际，参与企业的生产经营决策。在此过程中实现权益保护以及自我价值的实现等。同时，外部社会可能实现公平与稳定，以及社会民主化，企业效率也得到一定的提升。针对这一趋势，我们基于扎根研究提出了综合企业内外部的工业民主管理理念，即把工业民主与参与管理结合在一起，实践企业的民主参与管理，并提出具体的互动与实践过程（图3-2、图一）。

　　基于互动的思维，以及利益相关者理论与企业社会责任理论，员工在企业中的地位实现"经济奴仆"到"企业公民"的转变。员工成为企业公民的理论依据是企业利益是股东利益、劳动者利益相关者与其他利益相关者的利益的有机结合体，劳动者与股东在企业利益结构中有同等重要的地位，都是企业的主人翁，都是企业的利害关系人。为了维护员工的利益，西方很多国家都通过立法的形式，形成了相对完善的立法体系。如北欧模式相关劳动法律，到目前为止，发达国家基本上完成了创立劳动标准、建立调整机制的过程，目前主要是围绕现实中出现的问题不断发展完善现有法律。许多国家在劳动关系调整方面都以集体谈判为基本手段和方法，运用自主协商的机制协调劳动关系。在美国，20世纪30年代发生了"经理革命"，经理人员在企业中的地位不断上升，他们所拥有的没有财产权的权力被不断强化。同时，劳工作为企业公民的身份也日益凸显。这种思维或政治理念一般被认为是社团主义（程延园，2002）。

　　按照克劳奇等的观点，从工会的权力及地位和政府政治理念两个角度划分，与社团主义相对应的是自由放任主义。1979年之后，在盎格鲁-撒克逊国家体系中，比较流行市场个人主义与自由集体主义的社会管理理念，如1979年开始，英国纷纷解散了原先能够协调利益相关者利益的调解与仲裁部、公平机会委员会、安全卫生委员会及人力资源服务委员会等。在中国，工业民主模式更类似于国家社团主义的新加坡与中央集权主义的法国。如何实现互动，劳动关系的市场化和劳工权益保护是中国劳动关系政策在市场转型时期所要解决的两大核心问题（吴清军，2013）。那么，中国政府应当如何实践民主参与管理，以推动企业的参与管理，特别是家族企业的劳动关系民主化的实现？

（三）社会民主与工业民主互动过程中的政府功能

　　在社会民主管理过程中，政府有多种角色，如罗恩·比恩的五种角色：第三方管理者、立法者、调解者、雇主与收入调节者。我国学者程延园（2002）则提出了类似的5P角色理论。至于政府在这些角色中如何协调，各国经验差异较大。如韩国工人的认同意识是由于文化、政治权力与资本的共同压制，工人在奋起反抗的过程中产生阶级认同。又如政府主导型的新加坡模式中，政府重视效率和公平的兼顾；东南亚国家则通过宏观政策来左右企业的雇佣行为。另外有学者重点从政府的劳动力市场政策入手分析政府的产业民主职能。如劳动监察必须能够全面分析经济、社会、环境和技术变革的各种力量。因此，国与国之间的产业民主模式差异，主要是由于政府与工会间的政治经济互动。

进入21世纪，我国劳动关系市场化已经基本完成，劳动关系政策也从市场经济的配套政策转向了劳工权益保护的政策体系。常凯（2004）认为，政府对劳动关系的干预表现为行政或法制保护，从宏观方面主要表现为法律规范的间接监控与监察和仲裁的直接矫正相结合，有直接运用行政手段来调整模式，也有间接的三方协商机制；从微观方面主要表现在：一是对劳动合同的指导与管理，二是对劳动争议处理。可见，国内学者重视通过立法规制，实践产业民主，如重视劳动三权——团结权、谈判权和争议权的补充，主张通过劳动立法，实现共决制。如《劳动合同法》规定："用人单位在制定、修改或者决定有关劳动报酬、工作时间、休息休假、劳动安全卫生、保险福利、职工培训、劳动纪律以及劳动定额管理等直接涉及劳动者切身利益的规章制度或者重大事项时，应当经职工代表大会或者全体职工讨论，提出方案和意见，与工会或者职工代表平等协商确定。"同时，新《公司法》在职工董事和职工监事问题上做了较之旧法较大的改变。职工董事方面，在保持旧法国有投资主体设立的有限责任公司应当有职工董事的规定之外，增加了有限责任公司和股份有限公司董事会"可以有职工代表"的表述，以及"公司研究决定改制以及经营方面的重大问题、制定重要的规章制度时，应当听取公司工会的意见，并通过职工代表大会或者其他形式听取职工的意见和建议"。对此，学者普遍认为，我国对劳动方面的立法是"高调的"，特别是对于家族企业来说，调节或规范劳动关系，更主要的是"情与理"，"法"是最后的补充。也有学者突破传统，如吴晓波（2010）提出借助于社会复合主体，实现行业民主，主张将知识界、党政界、媒体界与行业企业界各自的创新链对接，实现共同参与与行业创新。对于转型期劳动关系，常凯（2013）有两种互补的力量和途径：一是政府主导的自上而下的建构过程，二是劳动者自发的自下而上的促进过程。

中国政府在劳动关系民主化过程中的功能如何？应当如何改革实现民主化？在"劳弱资强"的背景下，政府的"效率优先"政策更加损害劳动关系的民主化进程。其中的直接原因主要在于当前政府对劳动关系的不作为主要体现在"政府转型后的失控""政府与资本的合谋""政府劳动监察工作不到位""劳动争议处理制度滞后"，因此政府总体是失灵的（陈东琪，2000）。在"强国家，弱社会"的现实下，董保华（2011）认为，应使国家管制与当事人自治相促进，在宏观上要以劳动基准法调整全部劳动关系，在中观上要通过企业集体合同调整企业内集体劳动关系，在微观上要通过劳动合同调整用人单位与劳动者之间的个别劳动关系，尤其要发挥社会团体在市民社会中的对内整合个体与对外代表个体的双重作用从而协调国家和个人的利益。特别是当劳动者的维权意识越来越强，市场经济越来越发达，劳动力市场的国际化程度越来越高时，中国的劳动关系政策的缺陷就会暴露得越发明显。吴清军（2013）因此认为在个体权益的保护体系日益完善的情况下，劳动关系政策应当着力于集体权益的保护，而完善和发展保障劳动者集体权益的政策是劳动关系政策体系改革和发展的当务之急。

二 海峡两岸社会民主管理对比分析

理论分析对于回答我国政府的社会民主管理模式提供借鉴，国内社会民主管理最终可以归结为两大问题：一是在实现家族企业劳动关系民主化的过程中，外部社会选择市场导向、政府主导还是互动模式；二是具体模式下政府的功能是什么？这两大问题的回答，需要依据实践研究来进行具体分析。

海峡两岸的实证研究说明，海峡两岸民主参与管理存在一定的差异，特别是工业民主方面差异显著。政府对企业的责任要求可能减少企业的人文关怀，而参与管理的引导变得更为重要。因为其中主要影响因素在于组织气氛与组织结构，而且外部社会因素如社会民主化程度与劳动力市场规范也会增强其中的差异性，大规模企业在这方面的表现尤为明显。实证数据显示，两岸社会民主与劳动力市场两大因素存在一定的差异。利用469份问卷，借助于 SPSS 软件的参数检验，独立样本检验结果列在表 13-2。

从表 13-2 可知，均值比较结果显示，港澳台社会民主与劳动力市场规范方面的表现都比大陆要好，而方差检验也说明，两岸四地在这两方面均值存在差异是显著的。因此，可以认为，两岸家族企业的外部民主参与管理环境存在差异，港澳台企业社会民主与劳动力市场规范比大陆得分高，并且差异显著。

表 13-2 变量描述与独立样本 T 检验

变量		均值	方差检验			均值检验	
			零假设	F	Sig.	T	Sig. (2-tailed)
社会民主	大陆	2.12	方差相等假设	8.364	0.004	2.426	0.015
	港澳台	2.84	方差不相等假设			2.199	0.029
劳动力市场	大陆	4.260	方差相等假设	28.793	0.000	3.279	0.001
	港澳台	4.489	方差不相等假设			3.917	0.000

关于海峡两岸的理论归纳研究认为，社会民主与劳动力市场因素的差异可能是因为工业进程与社会政治民主差异导致两岸工业民主路径不一，从两岸在工业民主管理上存在差异的角度看，两岸企业的民主化过程存在一定的差异。如台湾工业民主的形式多样，民主化程度较高。这为我们解答两大问题提供了较为可靠的理论支持。基于我国的工业化水平，对于我国家族企业的民主参与管理，我们认为，为了提升员工与企业的互动，社会民主管理模式也应当以互动的"动态力量模型"为主，针对不同行业规模的企业，构造"企业－政府－社会"的动态互动模式，基于社会民主与劳资和谐的目标，构建对政府和企业都具有作用力和反作用力的社会民主管理模式。

三　社会民主管理对策

相对来说，政府主导或市场主导的社会管理模式更具有可操作性，而动态的社会民主管理模式可能会导致政府与企业的不作为。然而，海峡两岸家族企业民主参与管理的差异的产生，主要在于外部社会民主化程度和劳动力市场规范，与企业内部的组织氛围和结构的互动。聚焦于这一目标，通过政府与企业的社会互动，实现企业与员工互动的民主理念，可提出具体的针对性对策。

(一) 优化社会民主管理，营造企业民主管理氛围

1. 加强舆论导向对企业管理观念的影响，提升企业民主参与管理思维

政府在舆论导向上，应当把企业的民主参与管理捆绑成一个体系，通过多种途径正面宣传企业的民主参与管理行为，鼓励企业通过多种形式实践民主参与。对于近年来实践的新的参与管理苗头如协商恳谈、工作控制、协同/协助管理制、员工代表制、自我管理小组、征求意见制与非正式参与等实践形式，要积极肯定与推广，特别是要宣传其中的正面信息，如宣传企业在组织竞争力、区域和谐与社会责任等方面的业绩与榜样作用；理论宣传方面，注重新的管理实践探讨如工作卷入、工作繁荣等，宣传与推广最新企业参与管理制度，通过制度创新实现企业竞争力。企业除了关注工业民主外，更应当关注企业的参与制度与体系建设。通过多种媒介，积极宣传成功企业的参与制度与参与体系，通过榜样的力量，提升企业的民主参与管理意识，优化企业的民主参与管理理念。

2. 倡导民主意识，孕育企业民主参与氛围

在长期奴役文化思维的影响下，快节奏与优胜劣汰下的竞争意识，导致国民的公民参与意识薄弱，在现实中则典型地表现为人际淡漠与精神危机。移动互联网为人际的信息沟通提供了有力的技术支持，同时也可能更弱化人们之间的亲情，如人们可能更依赖于 APP，因为媒介的自由性降低了人际关系的持久性，特别是由于人们乐于上网而忽略了亲人、朋友和参与现实的社会活动。自由民主意识依赖于虚拟网络空间时，现实的自由民主意愿就会下降。

因此，如何借助于移动互联网技术提升公民意识，成为社会管理的重点。如何把线上的全民参与变成线下的公民行为，并实现全面的社会管理参与意识尤为重要。在家族企业中，由于缺乏国有企业的平等氛围以及工会关怀传统，人际的竞争关系更为激烈，员工更可能通过网络来排解压力。社区的积极参与氛围可以提升民众的参与意识，将成为家族企业与员工互动双赢的有力载体，并成为员工间从线上关系转移至线下关系的中介。因此，建设社区参与文化，培养民众的社区参与意识，成为政府有力的社会民主管理策略。

3. 优化社会民主参与管理制度设计，强化企业的民主参与管理压力

全民参与意识需要先进的制度作为保障，我国的社区与乡村施行村民自治制度，即基层实行直接民主，群众的事情由群众自我管理、自我教育、自我服务是一项好的制度。然而现实中，由于村干部的考核与任命受上级影响较大，弱化了民主自治的功能，这也将影响到社区中企业员工的民主思维。近年来，国内许多乡村开展制度创新，优化村民自治制度，将给企业特别是家族企业的民主管理带来压力与动力，如广东的潮安县的"民评官活动"制度，饶平县的"村民质询会"制度与"村务点题公开"制度等，以及浙江温岭的恳谈制度等，为当地村民民主自治提供了有效的制度保障，也为企业实践民主参与管理提供了必要的压力与动力源。

(二) 完善劳动力市场管理，强化企业民主责任思维

1. 强化市场硬规范，提升企业的责任意识

在企业社会责任与民主化管理浪潮的推动下，各国不断提高工作场所标准，并敦促企业采用有利于人类发展的民主参与管理等。其中，在劳动力力量相对薄弱的条件下，加大工会势力，并推动员工进入企业关键管理岗位，影响企业的决策与分配，成为各发展中国家劳动管理部门的主要途径。除了在家族企业组建工会外，借助于劳动力短缺等市场有利条件，推动劳动力市场的规范，将成为企业实施民主参与管理的助推力。实践中，2012年我国六部委颁布的《企业民主管理规定》之所以没有引起理论与实践界的重视，可能是因为其约束力不足，在企业未意识到民主参与管理能给企业带来多大促进作用的背景下，企业内部缺乏相应的组织设计与民主氛围等必要条件时，在实际操作过程中，企业缺乏对民主参与管理风险评估能力的条件下，民主参与管理必难以得到有效落实。实证研究的路径分析显示，在海峡两岸的共同规律中，规范劳动力市场将能够极大地促进企业民主参与管理选择，促进企业内部管理变革。因此，强化企业对劳动力市场规范的硬约束作用，是政府的民主管理制度与条例规定的必要前提。在劳动力市场发生转型的社会背景下，政府应引导企业通过承担员工的责任，强化责任关怀，以此提升员工对职位的保有意愿，实现组织承诺。强化劳动力市场规范，特别是法律与制度的作用，不仅是适应企业社会责任浪潮的需求，也是引导企业实践民主理念，提升自我竞争

力的必要措施。

2. 推动集体协商互动，建设企业雇主品牌

企业或行业的雇主品牌战略成为企业在劳动力市场上竞争力的源泉，而集体协商有利于建设行业和企业的雇主品牌。同时，人才的内部流动也有利于充分开发员工潜能，促使组织与员工共享价值观形成。因此，外部制度设计要基于员工成长的集体协商制度，通过企业或员工组织参与企业或行业的集体协商，这不仅可以促使员工在参与管理中体会到组织的目标与自身目标的一致性，引致 SV、雇主品牌建设与品牌互动，也可以提升员工的民主参与管理技能。

3. 倡导市场软约束，引导企业的人文关怀

借助企业用工问题的逐步深化，除了通过劳动法律规范以提升企业外部压力外，政府的社会管理还可以从多方面引导家族企业实施民主参与管理，除了上述的营造民主参与管理有利于提升管理效率与组织竞争力理论与实践的氛围，以及树立榜样、积极探索与推广成功民主管理实践，通过示范性引导企业采用能满足员工内在需求的民主参与管理策略，引导和帮助企业构筑良好的组织结构与氛围之外，政府还可以通过多种途径宣传授权所带来的正向影响，积极评价其中的风险，帮助企业克服授权等民主参与管理的困难。理论与实践都已经证明，授权（决策参与）有利于提升组织绩效，如财务性参与不仅能提升员工对工作的保有意愿，降低离职率，还能够提升组织的运营效率与财务绩效。而适度的劳动力市场流动有利于员工的参与管理，敦促企业进行组织变革。通过市场软约束，如加大劳动力市场的信息共享，搭建就业信息平台，加大人力资源开发培训，也可以为企业的民主关怀管理提供一定的压力与动力。

（三）加大民主教育投入，提升企业民主治理能力

通过政府与企业在民主社会的互动，能够优化企业的民主参与管理氛围，这为实现企业与员工互动提供有利的情境。民主参与管理的落实则需要企业好的民工参与管理制度创新与员工的民主参与意识与参与技能的提升。

1. 民主教育制度的设计，提升员工参与技能

按照佩特曼（1970）的参与式民主观点，员工通过在工作场所的参

与，可以提高他们的政治认知、锻炼政治技能、增加公民修养，从而实现民主的平等与自由等本来目的，即参与是"作为目的的工具"。可见，民主需要相应的员工参与技能，政府制度设计除了推动员工在干中学，领会到这种技能外，也可以通过系统的教育与培训，提升员工的民主参与技能，如通过工会组织民主学习、在职培训中的领导力培训等，这些都可以加强员工民主参与的技能。因此，系统的民主教育制度成为外部社会推进民主参与管理，实现民主的价值性的关键功能性领域。公共财务要加大力度投入相应的人、财、物，针对民主合作制度对员工进行相应的教育和培训，通过培训，使员工更了解民主参与的原则和制度，提高他们在工作场所实践民主的专业素质和水平。

2. 鼓励企业参与社区管理

当代管理理论认为，决策参与需要使组织由金字塔变为"扁平化"结构。为了培养员工的"民主参与人格"，除了对员工进行教育培训外，重要的是对企业领导进行相应的民主意识培训，而鼓励企业参与社区，不仅有利于员工的民主人格，更有利于组织的民主参与气氛与组织结构的扁平化。实践中，人们注意到，民主参与管理难以落实，关键是企业的系统性问题，比如对员工质量管理的激励主要存在于绩效工资中，缺乏专门的薪酬模块对员工参与民主管理予以支持。系统化的员工参与管理支持体系将有助于提升员工参与的积极性，更能激发员工在质量管理小组中工作的动力，促进员工更深、更广、更有效地参与。这种系统性则需要相应的社区与组织文化支持。

3. 引导企业建立共享价值观

除了社区与企业间的利益共享外，产业链上的 SV 成为企业核心竞争力的源泉。近年来，随着产业组织理论的发展，企业在价值链的价值共享成为扩大企业竞争力的源泉。政府通过各种平台，推动产业链上企业间的互动，增强企业的价值链合作。这种价值链上的共享与互动平台，也有利于提升员工的民主参与技能，实现员工与企业的双赢互动。

第十四章 结论与讨论

在全球化与智能化背景下,社会、组织、个体之间存在着一种强烈的互动性,家族企业是如何通过实践民主参与管理,实现组织与社会的互动以及组织与员工的互动。通过现实观察与问卷调研,本书得出如下结论。

一 现实管窥与初步结论

基于案例观察与扎根研究,我们对所观察到的现实进行分析,并得出初步的研究结论。其中有企业与社会环境的互动,但主要是企业的微观互动过程。

(一)宏观现实:社会与企业的不良互动

从社会与政府层面上看,社会要求企业是一个合格的、公平的经济主体;政府因此希望企业不仅能为社区创造就业岗位与经济效益,更能够遵纪守法,保障各利益相关者的权益,使企业内部各经济主体都能够得到充分成长与发展。在国有企业内部,政府从多个方面可以控制企业的运作,如高管任命、工会垂直管理、职代会的定期召开等。在家族企业,政府则难以通过这些途径来实现社会的公平公正,以及员工的自由平等要求。现实中,政府往往通过其他的途径要求企业实践民主参与管理,主要表现在经济杠杆,如税收、用地优惠、财政补贴等,也有通过提高行政管理标准等来约束企业行为。

而作为追求经济或家族利益的家族企业,现实中他们是如何满足社会或政府的要求的?大多数企业为了经济效益或摆脱行政管理的约束,都会建立工会、召开职代会,但更多的是"伪善的欺骗",或者实践没有功能性的应付式民主,以图建立良好的政商关系。极少企业能够意识到民主参与管理是走向双赢的有效路径，从而适应社会发展的潮流，变革管理理念。当然，基于民主参与管理的组织绩效功能，企业也会实践一些相关的民主参与管理行为，但这种行为与社会对企业的期许有一定的差异。

（二）微观现实：基于生命周期的企业民主参与管理实践

在考察现实企业的民主参与管理实践中，我们发现企业之所以实施民主参与管理，最直接的动机不是提升组织绩效，而是在外部社会压力下，企业为了生存而施行的适应性管理变革。如外部社会责任要求与民主政治的要求，特别是由于劳动力市场供给变化导致企业绩效压力。在外部经济与社会压力促使企业实施民主参与管理过程中，企业可选择的对策有二：一是直接经济绩效路径，即通过参与管理，优化组织的人本气氛与提升决策效率，通过组织与员工的互动，形成共享价值观；二是选择间接的人本绩效路径，即关怀管理提升组织的人本绩效，产生员工积极组织行为，通过员工与组织的互动，也可形成共享价值观。当然，不同规模与生命周期企业的选择行为差异显著。

作为初创期企业，企业规模往往较小，信息共享相对较为充分，民主参与管理主要存在于家族成员内部。当然，泛家族成员（打江山的子弟兵）也可以进入企业的决策参与。政府的经济杠杆与行政管理对企业的介入往往较少，因此企业很少出现工会或职代会等民主实践管理形式。企业对这种非家族员工更多的是人文关怀，而不是责任关怀。

作为发展期的家族企业，其生产运营情境主要从三方面开始改变，一是开始走向规范化管理，职业经理人等非家族成员开始进入企业的中间管理层，企业的授权管理等开始有效运作；二是随着企业规模的扩大，政府开始介入企业的规范运营。三是在企业的发展过程中，内部利益相关者的利益冲突加剧，冲突往往被潜藏并以离职等剧烈的形式表现出来。基于这种变化，家族企业对工会、职代会等形式表现出暧昧的态度，一方面不想接受政府的行政管理安排，另一方面为了提升组织绩效，又需要工会等作为冲突的缓冲器，或希望工会能够起到下情上传等功能。如果地方政府的经济杠杆够大，或者企业高层意识到民主参与管理实践对组织可持续发展的积极作用，企业就会采纳政府的制度安排，或进行制度创新，如基于外部利益相关者要求，实践建言制度、质量参与小组与雇主品牌建设等。因为不同行业、不同地区与管理文化等情境差异，成长期的家族企业民主参与管理差异较大。

进入成熟期，家族企业在产品市场与劳动力市场具有一定的品牌效应。在信息高速运作的情况下，企业将尽可能避免负面新闻，因此在责任关怀方面，企业能够按照相关的法律规章进行，同时由于规模较大，相应的人文关怀需要通过专门机构如行政人力部门来实现，信息共享程度可能比较高，但大规模的科层制将导致员工的决策参与相对较弱。因此，成熟期家族企业的民主参与管理具有一定的规律性，表现为两高两低，高责任关怀与信息共享，低人文关怀与决策参与。

二　大规模的实证研究与结论

上述基于案例观察的片面性观点，很难得出规律性的结论，因此需要通过大规模调研来证实并提炼出相关的规律。基于469份的海峡两岸员工数据，我们得出如下结论。

（一）互动模型

结合前文的分析结果，我们把家族企业与员工的互动关系总结如图14－1。如图14－1a所示，企业与员工之间的民主参与互动，一般是企业基于组织的长短期目标提出，员工根据自身诉求是否得到满足评估企业的管理行为，然后决定是否卷入其中。

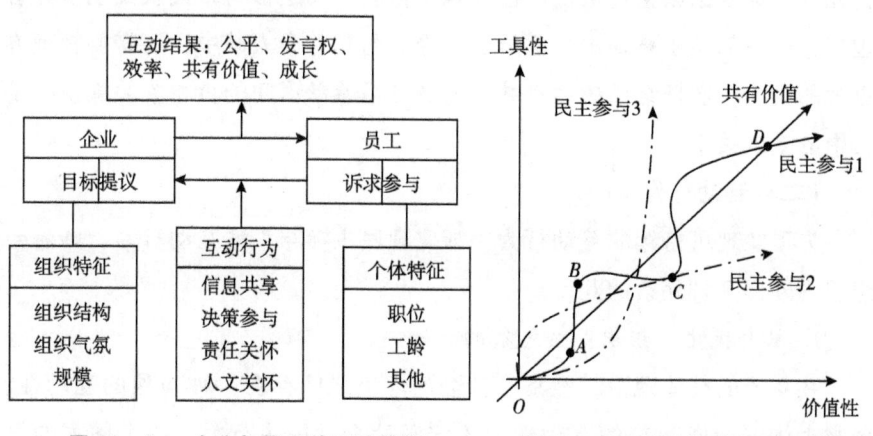

图14－1a　企业与员工的互动模型

图14－1b　行为与目标关系图

图 14-1b 是图 3-1 的具体化，主要体现了从民主参与到 SV 的动态过程。图中横轴代表员工利益，员工的民主参与目标在于追求自由、平等与发展，即民主的价值性。纵轴代表企业的利益，企业的目标在于实现短期的效率，以及长期的组织发展等，即民主的工具性。在互动过程中，由于企业目标与员工诉求往往不一致，主要体现于价值性与工具性分野，可能导致企业的民主参与管理实践受到挫折。如果工具性与价值性是围绕 SV 的路径（民主参与 1），而不是偏向于某一方利益诉求的互动路径，这种互动才是可持续的。

从图 a 到图 b，可以利用几个代表性的节点来说明二者的关系。A 区域代表借助企业采用民主参与管理政策初期，为了调动员工参与的积极性，需要通过决策参与给员工充分的发言权，通过信息共享、关怀管理等营造公平气氛以激励员工建言等，体现为民主参与的价值性；这些因素可以提升员工的情感承诺，并实现低离职率等组织绩效与效率，即 B 区域。员工与企业的充分互动，必然带来双方的共赢，如员工的情感承诺与组织的运营绩效等必然带来员工的成长，即 C 区域。员工成长与组织运营绩效可以带来组织的财务绩效提升，实现组织的可持续发展，双方进一步的共赢体现为双方存在 SV，即 D 区域。

另外，图 14-1b 中的两条虚线代表偏离 SV 的民主参与路径。其中民主参与 2 代表民主参与管理被当作一种单纯的"价值性"理念，因此要求企业承担更多的社会责任，如过多的责任关怀等，对于缺乏长远战略目光的大部分家族企业来说，往往难以持续；民主参与 3 代表民主参与管理在企业内部易于被提出，但员工是否会附和并卷入其中，还需要管理方更大的投入，实证结论的信息共享与员工情感承诺间的负相关关系说明了其中的复杂关系。

（二）互动行为

为了实现可持续的互动行为，即实现民主参与 1 的互动行为，则需要组织内外部多种元素的互动。

1. 社会民主与组织民主气氛的互动

在系统的整体观中，经济、社会、环境之间存在一种强烈的互动性。微观主体（劳资间）的互动性囿于宏观社会的民主行为。一个国家的民主程度取决于政府向社会提供的公共产品和服务是否均衡合理地体现了各个社会阶层和群体的利益和诉求。企业组织的民主程度不仅受制于企业的"利润最大化"能力，还取决于企业在实现"利润最大化"过程中的资源创造力，更体现于这种能力是否均衡合理地体现了组织各利益相关者的利益诉求，特别是组织内部利益相关者的利益诉求。

在全球化进程中，不同群体的利益重组和社会表达以及现代公民意识的觉醒使公民社会的产生成为现实。公民社会组织既为民主政治生长提供社会基础，又为微观企业的民主治理提供人才培养与社会保障。同时，在中国一元政治体系下，家族企业的民主管理还可能是践行民主化管理的最大突破口，企业的民主气氛及民主行为还可以为公民社会提供必要的微观主体。因此，社会民主与组织民主气氛的相互促进不仅是公民社会产生的有效路径，也是组织内部民主治理的必要情境。

2. 企业长期战略与短期目标的互动

组织的可持续发展是民主参与管理的目标，也是民主参与管理的战略依托。中国线性父权主义文化比较有利于家族企业制定长远战略目标，同时，组织的短期目标是民主参与管理实践本身的评估依据，是企业民主参与管理行为落实与考核的标准。二者间的互动与相互依托是组织发展的关键。因此，组织首先要基于 SV 制定合理的长远战略，然后将战略目标分解为组织中各个部门的目标（工具性），以及各级主管与员工的价值目标，使他们依据各自目标进行协作与参与互动，在为员工提供发展平台的同时设置相应的奖惩机制，施行监督、反馈和总结等互动性流程。只有这样，才有可能使组织内各部门理解 SV 与长远战略，并使参与管理实践落到实处。

3. 员工与组织的互动

SV 不仅表现为组织与员工目标互动，更体现了员工与组织的互动过程。良好的互动应当是员工与工作岗位相互匹配的过程。为实现良性互动，组织应当制定基于各方需求的长远战略，并根据长远战略制定人才发展战略，引导组织人才实践 SV，然后制定相应的民主参与管理策略，如构建信息沟通平台、决策参与与关怀管理等。在此过程中，员工则基于个人特质与组织中的岗位职责，积极参与到组织的各种管理实践中，合理定位,并在自己的岗位上实现创新与自我价值,包括通过组织的互动沟通平台,相互学习和塑造。减少资源浪费,提升管理效率,使企业最大限度地焕发活力与创新能力。

4. 价值性与工具性的互动

从理论发展过程看,工业民主与参与管理的综合趋势,表现为工具性与价值性的综合统一研究。从 SV 的理念看,SV 是组织根据内外部环境,制定战略,并实现战略的象征化,通过短期目标的落实实现相关主体的价值。纯粹的价值性或纯粹的工具性均不利于民主参与管理的落实。从图 14-1b 也可知,SV 不会自然实现,而是在工具性与价值观不断互动过程中实现的。

(三) 研究结论

1. 企业民主参与管理拓展了民主的外延

在家族企业,员工要认识到参与互动过程中的收益主要体现于工作环境与成长平台的改善,如知情权、发言权的争取,不应当界定于如"选举权""罢免权"等民主的常规思路;企业为了实现高绩效,有效的策略应当是平台的提供者,包括提供参与决策的机会,为优化决策设计更好的机制,部门财务公开等信息透明是企业走向上市的前奏,也是获取员工支持的好机制。另外,更多的人文关怀与责任关怀将有利于提升员工的认同感。

2. 民主参与管理有利于家族企业实践 SV

我国家族企业,家族系统、经济系统与企业控制系统多重重叠,且家族系统是核心。部分成功实践选举的企业,如"大午集团"的目标还在通过选举来网罗人才,提升员工的认同以发挥员工的潜能。由于职业经理人市场不发达,以及中国家族企业创始人的草根创业理念,职工持股或职工所有制等家族财产分割的传统民主理念将损害家族系统对经济与控制系统的介入。同时,非家族成员难以在情感上认同企业,难以接受企业并卷入企业文化体系。在此背景下,成功家族企业的管理体系必需超越业务和制度管理,它包含的是业务和个人生活之多层面的重叠和交融。民主参与管理正是这样一种有效的制度安排,能够发挥其对有缺陷的职业经理人制度安排的弥补或替代功能。因为,运用民主参与管理,家族企业能够通过互动参与平台，让员工了解企业的发展目标、了解企业的使命，通过良好的工作氛围与企业文化体系，吸引员工对组织价值观的回溯并认同，挖掘员工潜能并提升员工创造力，最终实现共享价值观与长期的双赢——组织绩效与员工成长。

3. 在中国目前情境下，民主参与是"偏"价值性的管理实践

如图14-1b民主参与2，作为"作为目的的工具"的民主参与管理偏向于员工目标可能导致企业的动机相对不足。这可能与政府公共财政能力不足，把过多的社会责任推卸给企业有关。为了实现民主参与管理的"工具性"的一面，外部社会应当为此提供必要的激励与平台机制，如通过经济杠杆诱导企业实施民主参与管理，营造民主参与管理有利于提升管理效率与组织竞争力理论与实践氛围或平台，以及树立榜样，积极探索与推广成功的民主管理实践，通过示范性引导企业采用能满足员工内在需求的民主参与管理策略，引导和帮助企业构筑良好的组织结构与氛围。通过多种途径宣传授权所带来的正向影响，积极评价其中的风险，帮助企业克服授权等民主参与管理的困难。

4. 企业动力与社会民主气氛是家族企业能否实践民主参与管理的关键

家族企业没有积极推进民主参与管理，不仅仅是民主的能力不足与压力不足，更在于动力不足以及环境不良。因此要提升企业的民主参与管理动力，除了外部社会的激励促进策略外，还应当改善外部社会的民主气氛与民主平台。通过社会民主与经济民主的相互促进推动我国的工业化进程。

5. 互动过程需要综合多方的利益诉求

本书论证了综合研究的价值所在，因为只有综合研究，才能实现相互投资型劳动关系等目标。但综合研究以及现实中的SV与相互投资型劳动关系的实现不是一蹴而就的，它必须经历一方让步，先行投入，从价值性到工具性以及从工具性到价值性的不断重复持续互动的过程。现实中，企业民主参与管理难以有效落实，原因有：一是互动缺乏响应，在一个缺乏信任的社会中，人们更多地去揣摩对方的真实意思，而不是去积极响应；二是缺乏建立互动关系的动力与社会基础，特别是在家族企业中，强关系盛行，弱关系难以有效运作，互动不仅需要强关系，也需要弱关系。

6. 民主参与管理是实现高投入与高忠诚的充要条件

只有施行能够产生劳资互信与 SV 的民主参与等管理投入，才是出现员工高忠诚的充要条件。民主参与管理通过为员工搭建成长平台，因为兼顾了员工与社会的需求与利益诉求，必然能获取员工的认同和积极回报。因为民主的关怀管理可以增进员工与组织间的亲密关系，民主参与管理比单纯的参与管理更有利于组织绩效。民主参与"平台"是企业策略有效性（引发员工积极回应）的基石。在用工荒的背景下，只要企业迈出民主参与管理这艰难的一步，这种管理实践就能够有效避免企业内部出现高薪酬与低忠诚并存的局面。

三 创新之处

第一，本书揭示了从准契约型劳动关系到相互投资型劳动关系形成过程的"暗箱"。学者（赵曙民，2011）提出员工组织关系的理想均衡点不能出现的疑惑，即相互投资型劳动关系为什么不为大多数企业所采用，我们认为其原因还在于企业基于劳资交易的市场逻辑并期待劳方改变劳资情境的被动管理哲学，因此劳资双方停留于准契约型劳动关系。企业不实施民主参与管理的原因，有管理意识落后、动力与压力不足等所导致的组织气氛问题，更深层的原因还在于社会民主意识不足。从具体的互动过程看，劳资缺乏互动主要是信任缺失与家族企业的强关系使然。

第二，反对"平衡"论，提出"统一"论。巴德（2004）的"平衡论"存有理论缺陷，因为平衡意味着权衡，内含此消彼长、非此即彼的命题假设。员工、企业与社会是利益与共、一荣俱荣、一损俱损的关系。从理论发展过程看，工业民主与参与管理的研究有综合趋势，表现为工具性与价值性的综合统一研究。这一过程为什么不能有效综合，是"平衡论"导致了理论争议。"平衡论"体系要求理论必须回答经济组织的民主表现是什么，目标是什么，是为组织还是个人等能导致组织与员工共同体瓦解的问题。效率与公平或发言权的平衡所引起的目标争议导致理论研究的分野。因此，我们提出应当用"民主参与管理"作为民主化管理行为，以 SV 为目标变量，厘清了其中的争议，这也是本书在理论方面的突破与创新。

第三，实践上，基于现实的扎根研究，刻画现实企业的管理实践，并提出优化的对策也是本书的贡献之一。劳资互信的组织往往是基于内外部统一的战略管理理念，这种理念下的行为是企业在环境检测与综合评估活动的基础上制定的战略性策略。战略管理意味着全局的长远的发展方向、目标和政策，是企业考虑各利益相关者诉求的结果。因此，理论研究把经济民主与员工参与人为地分开是脱离企业实际的。各方利益的综合考量需要拟定共同目标，而共同目标的实现首先需要确认劳资目标的差异，即通过劳动契约或类似的互动沟通，实现双方基本（底线）目标的互认；在此基础上，通过民主参与互动，实现员工价值与组织公平气氛，建立双方认同、互信与承诺，实现共享价值观。SV 有利于组织目标（如品牌、创新、竞争力与可持续发展）的实现，组织竞争力与绩效又能有效吸引优秀人才，设计更好的组织制度，发展平台与参与体系计划，并维系公司竞争力核心团队，最终实现民主参与、民主价值与组织绩效，即管理实践、员工成长与组织竞争力的良性循环。

四 不足与展望

（一）研究不足

第一，从民主参与管理到 SV 的实现过程中，需要考察环境、企业、管理层与普通员工等多维现实。本书在处理这一问题时，把环境因素简化为海峡两岸的劳动力市场与社会民主化程度两个维度的差异，又把管理层与普通员工合二为一，这种简化或抽象，可能忽略了具体的现实因素。

第二，简化之后，在实际调研过程中，相关数据应该要涉及环境、组织与个体三个层面的因素，因此需要采集三个层次的数据，并通过跨层研究情境因素（区域市场与民主意识）、组织因素（民主参与管理、组织气氛、组织结构）与个体因素（发言权、情感承诺、离职倾向、SV）间的交互关系。然而，受调研企业数据的影响，高层数据量不足，以及数据组间方差低（r<0.1）等原因，没有搜集到配对数据，并用相关数据分析各变量间的关系。

第三，对互动关系的研究，应当基于动态数据来佐证。但本书只通过一份截面数据来分析变量间的复杂关系，用多重中介模型来刻画组织与员工之间的互动过程，这也是本研究的缺陷之一。

最后，本书提出的管理建议，是基于两岸家族企业，主要是基于我国东部沿海家族企业的文化背景提出的，对其他地区文化与社会管理情境以及其他性质企业的通用性不足。

（二）未来与展望

为了克服上述不足，未来首先有必要进一步探讨环境因素、组织因素与个体因素在企业与员工间的互动以及共享价值观形成中的作用。并通过实际观察，提炼出更符合现实的模型，如本书未考察到的其他因素，包括组织规模、财务绩效与行业发展前景等对员工 SV 的作用，以及基于家族文化（中华文化圈）的员工个体人格特征的调节作用等。

其次，未来研究有必要收集有效的配套与序贯数据，有必要对民主参与管理与 SV 之间的关系进行跟踪研究，为企业实践 SV 提供更有力的证据。并发展出不同类型员工与家族企业的互动关系，以及共享价值观类型，基于内部不同类型员工组织支持感知，提炼出企业文化建设与价值观塑造策略组合，为组织文化建设提供可操作性的对策。

未来民主参与管理将成为中国理论研究的热点。首先，中国许多大家族企业之所以不愿意上市，主要是为了避免家族财产被分割。因此，在非上市公司，财务参与等职工所有制可能与家族创始人的理念以及中国的草根创业文化相冲突，一般性的参与管理将成为企业实践的重点。其次，在职业经理人与家族企业合作的困难期，一般性的员工参与管理能成为企业弥补家族人才不足、充分挖掘员工潜能以壮大企业实力的有效途径，因此需要加大对参与管理的实践归纳与理论研究，以发挥其对职业经理人制度安排的弥补或替代功能。最后，在互联网与智能制造快速发展的今天，在移动互联网逐步普及的社会背景下，企业高层已经意识到网络资源和手段对管理的重大变革与推进作用。如从员工建言的接收者的角度看，未来5~10年，移动互联网将被所有的企业决策者运用，企业高管将更容易获取客户与员工的信息,他们的管理决策与管理行为都将发生重大的变化。同时,作为社会主体的员工,他们对工作或生活的卷入取决于工作生活的统一程度,即员工有参与组织活动的需求。在此背景下,组织、客户与员工间的互动与参与管理将变得更为现实,但是企业具体应当实践哪些管理行为,如何提升员工与客户的参与意愿,管理行为又是如何作用于员工创造力,这些行为与组织创新之间是什么关系?这些都是我们未来所要重点关注的话题。

参考文献

一 英文文献

[1] Almond, GA., Verba, S, *The Civil Culture*. Boston: Little, Brown & Co, 1965.

[2] Annette V, Arjen V., Christophe B. Olivier V, "The Impact of Representative Employee Participation on Organizational Performance—A Comparison of Four Neighboring Count - ries - Belgium, Germany, the Netherlands and the United Kingdom," *Faculty of Applied Economics and Department Working Paper*, 2011: 1 - 60.

[3] Arthur, L Aiman - Smith, "Gainsharing and Organizational Learning: An Analysis of Employee Suggestions over Time," *Academy of Management Journal* 4 (2001): 737 -754.

[4] Avey JB, Luthans F, Smith RM, Palmer NF, "Impact of Positive Psychological Capital on Employeewell - Being over Time," *Journal of Occupational Health Psychology* 1 (2010): 17 -28.

[5] Baptiste, N.R, "Tightening the Link between Employee Wellbeing at Work and Performance: A New Dimension for HRM," *Management Decision* 2 (2008): 284 - 309.

[6] Barber B R., *Strong Democracy: Participatory Politics for a New Age*. University of California Press, 2003.

[7] Baron R M, Kenny D A. "The Moderator - Mediator Variable Distinction in Social Psychological Research: Conceptual, Strategic, and Statisti-

cal Considerations," *Journal of Personality and Social Psychology* 6 (1986): 1173 – 1182.

[8] Bass, B. M. Bass and Stodill's *Handbook of Leadership: Theory, Research, and Managerial Applications*. New York: The Free Press, 1990.

[9] Batt R., "Managing Customer Services: Human Resource Practices, Quit Rates, and Sales Growth," *Academy of Management Journal*, 2002, 45 (3): 587 – 597.

[10] Becker, C., "Democracy in the Workplace: Union Representation Elections and Federal Labor Law," *Minnesota Law Review* 77 (1993): 495 – 695.

[11] Bendersky C. "Organizational Dispute Resolution Systems: A Complementarities model," *Academy of Management Review* 4 (2003): 643 – 656.

[12] Berg P., Appelbaum E., Bailey T., et al., "Contesting Time: International Comparisons of Employee Control of Working Time," *Industrial and Labor Relations Review* 3 (2004): 331 – 349.

[13] Black SE., Lynch LM. "How to Compete: the Impact of Workplace Practices and Information Technology on Productivity," *Review of Economics and Statistics* 3 (2001): 434 – 445.

[14] Bohle P., Quinlan M., Kennedy D., et al., "Working Hours, Work – life Conflict and Health in Precarious and Permanent Employment," *Revista de Saúde Pública* 38 (2004): 19 – 25.

[15] Boxall P., Purcell J. *Strategy and Human Resource Management*. New York: Palgra – ve Macmillan, 2008.

[16] Braun C., "Organizational Infidelity: How Violations Oftrust Affect the Employee – employer Relationship," *Academy of Management Executive* 4 (1997): 94 – 95.

[17] Budd, JW. *Employment with a Human Face: Balancing Efficiency, Equity, and Voice*. New York: Cornell University Press, 2004: 22 – 36.

[18] Busck O., Knudsen H., Lind J., "The Transformation of Employee

Participation: Consequences for the Work Environment," *Economic and Industrial Democracy* 3 (2010): 285 – 305.

[19] Cabrera, EF., Ortega, J. A. Cabrera. "An Exploration of the Factors that Influence Employee Participation in Europe," *Journal of World Business* 1 (2003): 43 – 54.

[20] Campbell, JP., Dunnette, MD., Lawler, E., Weick, K.. *Managerial Behavior, Performance, and Effectiveness*, New York: McGraw – Hill, 1970.

[21] Cheney G. *Values at Work: Employee Participation Meets Market Pressure at Mondragon*. New York: Cornell University Press, 2002.

[22] Cole GDH. *Self – government in Industry*. G. Bell, 1917.

[23] Collom, VE., Bonacich, E., *Social Inequality and the Politics of Production: Americans' Attitudes toward Workplace Democracy*. University of California, 2001).

[24] Conger, JA., Kanuhgo, R. N. "The Empowerment Process: Integrating Theory and Practice," *Academy of Management Review* 3 (1988): 471 – 482.

[25] Conner, PE. "Decision – making Participation Patterns: the Role Organization Context," *Academy of Management Journal* 1 (1992): 218 – 232.

[26] Cooke W N. "Product Quality Improvement through Employee Participation: The Effects of Unionization and Joint Union Management Administration," *Industrial and Labor Relations Review* 1 (1992): 119 – 134.

[27] Cooke, WN. *Labor – Management Cooperation: New Partnerships or Going in Circles?* Upjohn Press, 1990.

[28] Cox A., Marchington M., Suter J., "Employee Involvement and Participation: Developing the Concept of Institutional Embeddedness Using WERS2004," *The International Journal of Human Resource Management* 10 (2009): 2150 – 2168.

[29] Coyle – shapiro, Jacqueline AM. & Kessler I. , "Exploring Reciprocity through the Lens of the Psychological Contract Employee and Employer Perspectives," *European Journal of Work and Organizational Psychological* 10 (2002): 69 – 86

[30] Crews, P. , Rodríguez, J. , Jaspars, M. , *Organic Structure Analysis.* New York: Oxford uni – versity, 2010.

[31] Cyert RM. , March J G. "Organizational Factors in the Theory of Oligopoly," *The Quarterly Journal of Economics* 1 (1956): 44 – 64.

[32] D. Guest, W. Brown, R. Peccei, K. Huxley. "Does Partnership at Work Increase Trust? An Analysis Based on the 2004 Workplace Employment Relations Survey," *Industrial Relations Journal* 2 (2008): 124 – 138.

[33] Daft, LR. Organization *Theory and Design* (7th edition), South – western publishing, 2001.

[34] Dahl RA. *Polyarchy: Participation and Opposition*, Yale University Press, 1973.

[35] Daly, JP. , Geyer, PD. "The Role of Fairness in Implementing Large – scale Change: Employee Evaluations of Process and Outcome in Seven Facility Relocations," *Journal of Organizational Behavior* 7 (1994): 623 – 638.

[36] Distelberg B. , Blow A. "The Role of Values and Unity in Family Businesses," *Journal of Family and Economic Issues* 4 (2010): 427 – 441.

[37] DL. Deephouse, Pjaskiewicz. "Do Family Firms Have Better Reputations than Non – Fa – mily Firms? An Integration of Socio – Emotional Wealth and Social Identity Theories," . *Journal of Management Studies* 3 (2013): 337 – 360.

[38] Donaghey J. , Cullinane N. , Dundon T. , et al. . "Non – union Employee Representation, Union Avoidance and the Managerial Agenda," *Economic and Industrial Democracy* 2 (2012): 163 – 183.

[39] Dundon T. , Wilkinson A. , Marchington M. , et al. . "The Meanings

and Purpose of employee Voice," *The International Journal of Human Resource Management* 2 (2004): 1149 – 1170.

[40] Dundon, TA., & Gollan, P. J., "Reconceptualizing Voice in the Non – union Workplace," *International Journal of Human Resource Management* 7 (2007), 1182 – 1198.

[41] Dyer WG., Wilkins AL., "Better Stories, not Better Constructs, to Generate Better Theory: a Rejoinder to Eisenhardt," *Academy of Management Review* 3 (1991): 613 – 619.

[42] Eaton, A., Nocerino, T., "The Effectiveness of Health and Safety Committees: Results of a Survey of Public Sector Workplaces," *Industrial Relations* 2 (2000), 265 – 290.

[43] Fairris D., TohyamaH., "Productive Efficiency and the Lean Production System in Japan and the United States," *Economic and Industrial Democracy* 4 (2002): 529 – 554.

[44] Fenton, TL., *The Democratic Company: Four Organizations Transforming our Workplace and our World*. World Dynamics, Inc. 2002.

[45] Follett M. P., Gage N. D., "Creative Experience," *The American Journal of Nursing* 8 (1925): 721.

[46] Ford JK., MacCallum R. C., Tait M., "The Application of Exploratory Factor Analysis in Applied Psychology: A Critical Review and Analysis," *Personnel Psychology* 2 (1986): 291 – 314.

[47] Freeman, Edward R., *Strategic Management: A Stakeholder Approach*. Boston: Pitman, 1984.

[48] Fulmer, B., Gerhart, B., and Scott, K., "Are the 100 Best Better? An Empirical Investigation of the Relationship between Being a "Great Place to Work" and Firm Performance," *Personnel Psychology* 2003, 56: 965 – 993.

[49] Gaffney S., "Career Development as a Retention and Succession Planning Tool," *Journal for Quality and Participation* 3 (2005): 7 – 10.

[50] Geary J., Trif A., "Workplace Partnership and the Balance of Advan-

tage: a Critical Case Analysis," *British Journal of Industrial Relations* s1 (2011): S44 – S69.

[51] Given CW., Given BA., Sherwood P., et al., *Early Adult Caregivers: Characteristics, Chall - enges, and Intervention Approaches.* New York: Caregiving Across the Lifespan, 2013.

[52] Glaser, B., Strauss, A., *The Discovery of Grounded Theory: Strategies for Qualitative Research.* Chicago: Aldine, 1967: 2 – 6.

[53] Glew, DJ., Kelly, AN., Griffin, RW., Van, FD. "Participation in Organizations: a Preview of the Issues and Proposed Framework for Future Analysis," *Journal of Management* 3 (1995): 395 – 421.

[54] Gollan PJ., Xu Y. "Re - engagement with the Employee Participation Debate: beyond the Case of Contested and Captured Terrain," *Work, Employment & Society* 3 (2014): 1 – 13.

[55] Gomez - Mejia LR., Cruz C., Berrone P., et al. "The Bind that Ties: Socioemotional Wealth Preservation in Family Firms," *The Academy of Management Annals* 1 (2011): 653 – 707.

[56] Green MA., et al. "The Psychophysiological Consequences of State Self - Objectification and Predictors of Clothing – Related Distress," *Journal of Social and Clinical Psychology* 2 (2012): 194 – 219.

[57] Gunderson M, Ponak A, Taras D G. *Union - management relations in Canada.* New York: Addison Wes - ley 1995: 8 – 9.

[58] Gunningham, N. "Occupational Health and Safety, Worker Participation and the Mining Industry in a Changing World of Work," *Economic and Industrial Democracy* 3 (2008), 336 – 361.

[59] Guthrie JP, Spell CS, Nyamori RO. "Correlates and Consequences of High Involvement Work Practices: the Role of Competitive Strategy," *International Journal of Human Resource Management* 1 (2002): 183 – 197.

[60] Guy JA, Micheli LJ. "Strength Training for Children and adolescents," *Journal of the American Academy of Orthopaedic Surgeons* 1 (2001): 29 – 36.

[61] Hallin CA., Marnburg E.. "Knowledge Management in the Hospitality Industry, A Review of Empirical Research," *Tourism Management* 2 (2008): 366-381.

[62] Hammer TH, Currall S C, Stern R N. "Worker Representation on Boards of Directors: A Study of Competing Roles," *Industrial & Labor Relations Review* 4 (1991): 661-680.

[63] Handel MJ., Levine DI. "Editors' Introduction: the Effects of New Work Practices on Workers," *Industrial Relations* 1 (2004): 1-43.

[64] Harrington, RJ., Kendall, KW., "Uncovering the Interrelationships Among Firm Size, Organizational Involvement, Environmental Uncertainty, and Implementation Success," *International Journal of Hospitality & Tourism Administration* 2 (2007): 1-23.

[65] Harrison JS, Freeman R E. "Is Organizational Democracy Worth the Effort?" *Academy of Management Executive* 3 (2004): 49-53.

[66] Harrison JS., Freeman R E "Democracy in and around Organizations: is Organizational Democracy Worth the Effort?" *The Academy of Management Perspectives* 3 (2004.): 49-53.

[67] Harter, J, Schmidt, F, and Hayes, T. "Business-unit-level Relationship between Employee Satisfaction, Employee Engagement, and Business Outcomes: A Meta-analysis," *Journal of Applied Psychology* 2 (2002): 268-279.

[68] Hatch MJ, SchultzM. "The Dynamics of Organizational Identity," *Human Relations* 8 (2002): 989-1018.

[69] Hatch MJ. "The Dynamics of Organizational Culture," *Academy of Management Review* 4 (1993): 657-693.

[70] Haugh HM., McKee L "It's just Like a Family'-- Shared Values in the Family Firm," *Community, Work & Family* 2 (2003): 141-158.

[71] Hawthorne CO. "The Clinical Picture Gallery in Medical Education," *Postgraduate Medical Journal* 95 (1933): 345.

[72] Haynes P, Boxall P, Macky K. "Non-union Voice and the Effective-

ness of Joint Consultation in New Zealand," *Economic and Industrial Democracy* 2 (2005): 229-256.

[73] Heller, F "Influence at Work: A 25-year Program of Research," *Human Relations* 12 (1998): 1425-1456.

[74] Heller, F "Participation and Power: A Critical Assessment," *Applied Psychology: An International Review* 1 (2003), 144-163.

[75] Hollan JD, Hutchins E L, Weitzman L. Steamer: "An Interactive Inspectable Simulation-based Training System," *AI Magazine* 2 (1984): 15.

[76] Holland P, Pyman A, Cooper B K, et al. "The Development of Alternative Voice Mechanisms in Australia: The Case of Joint Consultation," *Economic and Industrial Democracy* 1 (2009): 67-92.

[77] Hübler O., Jirjahn U. "Works Councils and Collective Bargaining in Germany: The Impact on Productivity and Wages," *Scottish Journal of Political Economy* 4 (2003): 471-491.

[78] Huselid, MA., Becker, BE. "Bridging Micro and Macro Domains: Workforce Differentiation and Strategic Human Resource Management," *Journal of Management* 2011, 37: 421-428.

[79] Hyman R. "Strategy or Structure? Capital, Labour and Control," *Work, Employment & Society* 1 (1987): 25-55.

[80] ISO26000, http://www.iso.org/iso/catalogue_detail?csnumber=42546.

[81] Jirjahn, U., Smith, S "What Factors Lead Management to Support or Oppose Employee Participation—With and Without Works Councils? Hypotheses and Evidence from Germany," *Industrial Relations Journal* 4 (2006): 650-680.

[82] Johnstone M, Lee C. "Young Australian Women's Aspirations for Work and Family: Individual and Sociocultural Differences," *Sex Roles* 3-4 (2009): 204-220.

[83] JT. Dunlop. *Industrial Relations System*. New York: Henry Holt, 1958.

[84] Kandathil GW, Varman R. "Contradictions of Employee Involvement, Information Sharing and Expectations: A Case Study of an Indian Worker Cooperative," *Economic and Industrial Democracy* 1 (2007): 140-174.

[85] Kaufman BE. "The Theoretical Foundation of Industrial Relations and Its Implications for Labor Economics and Human Resource Management," *Industrial & Labor Relations Review* 1 (2010): 74-108.

[86] Kaufman BE. "Keeping the Commitment Model in the Air during Turbulent Times: Employee Involvement at Delta Air Lines," *Industrial Relations* 52 (2013): 343-377.

[87] Kaufman. BE. "Human Resources and Industrial Relations Commonalities and Differe-nces," *Human Resources Management Review* 11 (2001): 339-374.

[88] Kelly B, Longbottom J, Potts F, et al. "Applying Emotional Intelligence: Exploring the Promoting Alternative Thinking Strategies Curriculum," *Educational Psychology in Practice* 3 (2004): 221-240.

[89] KF. JIANG, DP. LEPAK, J. Hu, JC. Bare. "How Dos Human Resource Management Influence Organization Outcomes? A Meta-analytic Investment of Mediating Mechanisms," *Academy of Management Journal* 6 (2012): 1264-1294.

[90] Kim HR, Lee M, Lee HT, et al. "Corporate Social Responsibility and Employee-company Identification," *Journal of Business Ethics* 4 (2010): 557-569.

[91] Knudsen H, Busck O., Lind J. "Work Environment Quality: the Role of Workplace Participation and Democracy," *Work, Employment and Society* 3 (2011): 379-396.

[92] Kochan, TA.. Harry, K. Robert, B. M. *The Transformation of American Industrial Relation*. New York: Basic book, 1986.

[93] L. Cotton, DA. Vollrath, KL. Froggatt, ML. Lengnick-Hall KR. Jennings. "Employee Participation: Diverse Forms and Different Outcomes," *Academy Manage Review* 1 (1988): 8-22.

[94] Larry Diamond, Leonardo M., *Assessing the Quality of Democracy.* New York: The Hohns Hopkins University Press, 2005.

[95] Larry Diamond. *The spirit of Democracy*: *The Struggle to Build Free Societies throughout the World*, New York:Times books/Henry Holt & Co. 2008.

[96] Lawler EE, Jenkins G D. *Strategic Reward Systems. Handbook of Industrial and Organizational Psychology.* Palo Alto, CA: Consulting Psychologists Press, Inc. (1009 – 1055), 1992.

[97] Lawler III EE. *High – Involvement Management. Participative Strategies for Improving Organizational Performance.* San Francisco: Jossey – Bass Inc., Publishers, 1986.

[98] Lengnick – Hall M L, Lengnick – Hall C A, Andrade LS, Drake B. "Strategic Human Resource Management: The Evolution of the Field," *Human Resource Management Review* 2 (2009): 64 – 85.

[99] Liang, J., & Farh, J. L. "Psychological Antecedents of Promotive and Prohibitive Voice: A Two – wave Examination," *Academy of Management Journal* 55 (2012): 71 – 92.

[100] Likert, R. *The Human Organization.* New York: McGraw – Hill, 1967.

[101] Little TD. et al. "To Parcel or not to Parcel: Exploring the Question, Weighing the Merits," *Structural Equation Modeling* 9 (2002): 151 – 173.

[102] Lynda JS, Tsui AS, Law KS. "Unpacking Employee Responses to Organizational Exchange Mechanisms : The Role of Social and Economic Exchange Perceptions," *Journal of Management* 1 (2009): 56 – 93.

[103] Macky K, Boxall P. "High – Involvement Work Processes, Work Intensification and Employee Well – being: A Study of New Zealand Worker Experiences," *Asia Pacific Journal of Human Resources* 1 (2008): 38 – 55.

[104] Mahto RV., Davis PS "Information Flow and Strategic Consensus in Organizations," *International Journal of Business and Management* 17

(2012): 1 – 12.

[105] Markey R, Patmore G. "The Role of the State in the Diffusion of Industrial Democracy: South Australia, 1972 – 1979," *Economic and Industrial Democracy* 1 (2009): 37 – 66.

[106] Masterson SS., Stamper CL. "Perceived Organizational Membership: An Aggregate Framework Representing the Employee – Organization Relationship," *Journal of Organizational Behavior* 24 (2003): 473 – 490.

[107] Mayer RC, Davis J H, Schoorman F D. "An Integrative Model of Organizational Trust," *The Academy of Management* Review 3 (1995): 709 – 734.

[108] McAllister DJ. "Affect – and Cognition – based Trust as Foundations for Interpersonal Cooperation in Organizations," *The Academy of Management Journal* 1 (1995) : 24 – 59

[109] McGregor, D *The Human Side of Enterprise.* New York: McGraw – Hill, 1960.

[110] McNabb R, Whitfield K. "The Impact of Varying Types of Performance – related Pay and Employee Participation on Earnings," *The International Journal of Human Resource* Management 6 (2007): 1004 – 1025.

[111] Meade JE. *Alternative Systems of Business Organization and of Workers' Remuneration.* London and Boston: Allen & Unwin, 1986: 132 – 145.

[112] MH. Sandver. *Labor Relations, Process and Outcomes.* Boston, Little, Brown and Company, 1987: 26 – 34.

[113] Mill, JS "Consideration Representative Government" in Action, HB. ed. *Utilitarianism, Liberty, and Representative Government.* London: Dent, 1951.

[114] Mill, JS. *Essays on Politics and Culture.* New York: Himmelfarb G (ed.), 1973.

[115] Millward LJ., Haslam SA., "Who are We Made to Think We Are?

Contextual Variation – in Organizational, Workgroup and Career Foci of Identification," *Journal of Occupational and Organizational Psychology* 1 (2013): 50 – 66.

[116] Naveed, Y "Organizational Democracy and Organizational Structure Link: Role of Strategic Leadership & Environmental Uncertainty," *Business Review* 2 (2010): 51 – 72.

[117] Neubert MJ, Kacmar KM, Carlson DS, et al. "Regulatory Focus as a Mediator of the Influence of Initiating Structure and Servant Leadership on Employee Behavior," *Journal of Applied Psychology* 6 (2008): 1220 – 1233.

[118] Neumann, JE. *Why People Don't Participate in Organizational Change*. New York: JAI Press, 1989: 181 – 212.

[119] Newcomb T M. "An Approach to the Study of Communicative Acts," *Psychological Review* 6 (1953): 393.

[120] O' Conner, Marleen A. "The Human Capital Era: Reconceptualizing Corporate Law to Facilitate Labor – management Cooperation," *Cornell Law Review* 78 (2003): 899 – 965.

[121] Palmer E, Eveline J. "Sustaining Low Pay in Aged Care Work," *Gender, Work & Organization* 3 (2012): 254 – 275.

[122] Pan, Shih – wei. "Trade Union Movement in Taiwan: Struggling between Markets and Ins – titutions," *Employment Relations Record* 1 (2001): 51 – 62.

[123] Pandit, NR. "The Creation of Theory: A Recent Application of the Grounded Theory Method," *The Qualitative Report* 4 (1996): 1 – 20.

[124] Parnell, JA, Bell, ED., Taylor, R. "The Propensity for Participative Management: A Conceptual and Empirical Analysis," *Mid – Atlantic Journal of Business* 1 (1992): 31 – 42.

[125] Pateman, C. *Participation and Democratic Theory*. Cambridge: Cambridge University Press, 1970.

[126] Payne R. L., Pugh D. D. *Organizational Structure and Climate*. Chicago: Rand McNally, 1976: 1125 – 1172.

[127] Perlman JE. *The Myth of Marginality: Urban Poverty and Politics in Rio de Janeiro*. University of California Press, 1979.

[128] Petersson A. *Analysis, Modeling and Control of Doubly – Fed Induction Generators for Wind Turbines*. Chalmers University of Technology, 2005.

[129] Pettigrew AM. "Longitudinal Field Research on Change: Theory and Practice," *Organization Science* 3 (1990): 267 – 292.

[130] Poole K, Kumpfer K, Pett M. "The Impact of an Incentive – based Worksite Health Promotion Program on Modifiable Health Risk Factors," *American Journal of Health Promotion* 1 (2001): 21 – 26.

[131] Porter ME, Kramer MR. *Shared Value: Die Brücke von Corporate Social Responsibility zu Corporate Strategy*. Corporate Social Responsibility, 2012: 137 – 153.

[132] Porter ME., Kramer MR "Creating Shared Value," *Harvard Business Review* 1 – 2 (2011): 62 – 77.

[133] Poutsma E, Hendrickx J, Huijgen F. "Employee Participation in Europe: In Search of the Participative Workplace," *Economic and Industrial Democracy* 1 (2003): 45 – 76.

[134] RA. Dahl, *Preface to Democracy Theory*. Chicago: University of Chicago press, 1956.

[135] Raymond M. "The Internationalization of Representative Employee Participation and Its Impact in the Asia Pacific," *Asia Pacific Journal of Human Resources* 3 (2006): 342 – 363

[136] Rhenman E. "Organisationens Goals," *Sociologisk Forskning* 2 (1964): 41 – 54.

[137] Richard Hyman. *Understanding European Trade Unionism between Market, Class and Society*. New York: Sage Publications Ltd., 2001.

[138] Richard, JH. "Work Redesign and Motivation," *Professional Psychology*

3 (1980): 445 - 455.

[139] Ringen, S. A "Distributional Theory of Economic Democracy," *Democratization* 2 (2004): 18 - 40.

[140] Riordan, CM., Vandenberg, RJ., Richardson. HA. "Employee Involvement Climate and Organizational Effectiveness," *Human Resource Management* 4 (2005): 471 - 488.

[141] Robinson SL, Morrison EW. "The Development of Psychological Contract Breach and Violation: A Longitudinal Study," *Journal of Organizational Behavior* 5 (2000): 525 - 546.

[142] Roche JR, Friggens NC, Kay JK, et al. "Body Condition Score and Its Association with Dairy Cow Productivity, Health, and Welfare," *Journal of Dairy Science* 12 (2009): 5769 - 5801.

[143] Rogers J. "A Strategy for Labor," *Industrial Relations* 3 (1995): 367 - 381.

[144] Rokeach M. *The Nature of Human Values*. New York: Free Press, 1973.

[145] Rothenberg S. "Knowledge Content and Worker Participation in Environmental Management at NUMMI," *Journal of Management Studies* 7 (2003): 1783 - 1802.

[146] Rousseau CM. *A Discourse of Political Economy*. Everyman, 1913.

[147] Rousseau DM. "New Hire Perceptions of Their Own and Their Employer's Obligations: A Study of Psychological Contracts," *Journal of Organizational Behavior* 5 (1990,): 389 - 400.

[148] Rousseau DM. *Psychological Contracts in Organizations: Understanding Written and Unwritten Agreements*. 2nd ed. Thousand Oaks: Sage Publications, Inc, 1995: 12 - 15.

[149] S. Webb, B. Webb. *Industrial Democracy*. London: Longman, 1920.

[150] Satori, G. *Democratic Theory*. Detroit: Wayne State University Press, 1962.

[151] Schein EH. *Organizational Culture and Leadership* (4th Edition ed.).

New Jersey: Jossey – Bass. 2010.

[152] Shen J., Benson J. "When CSR Is a Social Norm: How Socially Responsible Human Resource Management Affects Employee Work Behavior," *Journal of Management* 2 (2014): 145 – 168.

[153] Shore, LM, Tetrick, LE, Lynch P, et al. "Social and Economic Exchange, Construct Development and Validation," *Journal of Applied Social Psychology* 36 (2006): 837 – 867.

[154] Slate RN, Vogel R E. "Participative Management and Correctional Personnel: A Study of the Perceived Atmosphere for Participation in Correctional Decision Making and Its Impact on Employee Stress and Thoughts about Quitting," *Journal of Criminal Justice* 5 (1997): 397 – 408.

[155] Smith, PD., Propst, DB. "Are Topic – specific Measures of Socio – political Control Justified? Exploring the Realm of Citizen Participation in Natural Resource Decision Making," *Journal of Community Psychology* 2 (2001): 179 – 187.

[156] Smith, SC. "Employee Participation in China's TVEs," *China Economic Review* 1 (1995): 157 – 167.

[157] Sorensen, OH., Hasle, P., & Navrbjerg, S. E. "Local Agreements as an Instrument for Improvement of Management – employee Collaboration on Occupational Health and Safety," *Economic and Industrial Democracy* 4 (2009), 643 – 672.

[158] Srivastava, A., Bartol, KM., Locke, EA. "Empowering Leadership in Management Teams: Effects on Knowledge Sharing, Efficacy, and Performance," *Academy of Management Journal* 6 (2006): 1239 – 1251.

[159] Steel, RP., Mento, AJ. "The Participation – performance Controversy Reconsidered: Subordinate Competence as a Mitigating Factor," *Group and Organization Studies* 4 (1987): 411 – 423.

[160] Strauss G. "Worker Participation – Some Under – Considered Issues,"

Industrial Relations 4 (2006): 778 – 803.

[161] Strauss, A., Corbin, J. *Basics of Qualitative Research: Techniques and Procedures for Developing Grounded Theory* Newbury Park, CA: sage, 1998: 55 – 241.

[162] Super DE. *Review of "Work and Human Behavior"* 1970.

[163] Szmigin I., Rutherford R. "Shared Value and the Impartial Spectator Test," *Journal of Business Ethics* 1 (2013): 171 – 182.

[164] Taksa, L. "Intended or Unintended Consequences? A Critical Reappraisal of the Safety First Movement and Its Non – union Safety Committees," *Economic and Industrial Democracy* 1 (2009), 9 – 36.

[165] Taras, DG., Kaufman, B. E. "Non – union Employee Representation in North America: Diversity, Controversy and Uncertain Future," *Industrial RelationsJournal* 5 (2006), 513 – 542.

[166] Tekleab AG, Taylor M S. "Aren't There two Parties in an Employment Relationship? Antecedents and Consequences of Organization – employee Agreement on Contract Obligations and Violations," *Journal of Organizational Behavior* 5 (2003): 585 – 608.

[167] Theriou G., Chatzoglou P. "The Impact of Best HRM Practices on Performance – identifying Enabling Factors," *Employee Relations* 5 (2014): 535 – 561.

[168] Thomas, WH., Feldman, DC. "Employee Voice Behavior: A Meta – analytic Test of the Conservation of Resources Framework," *Journal of Organizational Behavior* 2 (2012): 216 – 234.

[169] Thompson EP. "The Moral Economy of the English Crowd in the Eighteenth Century," *Past and Present* 1971: 76 – 136.

[170] TS. Han, HH. Chiang, "A. Chang. Employee Participation in Decision Making, Psychologycal Ownership and Knowledge Sharing: Mediating Role of Organizational Commitment in Taiwanese Hightech Organizations," *The International Journal of Human Resource Management* 12 (2010): 147 – 182.

[171] Tsui AS, Pearce JL, Porter L W, Hite JP. *Choice of Employee – organization Relationship: Influence of External and Internal Organizational Factors Research in Personnel and Human Resource Management.* Greenwich, CT: JAI Press, 1995.

[172] Tsui AS, Pearce JL, Porter LW, Tripoli AM. "Alternative Approaches to the Employee – organization Relationship: Does Investment in Employees Pay off?" *The Academy of Management Journal* 5 (1997): 1089 – 1121.

[173] Tsui AS, Wu JB. "The New Employment Relationship Versus the Mutual Investment Approach: Implications for Human Resource Management," *Human Resource Management* 2 (2005): 115 – 121.

[174] Turnbull S. *Building Trust in Corporations.* Paper Presented at the Sixth International Conference on Corporate Governance and Board Leadership. Henley Management College, October, 2003.

[175] Vanek, Jaroslav. *The General Theory of Labor – managed Market Economies.* Ithaca: Cor – nell University Press, 1970.

[176] Vanroelen C, Levecque K, Louckx F. "The Socioeconomic Distribution of Health – related Occupational Stressors among Wage – earners in a Post – Fordist Labour Market," *Archives of Public Health* 1 (2010): 1 – 14.

[177] WA. Pasmore, MR. Fagans. "Participation, Individual Development, and Organizational Change: A Review and Synthesis," *Journal of Management* 18 (1992): 375 – 397.

[178] Wagner J A. "Participation's Effects on Performance and Satisfaction: A Reconsideration of Research Evidence," *Academy of Management Review* 2 (1994): 312 – 330.

[179] Walsh JP., Ungson GR. "Organizational Memory," *The Academy of Management Review* 1 (1991), 57 – 91.

[180] Welsh, DHB., Luthans, F., Sommer, SM., "Managing Russian Factory Workers: The Impact of US – based Behavioral and Participative

Techniques," *Academy of Management*, 1993, 36 (1): 58 – 79.

[181] Williamson OE. *Markets and Hierarchies: Analysis and Antitrust Implications: A Study in the Economics of Internal Organization.* New York: MacMillan Free Press, 1975.

[182] Wu, J., Hom, P., Tetrick, L., Shore, L. et al. "The Norm of Reciprocity: Scale Development and Validation in the Chinese Context," *Management and Organization Review* 2 (2006): 377 – 402.

[183] Zellweger TM., Nason RS., NordqvistM., et al., "Why Do Family Firms Strive for Non – financial Goals? An Organizational Identity Perspective," *Entrepreneurship Theory and Practice* 3 (2011): 229 – 248.

[184] Zhang, M., "The Effects of Perceived Fairness and Communication on Honesty and Collusion in A Multi – Agent Setting," *The Accounting Review* 83 (2008): 1125 – 1146.

[185] Zwick, T. "Employee Participation and Productivity," *Labor Economics* 6 (2004): 715 – 740.

[186] 国际劳工组织, http://www.ilo.org/global/lang - - en/index.htm。

二 译著

[187] 〔德〕鲁道夫·特劳普－梅茨：《中国产业民主——兼论德国、韩国与越南》，岳经纶译，中国社会科学出版社，2012。

[188] 〔美〕乔治·斯蒂纳、约翰·斯蒂纳：《企业、政府与社会》，华夏出版社，2002。

[189] 〔美〕小艾尔弗雷德·钱德勒：《王铁生校看得见的手——美国企业的管理革命》，重武译，商务印书馆，1987。

[190] 〔日〕野中郁次郎、绀野登：《知识经营的魅力——知识管理与当今时代》，赵群译，中信出版社，2012。

[191] DailL. Fields：《工作评价——组织诊断与研究实用量表》，杨志平等译，中国轻工业出版社，2004。

[192] 安戈：《中国经济：转型社会的企业治理与职工民主参与》，陈佩华译，社会科学文献出版社，2005。

[193] 彼得·德鲁克:《管理的实践》,齐若兰译,机械工业出版社,2006。

[194] 迪尔凯姆:《社会分工论》,渠东译,三联书店,2005。

[195] 汉斯曼:《企业所有权论》,于静译,中国政法大学出版社,2001。

[196] 亨廷顿:《第三波:20世纪后期民主化浪潮》,刘军宁译,上海三联书店,1998。

[197] 卡尔·波兰尼:《巨变:当代政治与经济的起源》,黄树民译,社会科学文献出版社,2013。

[198] 鲁道夫·特劳普·梅茨:《劳动关系比较研究——中国-韩国-德国/欧洲》,张俊华译,中国社会科学出版社,2010。

[199] 尼尔森:《积极组织行为学》,王明辉译,中国轻工业出版社,2011。

[200] 汤姆林森:《企业和工业民主的经济学和社会学理论》,费隽译,国外社会科学文摘,1986年第1期。

[201] 熊彼特:《资本主义、社会主义与民主》,吴良健译,商务印书馆,1999。

[202] 伊丹敬之:《日本型コーポレート·ガバナンス》,日本经济新闻社,2000。

三 港澳台文献

[203] 澳門工會聯合總會:http://www.faom.org.mo/web/?action-category-catid-1。

[204] 曾鈺珺:《台灣職業健康制度與勞工參與》,陽明大學衛生福利研究所,2001。

[205] 陳基國:《分紅費用化、人力資源因應策略與員工組織承諾與投入影響之研究》,國立臺灣大學,2008。

[206] 方嬿榕:《組織倫理氣候對員工參與知識管理之影響》,長榮大學,2008。

[207] 侯武勇:《國營公司勞資關係研究——以漢翔公司為例》,《人文既社會科學期刊》2005年第1期。

［208］黃北豪：《產業民主結構性探討》，《勞資關係論叢（中國臺灣）》1996年第5期。

［209］黃英忠：《我國企業內部團體協商及勞資會議現況分析》，行政院勞工委員會研究計劃報告（計畫編號PG9208-0508），2003。

［210］李超雄：《企業組織、管理會計資訊系統、人員參與對成本抑減績效的影響——臺灣上市企業之實證研究》，《績效與策略研究》2005年第1期。

［211］李燕清：《北部地區製造業勞工安全衛生委員會功能調查之研究》，文化大學勞工研究所，2001。

［212］李耀泰：《新加坡勞、資、政三邊關係的檢視：一個歷史制度主義的觀點》，《人文繼社會科學期刊》2008年第2期。

［213］林大鈞：《台灣高科技產業人才需求與自國外攬才策略》，《東亞論壇》2008年第462期。

［214］林淑美：《預算參與對管理績效的影響：以角色模糊和組織承諾為仲介變數》，《企業管理學報》2005年第4期。

［215］劉盈鈺：《高績效工作系統和工作績效之研究——以人格特質為干擾因素》，國立暨南國際大學，2010。

［216］呂葉儒：《製造業工作環境之溫度、噪音、照明及振動暴露與勞工疲勞感受之探討》，長榮大學，2011。

［217］呂宗麟：《我國勞資關係法律主要內涵釋析》，《嶺東通職教育研究學》2012年第3期。

［218］馬淑清等：《職場霸凌的概念分析》，《護理雜誌》2011年第4期。

［219］茆昔文：《臺灣工會參與政策與治理之研究》，國立臺灣大學，2010。

［220］彭雪玉：《國民黨政府勞動控制體制之探討：1949-1987年間歷史與結構的因素》，《思與言》2006年第3期。

［221］邱靜如、劉貴雲：《職場員工對健康促進活動認知、態度、需求、參與情形與健康生活型太之現況及相關因素探討》，《健康促進暨衛生教育雜誌》2003年第23期。

［222］蔡欣玲、林小玲、邱淑芬、林惠蘭：《護理人員參與研究之相關性

探討》,《護理雜誌》1998年第3期。

[223] 三民書局股份有限公司:《大辭典》,臺灣三民書局,1985。

[224] 蘇德勝、林佳漪:《我國勞工安全衛生立法趨勢之調查研究》,《勞工安全衛生研究季刊》2003年第11期。

[225] 湯京平、廖坤榮:《科技政策與民主化:臺灣發展電動機車經驗的政治經濟分析》,《公共行政學報》2004年第11期。

[226] 衛民:《勞資關係:問題與政策》,環球經濟社,1990。

[227] 衛民:《從政府規範到產業民主?台灣僱傭關係的轉變》,《香港社會科學學報》2001年第21期。

[228] 吳承豐:《企業倫理的實踐》,《前程文化事業有限公司》,2010。

[229] 吳全成、陳俊益、黃國城:《企業勞資關係之建構與實證研究》,《臺灣勞動評論》2010年第2期。

[230] 吳復新:《人力資源管理——理論分析與實務應用》,華泰書局,2003。

[231] 夏昭林、李朝林、蘇志等:《職業病傷與工傷保險》,《勞動醫學》2000年第17期。

[232] 香港工會聯合會主頁,http://www.ftu.org.hk/zh-hant/about?id=12。

[233] 徐嘉珮:《勞動者參與安全衛生事務制度之研究》,政治大學勞工研究所,1997。

[234] 楊怡婷:《從衝突到合作:銀行合併之集體勞資關係》,《臺灣勞動評論》2010年第1期。

[235] 尤素芬、陳美霞:《企業內安全衛生保護之勞工參與機制探析》,《台灣衛誌》2007年第5期。

[236] 張瑞明:《勞工參與安全衛生管理事務之研究——以北部地區電子業為例》,文化大學勞工研究所,1990。

[237] 煮柔弱:《社會變遷中的勞工問題》,揚智出版社,1998。

四 內地中文文獻

[238] 曹春陽:《论民营企业的发展给我国民主政治建设带来的影响》,

《商丘师范学院学报》2006 年第 1 期。

[239] 常凯，陶文忠：《人力资源管理与劳动关系调整》，《中国人力资源开发》2006 年第 8 期。

[240] 常凯：《劳动关系学》，中国劳动社会保障出版社，2005。

[241] 常凯：《劳动关系的集体化转型与政府劳工政策的完善》，《中国社会科学》2013 年第 6 期。

[242] 常凯：《劳动关系法治化是构建和谐劳动关系的关键》，《中国党政干部论坛》2007 年第 3 期。

[243] 常凯：《论个别劳动关系的法律特征——兼及劳动关系法律调整的趋向》，《中国劳动》2004 年第 4 期。

[244] 常耀方：《高参与工作系统对企业绩效的影响》，华南师范大学，2007。

[245] 陈东琪：《新政府干预论》，首都经济贸易大学出版社，2000。

[246] 陈军：《企业组织绩效评估模型研究》，东北林业大学，2006。

[247] 陈万思、丁珏：《余彦儒. 参与式管理对和谐劳资关系氛围的影响：组织公平感的中介作用与代际调节效应》，《南开管理评论》2013 年第 6 期。

[248] 陈微波：《国有企业，政府关系与"隐性雇主"定位拿捏》，《改革》2011 年第 4 期。

[249] 陈维政、刘云、吴继红：《双向视角的员工—组织关系探索——I-P/S 模型的实证研究》，《中国工业经济》2005 年第 1 期。

[250] 陈向明：《扎根理论的思路和方法》，《教育研究与实验》1999 年第 4 期。

[251] 程德俊、宋哲、王蓓蓓：《认知信任还是情感信任：高参与工作系统对组织创新绩效的影响》，《经济管理》2010 年第 11 期。

[252] 程德俊、赵曙明：《高参与工作系统与企业绩效：人力资本专用性和环境动态性的影响》，《管理世界》2006 年第 3 期。

[253] 程德俊、赵曙明：《高参与工作系统中的社会关系网络及其变革障碍》，《中国工业经济》2006 年第 12 期。

[254] 程德俊、赵勇：《高绩效工作系统对企业绩效的作用机制研究：组

织信任的中介作用》,《软科学》2011 年第 4 期。
[255] 程德俊、李虎:《组织中的关系协调机制及其人力资源实践构建》,《南京社会科学》2013 年第 6 期。
[256] 程延园:《劳动关系》(第 2 版),中国人民大学出版,2004。
[257] 邓宏斌、李乃文:《基层管理者辱虐管理和员工安全参与关系研究》,《管理学报》2013 年第 12 期。
[258] 董保华:《中国劳动关系的十字路口——管制与自治:"富士康"本田案件提出的法治命题》,《探索与争鸣》2011 年第 3 期。
[259] 段锦云、钟建安:《组织中的进谏行为》,《心理科学》2005 年第 1 期。
[260] 范秀成、英格玛:《外商投资企业人力资源管理与绩效关系研究》,《管理科学学报》2003 年第 2 期。
[261] 方杰、温忠麟等:《基于结构方程模型的多重中介效应分析》,《心理科学》2014 年第 5 期。
[262] 冯同庆:《国家、企业、职工之间关系的社会转向:家族企业职工参与的案例研究》,《工会理论与实践》2004 年第 3 期。
[263] 冯同庆:《近年来工资集体协商取向的正误分析——是自上而下还是与自下而上结合》,《马克思主义与现实》2012 年第 2 期。
[264] 冯同庆:《认识和改革中国工会值得借鉴的一种方法》,《工会理论研究》2011 年第 1 期。
[265] 冯同庆:《中国经济:转型社会的企业治理与职工民主参与》,社会科学文献出版社,2005。
[266] 冯云霞、葛建华:《组织文化的象征化过程研究》,《暨南学报》(哲学社会科学版)2010 年第 5 期。
[267] 耿相魁:《民营企业的发展给我国民主政治建设带来的影响》,《学习论坛》2004 年第 12 期。
[268] 郭东杰:《共同治理模式下的劳动关系研究》,浙江大学出版社,2004。
[269] 郭鲜红:《略论我国家族企业与职业经理的博弈》,《经济问题》2009 年第 12 期。

[270] 韩翼、魏文文：《员工工作繁荣研究述评与展望》，《外国经济与管理》2013 年第 8 期。

[271] 贺秋硕：《企业劳动关系和谐度评价指标体系构建》，《中国人力资源开发》2005 年第 8 期。

[272] 胡建国、刘金伟：《私营企业劳资关系治理中的工会》，《中国劳动关系学院学报》2006 年第 3 期。

[273] 蒋建武、戴万稳：《非典型雇佣下的员工——组织关系及其对员工绩效的影响研究》，《管理学报》2012 年第 8 期。

[274] 康力、石金涛：《中国企业背景下领导成员交换与员工 - 组织关系之间的关系研究》，《上海管理科学》2011 年第 2 期。

[275] 李超平、时勘：《变革型领导的结构与测量》，《心理学报》2005 年第 6 期。

[276] 李汉林、吴建平：《组织团结过程中的员工参与》，中国社会科学出版社，2010。

[277] 李金平、陈维政：《员工协助计划（EAP）综述及其在中国的应用》，《管理现代化》2005 年第 4 期。

[278] 李丽：《国际贸易的新屏障——社会责任管理体系（SA8000）》，《中国纺织》2003 年第 12 期。

[279] 李凌、王翔：《隐性合同、内生信任和人力资本》，《上海经济研究》2008 年第 12 期。

[280] 李鹏：《工业领域和工作场所的参与式民主——卡罗尔·佩特曼对参与式民主实践途径的探索及其启示》，《电子科技大学学报》（社会科学版）2012 年第 4 期。

[281] 李萍：《工业民主对管理哲学研究的时代意义》，《中国人民大学学报》2006 年第 4 期。

[282] 李维安、王世权：《利益相关者治理理论研究脉络及其进展探析》，《外国经济与管理》2007 年第 4 期。

[283] 李新春：《经理人市场失灵与家族企业治理》，《管理世界》2003 年第 4 期。

[284] 李永锋、司春林：《合作创新中企业声誉、共享价值观和相互信任

的实证研究》,《技术经济与管理研究》2007年第6期。

[285] 李志、罗章利、汪庆春:《企业"人本管理"内容要素的实证研究》,《工业工程与管理》2008年第3期。

[286] 梁光霞:《基于价值共享的民营企业核心员工激励机制研究》,中南大学出版社,2007。

[287] 梁建、唐京:《员工合理化建议的多层次分析:来自本土连锁超市的证据》,《南开管理评论》2009年第3期。

[288] 梁镇:《新技术企业知识型员工成长评价机制研究》,天津大学出版社,2009。

[289] 凌文辁、杨海军、方俐洛:《企业员工的组织支持感》,《心理学报》2006年第2期。

[290] 刘辉、周慧文:《农民工劳动合同低签订率问题的实证研究》,《中国劳动关系学院学报》2007年第3期。

[291] 刘善仕、周巧笑、晁罡:《高绩效工作系统与组织绩效:中国连锁行业的实证研究》,《中国管理科学》2005年第1期。

[292] 刘晓东:《企业员工参与对员工忠诚度影响的实证研究》,湖南大学,2010。

[293] 刘亚林:《EAP(员工援助计划)的成本、效用:理论研究和实证分析》,首都经济与贸易大学出版社,2008。

[294] 刘易、王民杰:《化工企业责任关怀对企业绩效的影响研究》,《数理统计与管理》2009年第6期。

[295] 龙希国、林浩:《民主的工具性价值初论》,《云南财经大学学报:社会科学版》2009年第4期。

[296] 吕景春:《和谐劳动关系:制度安排与机制创新:一个福利经济学的研究框架》,《经济学家》2006年第6期。

[297] 苗丰仁、王健翎:《关于外资企业民主管理多元化的思考》,《工会理论与实践》2004年第2期。

[298] 苗仁涛、周文霞、刘军等:《高绩效工作系统对员工行为的影响:一个社会交换视角及程序公平的调节作用》,《南开管理评论》2013年第5期。

[299] 莫生红、陈伦华：《企业和谐劳动关系评价指标体系与评价方法探讨》，《经济论坛》2009年第12期。

[300] 彭娟、刘善仕、腾莉莉：《国外雇用双方合作伙伴关系研究回顾与展望》，《外国经济与管理》2012年第8期。

[301] 彭泗清：《信任的建立机制：关系运作与法制手段》，《社会学研究》1999年第2期。

[302] 钱箭星、肖巍：《社会责任标准（SA8000）与劳动者维权》，《复旦学报》（社会科学版）2005年第4期。

[303] 乔健：《在国家、企业和劳工之间：工会在市场经济转型中的多重角色——对1811名企业工会主席的问卷调查》，《当代世界与社会主义》2008年第2期。

[304] 卿涛、郭志刚：《论雇佣治理的社会合作关系模式》，《经济管理》2007年第6期。

[305] 饶敏：《高校高绩效工作系统对研究生产率的影响：创新气氛的中介效应》，《暨南学报》（哲学社会科学版）2009年第5期。

[306] 石云祥：《从非公有制企业发展看民主管理的人本内涵》，《工运研究》2002年第21期。

[307] 林忠、孟德芳、鞠蕾：《WFEJDC：工作压力模型研究——基于FE模型与JDC模型的融合》，《中国工业经济》2014年第3期。

[308] 孙健敏、陆欣欣、孙嘉卿：《组织支持感与工作投入的曲线关系及其边界条件》，《管理科学》2015年第2期。

[309] 唐冰、宋葛龙：《"蒙德拉贡模式"与现代合作经济》，《中国改革》2006年第9期。

[310] 陶世琰：《和谐劳动关系的影响因素及构建途径分析》，苏州大学出版社，2010。

[311] 田喜洲、左晓燕、谢晋宇：《工作价值取向研究现状分析及未来构想》，《外国经济与管理》2013年第4期。

[312] 佟新：《能动的行动者：B企业的工会实践》，载《中国经济：转型社会的企业治理与职工民主参与》，社会科学文献出版社，2005。

[313] 佟新:《全球化下的劳资关系和产业民主——对跨国公司之订单企业的个案分析》,载《中国经济:转型社会的企业治理与职工民主参与》,社会科学文献出版社,2005。

[314] 佟新:《失业危机对中国工人阶级的意义》,《中国社会科学》2003年第4期。

[315] 汪和健:《尊严、交易转型与劳动组织治理:解读富士康》,《中国社会科学》2014年第1期。

[316] 汪林、储小平、黄嘉欣等:《与高层领导的关系对经理人"谏言"的影响机制——来自本土家族企业的经验证据》,《管理世界》2010年第5期。

[317] 王晓玲:《企业高绩效工作系统-组织承诺中介机制的实证研究》,《中国软科学》2009年第1期。

[318] 温忠麟、叶宝娟:《测验信度估计:从α系数到内部一致性信度》,《心理学报》2011年第7期。

[319] 翁清雄、席酉民:《企业员工职业成长研究:量表编制和效度检验》,《管理评论》2011年第10期。

[320] 吴海艳:《企业劳动关系氛围的理论与实证研究》,南开大学出版社,2011。

[321] 吴建平、陈紫葳:《企业民主管理的实证基础——以员工参与与员工满意度相关关系为视角》,《中国劳动关系学院学报》2010年第4期。

[322] 吴清军、刘宇:《劳动关系市场化与劳工权益保护——中国劳动关系政策的发展路径与策略》,《中国人民大学学报》2013年第1期。

[323] 吴同:《以法治劳——中国工人行动空间与企业中工会的角色》,博士学位论文,华东师范大学,2010。

[324] 吴小云:《变革型领导影响下属满意度和组织承诺的路径研究》,复旦大学出版社,2010。

[325] 吴晓波、吴东:《行业民主、创新链对接与行业企业提升发展》,《自然辩证法研究》2010年第8期。

[326] 吴中伦、陈万明、沈春光:《私营企业劳动关系信任治理的实证研究：心理契约视角》,《统计与决策》2010年第7期。

[327] 席酉民、尚玉钒、井辉、韩巍:《和谐管理理论及其应用思考》,《管理学报》2009年第1期。

[328] 夏征农、陈至立:《辞海（第6版）》,上海辞书出版社,2011。

[329] 向常春、龙立荣:《参与型领导与员工建言：积极印象管理动机的中介作用》,《管理评论》2013年第7期。

[330] 谢玉华、何包钢:《西方工业民主和员工参与研究述评》,《经济社会体制比较》2007年第2期。

[331] 谢玉华、张媚、雷小霞:《影响员工参与的组织因素研究》,《财经理论与实践》2010年第9期。

[332] 谢玉华、张群艳:《新生代员工参与对员工满意度的影响研究》,《管理学报》2013年第8期。

[333] 谢玉华:《中国工业民主和员工参与制度及功能：国企民企外企的比较——来自湖南的调查》,《经济社会体制比较》2009年第1期。

[334] 徐小洪:《中国工会的双重角色定位》,《人文杂志》2010年第6期。

[335] 徐燕、周路路:《雇佣关系对员工职业成长的影响机制研究：组织支持感的中介作用》,《经济管理》2012年第11期。

[336] 杨冬梅:《企业民主管理立法面临问题和解决思路》,《工会博览》2009年第2期。

[337] 杨晶照、杨东涛、马洪旗:《组织结构的测量》,《统计与决策》2012年第3期。

[338] 杨叶、杨韶刚:《参与式管理与组织绩效的关系研究》,《心理研究》2008年第1期。

[339] 杨正喜、朱汉平:《劳工NGO对农民工权益保障的价值和限度》,《西北人口》2011年第6期。

[340] 姚春序、苗青:《人与组织共发展：研究启示和未来趋势》,《人类工效学》2009年第1期。

[341] 游正林:《对中国劳动关系转型的另一种解读——与常凯教授商

权》,《中国社会科学》2014 年第 3 期。

[342] 于开乐:《别让员工有发言权?》,《21 世纪商业评论》2007 年第 4 期。

[343] 余达逊、徐斯勤:《民主、民主化与治理绩效》,浙江大学出版社,2011。

[344] 詹婧:《企业民主参与动力研究:基于劳资双赢的经济学视角》,首都经济贸易大学出版社,2010。

[345] 张弘、赵曙明、方洪波:《雇佣保障,组织承诺与程序公平感知》,《经济管理》2009 年第 10 期。

[346] 张徽燕、李端凤、姚秦:《中国情境下高绩效工作系统与企业绩效关系的元分析》,《南开管理评论》2012 年第 3 期。

[347] 张静:《利益组织化单位——企业职代会案例研究》,中国社会科学出版社,2001。

[348] 张熹珂:《东亚地区经济发展与民主成长中的政府角色研究——一个比较的视角》,《中国浙江省委党校学报》2010 年第 6 期。

[349] 张一弛:《我国企业人力资源管理模式与所有制类型之间的关系研究》,《中国工业经济》2004 年第 9 期。

[350] 张震、马力、马文静:《组织气氛与员工参与的关系》,《心理学报》2002 年第 3 期。

[351] 章荣君:《政治民主,经济民主及其相互关系分析》,《云南行政学院学报》2009 年第 5 期。

[352] 赵曙明:《人力资源管理理论研究新进展评析与未来展望》,《外国经济与管理》2011 年第 1 期。

[353] 赵炜:《新型劳动关系下的工人与工会——对一家外国独资企业工人和工会状况的实证调查》,《中国党政干部论坛》2003 年第 6 期。

[354] 郑文智、陈金龙、胡三嫚:《劳动契约、员工参与与相互投资型劳动关系》,《管理科学》2012 年第 6 期。

[355] 郑文智、吕庆华:《民营企业民主化管理:价值性与工具性的双重统一》,《华侨大学学报(哲)》2014 年第 2 期。

[356] 郑文智、吴文毅:《结构方程模型拟合评鉴:整体拟合,内部拟合与复核效度检验》,《心理学探新》2014年第1期。

[357] 郑文智、许苗苗、庄伯超:《企业为什么不实施民主参与管理:来自海峡两岸的实证》,《管理评论》2016年第3期。

[358] 郑文智、张华:《民主参与管理与家族企业共享价值观的实现》,《经济管理》2015年第7期。

[359] 中国社会科学院课题组:《努力构建社会主义和谐社会》,《中国社会科学》2005年第3期。

[360] 中国社会科学院语言研究所:《新华字典(第11版)》,商务印书馆,2011。

[361] 周光辉:《超越政治学——对民主的经济,道德和认知价值的分析》,《吉林大学社会科学学报》1999年第5期。

[362] 朱磊:《台湾劳工及工会面临的新机遇》,《海峡科技与产业》2011年第6期。

[363] 朱庆华:《外出打工经验:女工政治参与的社会基础——以一家资企业女工参与工会民主选举为例》,载《冯同庆中国经济:转型社会的企业治理与职工民主参与》,社会科学文献出版社,2005。

[364] 朱晓阳、陈佩华:《职工代表大会的作用及其话语基础的个案研究》,载《中国经济:转型社会的企业治理与职工民主参与》,社会科学文献出版社,2005。

附件1 关于《家族企业员工关系管理》的访谈记录

一 企业人士（员工、HR，工会人士）

1. 根据您的了解，在中国，实施民主管理的家族企业有哪些？或哪家公司做得比较好？

Case1：我所了解的家族企业都没有实施真正的民主管理，上市民企做得比较好些。

Case2：华为、方太厨具。

Case3：恒安集团、安踏、特步等家族企业。个人认为恒安集团做得比较好，由最初的小公司做到现在的上市公司，有单品种产品做到现在的多个品种。有一定的品牌效果。

Case4：中国石化集团中原油田、林州市风铝有限责任公司、新光控股集团有限公司。

Case5：中兴、福耀玻璃。

Case6：北京袋鼠网络科技有限公司；北京闪联智通科技有限公司（飞速流量压缩仪）。

Case7：一般是一些高科技产业，比如腾讯、百度之类的，比较西化，民主管理可能做得比较好。如果是中国的家族企业，大部分还是避免不了老板决策文化。

Case8：未听说过有这类企业，家族企业的民主管理做得很差。

Case9：听说方太采用儒家的管理理念，并执行全员股份制，很能调动员工的积极性。伟创力为解决员工的生活与精神的后顾之忧，充分尊重员工，让员工在工作中体会到幸福。还有海底捞和德胜洋楼。

Case10：关于实施民主管理的家族企业有多少这个数量相信没有一个确切的数据能够给你，无论是国家还是社会团体都不可统计完整，因为，对于民主管理这个概念，许多家族企业的理解与执行都是不一的，没有完全一个模式的，其实也就是在民主管理这个层面上发展创新出不同的管理模式，不同的企业成长阶段！再者说哪家公司做得比较好，用个例子说明，在这个社会里，每个企业都是个体，每个企业都有自己的一面旗帜，旗帜模型可以一样，但是，旗帜的高度就取决于扛旗的人所处到的高度。公司做得好，不是定义于是否实施民主管理，也许在实质管理模式上，民主管理充当的只是自主实质管理的影子！

Case11：华为，腾讯，新浪，百度等。

Case11：万科的合伙制。

2. 通过信息公开、一定程度的建议权等参与管理，如企业定期告知您账务状况与未来的计划等，您会不会提升对公司的评价？为什么？

Case1：会。降低信息不对称性，减弱风险预期。

Case2：通过一定程度的建议权及信息公开等参与管理，对于我来说，会提升我对企业的评价及信任感。企业这样管理，对我个人的工作带来的有益改变：提升工作积极性，更加用心努力做好工作。

Case3：如定期告知我公司的财务状况和未来发展计划，让我知道公司是处于盈利或亏损状态，这是对员工负责的态度。

在我知道公司是处于盈利状态，那么员工的利益得到保障，可能不会因为公司亏损导致拖欠工资等问题。这样也会相应减少员工跳槽的频率。

Case4：答案是肯定的。公开内容落实，这样可以广泛征求职工群众的意见，这样不但可以让员工知情，也可以取到监厂的作用。如企业定期告知您账务状况与未来的计划，及时让职工了解企业当前的实际情况，把企业遇到的困难和原因向职工讲清楚，把克服困难的办法向员工讲明白，使职工树立了与企业同舟共济的信念和战胜困难的信心，自觉支持改革，投身企业发展，等等！

Case5：会提升对企业的评价。将有助于个人结合公司的发展前景制定职业发展规划，提升员工归属感。

Case6：一般我所在的公司会告知未来计划，以后公司会发展到什么样的程度，这样可以激励你，为公司更好地创造价值；公司很少告诉财务状况，即使有些告诉，也一般是报喜不报忧。我觉得公司有告诉未来的计划对我肯定会好点，这样也有自己的计划，不过财务状况，还是保密点好，这样对员工有利。除非是一块创业的员工，可告诉财务状况。

Case7：公布这些信息肯定会提升对企业的评价，至少可以给有规划的员工信心，与企业一同进步和发展。

Case8：会。有益的改变：个人职业发展与规划有更多的信息支持；工作中会更多考虑企业长远的发展需要。

Case9：通过信息公开、一定程度的建议权等参与管理，如定期告知您企业账务状况与未来的计划等，您会不会提升对企业的评价？企业这样管理，对您个人的工作与发展等将带来哪些有益的改变？当企业的财务状况与未来的计划等与员工的切身利益直接相关，并且员工也很清楚这种关系时，才会对员工的工作起到激励或指导的作用。这种形式虽然不一定有效，但是，至少是向好的方向努力，所以，还是会提升对企业的评价。可以让个人和部门偶尔跳出本位主义，试着从公司或其他部门的视角来审视和处理问题。

Case10：扩大知情权，对于公司和员工都是有好处的，因为彼此就是一个整体，企业的生产经营、目标管理、技改投入、分配情况等许多事宜都是企业员工普遍关心的问题，企业运行状况都是关乎员工的切身利益问题，同时员工针对企业运行状况所提出的意见对于企业的发展具有绝对的影响，也可以形成良好的监督机制，并且员工对于企业的归属感也会增强。其次可以针对公司未来的发展，从而选择自身的发展方向和制定自身的发展计划。

Case11：反正说不上来，不是学这方面的，这些可能属于HR的范畴。

Case12：会。因为企业对员工给予更多的人文关怀，建立情感联系（员工工作不仅仅是为了工资）；增强员工对企业的归属感；决策参与有利于让员工看到自己基层—中层—高层的整个职业发展通道，让有能力的员工在公司不仅个人价值得到提升，而且还有机会得到职业的晋升；参与管理能够将薪酬、绩效、晋升三方面的制度结合在一起，作为企业文化的一部分，吸引员工长期留在企业；最后提高员工参与度，让员工成为公司的一分子，使员工特别是有职业道德的员工可以超越家族企业的弊端，有利于建立人与人、人与企业的信任。

二 高校教授

问题：请您谈谈对我们最近研究的话题：民主、民主化与参与管理的理解。

Case1："企业民主管理"可以由 CSR 与企业伦理（BE）与人力资源管理（HRM）角度去找文献，中外都有，大多以"以人为本"为主轴！三者主轴均含以下内涵：包容员工冒险与犯错、授权、员工参与、员工提案决策、员工多元意见、上下平行沟通机制、组织内公平正义（员工一视同仁不分自己人或非自己人）、利害关系者间利益平衡、组织内外 CSR 与 BE 的管理系统（伦理委员会等）、选拔或升迁人才或财务管理公开透明、利润分享等等。

Case2：可能的结果是个人作用的发挥；保护个人权益；有发言权。

Case3：之所以愿意参与，共有价值观很重要，有些人感觉就是喜欢在这上班，或者是因为某位开明（有共同价值观，笔者注）的领导人。

Case4：什么是民主化？就是企业实施了相应的民主管理策略，如参与、授权等管理，使得员工能够充分发挥潜力，并且具备了参与民主管理的能力，积极性也得到较大的促进与提升；企业则具备了公平公正的良性管理气氛，上下级互相支持，共同致力于组织目标，这种趋势或者现象就称为民主化。简单地说，民主化就是先有民主管理行为，后有民主化趋势或竞争力的一种体现。

附件2 关于《家族企业员工参与情况》的问卷调查

敬启者：

您好，十分感谢您百忙之中填写本问卷。这是一份匿名问卷，旨在了解家族企业员工参与行为与实效的学术研究问卷，本问卷内容不涉及贵公司的商业机密或者您个人的道德问题，您的回答结果将被严格保密，因此请您仔细阅读并如实填写。在此对您的热忱协助与合作表示深深的感谢！

×× 大学员工关系管理课题组

一 基本资料

1. 您的性别为：

A. 男　　B. 女

2. 您的年龄为：

A. 16~25 岁　　B. 26~35 岁　　C. 36~45 岁　　D. 45 岁以上

3. 您的学历为：

A. 高中或高职以下　　B. 专科　　C. 大学

D. 研究生（含）以上

4. 贵公司性质为：

A. 非家族企业（选此项可停止填写）　　B. 家族企业　　C. 其他

5. 您目前在公司的职位或身份：

A. 普通一线员工　　B. 中基层管理者　　C. 高层管理者

D. 公司老板/决策者　　E. 其他

6. 您在公司服务的年限为：

A. 1 年以内　　B. 1~3 年　　C. 3~5 年　　D. 5 年以上

7. 贵公司是否存在下列机构或制度（可多选）

A. 工会　　B. 职工（代表）大会　　C. 董事会　　D. 监事会

E. 工人自治小组　　F. 职工董事监事　　G. 厂务公开制度

H. 职工合理化建议制度　　I. 员工持股计划　　J. 集体协商制度

K. 定期技术培训　　L. 技术革新奖励制度　　M. 其他

8. 贵公司的规模：

A. 100 人以下　　B. 101~500 人　　C. 501~1000 人

D. 1001~5000 人　　E. 5000 人以上

9. 您的籍贯：＿＿＿＿省＿＿＿＿市＿＿＿＿自治区市

10. 贵公司成立于＿＿＿＿年；属于＿＿＿＿行业；在省＿＿＿＿市＿＿＿＿自治区

11. 贵公司从老板到基层员工大约有＿＿＿＿层；您或您的上司一共管＿＿＿＿人

二　您在日常工作之余是否有如下行为与活动

序号	内容	从未有	基本没有	很少有	偶尔有	经常有	绝对有
CP1	曾参加过有关自然资源与环境保护或户外公益活动的相关组织	1	2	3	4	5	6
CP2	曾在关于自然资源/环境/土地保护等请愿书或抗议书上签过名	1	2	3	4	5	6
CP3	参加了当地的一个自然资源与环境保护的政府或非政府组织	1	2	3	4	5	6
CP4	与自然资源与环境保护的政府或非政府组织交流来获取信息	1	2	3	4	5	6
CP5	定期参加环境保护等相关组织的听证会或会议	1	2	3	4	5	6
CP6	竞选过相关组织的职位	1	2	3	4	5	6
CP7	曾给关于自然资源与环境保护的政府或非政府组织表达过建议或投诉	1	2	3	4	5	6
CP8	曾就自然资源与环境保护等问题给报社写过信	1	2	3	4	5	6
CP9	曾就自然资源或环境保护问题组织过社团或团体	1	2	3	4	5	6
CP10	曾在自然资源与环境保护的委员会、顾问委员会或政策建议的智囊团队任过职	1	2	3	4	5	6

三　请根据您在贵公司的实际情况，圈选最合适的数字来反映您的判断

序号	内　容	完全不符合	基本不符合	有点不符合	有点符合	基本符合	完全符合
DE1	公司与大部分的员工签订了劳动合同，或劳动合同签订率在不断上升	1	2	3	4	5	6
DE2	公司为大部分员工缴纳了社保（社会保险如医疗、工伤险等）或参保的人数在增加	1	2	3	4	5	6
DE3	公司对员工的劳动保护措施到位，没有员工伤亡事故	1	2	3	4	5	6
DE4	员工可以通过相关组织（如工会、职代会等）或制度（如合理化建议、意见箱等）参与公司民主管理	1	2	3	4	5	6
SE1	公司决策高度集中，问题自下而上反映，由高层选择方案	1	2	3	4	5	6
SE2	公司内部存在严格的层级关系	1	2	3	4	5	6
SE3	每个岗位职责固定，一般不随意调整	1	2	3	4	5	6
SE4	内部沟通一般通过正式的渠道进行	1	2	3	4	5	6
SE5	公司更注重发挥自身的整体优势，提高效率	1	2	3	4	5	6
SE6	公司内部存在较多的横向合作关系	1	2	3	4	5	6
P11	管理者会定期告知员工公司未来的计划	1	2	3	4	5	6
P12	管理者会定期告知员工公司的财务状况	1	2	3	4	5	6
P13	管理者会定期告知员工其所在工作部门的绩效	1	2	3	4	5	6
P14	管理者会定期告知员工公司未来的技术发展方向	1	2	3	4	5	6
P15	管理者会定期告知员工顾客对其提供的产品或服务的满意程度	1	2	3	4	5	6
P16	管理者会定期告知员工公司对他们绩效考核的标准	1	2	3	4	5	6
P17	管理者会定期告知员工公司新的产品或服务	1	2	3	4	5	6
P18	我认为我们公司利润分享计划涉及的员工范围不小	1	2	3	4	5	6

续表

序号	内　容	完全不符合	基本不符合	有点不符合	有点符合	基本符合	完全符合
P21	公司管理者会认真地考虑员工提出的相关建议	1	2	3	4	5	6
P22	公司管理者会合理地采纳员工所提出的建议	1	2	3	4	5	6
P23	公司会认真考虑员工所提出的关于改进公司工作效率的各种建议	1	2	3	4	5	6
P24	员工的合理化建议一般会被贯彻到底	1	2	3	4	5	6
P31	对于公司的相关工作，公司提供给员工较大的自主空间（如工作计划）	1	2	3	4	5	6
P32	公司中，员工在具体项目管理上有很大的工作自主权	1	2	3	4	5	6
P33	在公司，员工对他们工作的方式有相当程度的自由	1	2	3	4	5	6
G11	在本公司，我没有被克扣工资的经历	1	2	3	4	5	6
G12	公司为员工提供了良好的福利与保障	1	2	3	4	5	6
G13	公司上下互动互助，使我在工作上的压力比想象的要少	1	2	3	4	5	6
G14	我每年都能从公司得到与我将来发展有关的职业培训	1	2	3	4	5	6
G21	公司或上司会经常了解我的压力与心理状态	1	2	3	4	5	6
G22	我每年都有机会参加公司举办的业余活动，包括运动会与晚会等	1	2	3	4	5	6
G23	公司会定期地组织心理测评，让我更全面地了解自己的性格特征	1	2	3	4	5	6
G24	我在遇到心理困难的时候总能得到公司或上司的援助	1	2	3	4	5	6
G25	公司总是了解离职原因并尽最大努力（如解决家庭与生活困难）避免员工离职	1	2	3	4	5	6
G26	公司在制订相关人事制度与政策前总会通过小组座谈等方式倾听员工的想法	1	2	3	4	5	6

四　我的工作体验

序号	内　容	完全不赞同	基本不赞同	有点不赞同	有点赞同	基本赞同	完全赞同
E11	我的经济利益在公司里能够得到有效的保障	1	2	3	4	5	6
E12	我在公司里有表达观点的机会，上级在制定决策之前倾听了我的想法	1	2	3	4	5	6
E13	我的人格在公司里能够得到重视与尊重	1	2	3	4	5	6
E21	当我在工作上犯错的时候，人们会先了解我的情况，而不是动辄批评	1	2	3	4	5	6
E22	我认为目前的工作是最适合自己的	1	2	3	4	5	6
E23	我的工作目标和价值得到同事或公司的承认	1	2	3	4	5	6
E24	在我所在的公司，员工离职不是常有的事情	1	2	3	4	5	6
E31	目前的工作使我掌握新的与工作相关的技能，为我提供了较好的发展机会	1	2	3	4	5	6
E32	目前的工作有利于实现我的理想职业目标，使我有能力与上级或权威进行对话	1	2	3	4	5	6
E33	目前的工作是我较感兴趣的职业，为我创造力的发挥提供必要的空间	1	2	3	4	5	6
E34	目前的工作比较自由，我能自主地安排时间，实现工作与家庭生活的平衡	1	2	3	4	5	6
O11	我感觉我的薪水在企业内部是相当公平的	1	2	3	4	5	6
O12	与其他公司相类似的工作相比，我认为我所得的薪水是公平的	1	2	3	4	5	6
O13	在公司，管理者一般能以一种公平的方式来下达指令	1	2	3	4	5	6
O14	在公司，我认为我的报酬水平能够反映我的责任与付出	1	2	3	4	5	6
O15	我认为近两年我工资和（或）奖金的增加幅度能够真实反映我的绩效提高程度	1	2	3	4	5	6
O21	公司绝大多数员工有相当的决定权，不必经常向上级汇报	1	2	3	4	5	6
O22	上司能简单明了地向下属设定和传达工作目标	1	2	3	4	5	6

续表

序号	内 容	完全不赞同	基本不赞同	有点不赞同	有点赞同	基本赞同	完全赞同
O23	下属的工作成效能得到及时的肯定,公司建立基于绩效导向的奖励与晋升标准	1	2	3	4	5	6
O24	上司对员工的支持和鼓励很到位,上下级之间关系非常良好	1	2	3	4	5	6

五 对于公司与工作,我——

序号	内 容	完全不符合	基本不符合	有点不符合	有点符合	基本符合	完全符合
C1	很高兴在这个公司中度过我余下的职业生涯	1	2	3	4	5	6
C2	将公司的问题视为我自己的问题	1	2	3	4	5	6
C3	我愿成为公司家庭中的一部分	1	2	3	4	5	6
C4	我感到和公司有情感上的依恋关系	1	2	3	4	5	6
C5	这个公司对我而言有着很多的个人意义	1	2	3	4	5	6
C6	我对公司有一种很强烈的归属感	1	2	3	4	5	6
Q1	经常考虑辞去现在的工作	1	2	3	4	5	6
Q2	我经常想另谋工作	1	2	3	4	5	6
Q3	在别的单位找到合适工作的可能性很大	1	2	3	4	5	6

附件3 数据描述

单变量统计

	N	均值	标准差	缺失		极值数目[a]	
				计数	百分比	低	高
CP1	469	2.41	1.271	0	0.0	0	3
CP2	468	1.92	1.163	1	0.2	0	5
CP3	467	1.91	1.218	2	0.4	0	5
CP4	469	2.05	1.250	0	0.0	0	8
CP5	469	1.77	1.127	0	0.0	0	48
CP6	468	1.80	1.180	1	0.2	0	55
CP7	462	1.80	1.181	7	1.5	0	51
CP8	464	1.71	1.136	5	1.1	0	48
CP9	468	1.75	1.170	1	0.2	0	51
CP10	467	1.68	1.125	2	0.4	0	44
DE1	467	4.31	1.514	2	0.4	0	0
DE2	467	4.40	1.574	2	0.4	0	0
DE3	466	4.29	1.362	3	0.6	0	0
DE4	467	3.72	1.432	2	0.4	0	0
SE1	468	4.15	1.249	1	0.2	0	0
SE2	464	4.11	1.197	5	1.1	0	0
SE3	463	4.06	1.277	6	1.3	0	0
SE4	461	4.06	1.226	8	1.7	0	0
SE5	464	4.19	1.197	5	1.1	43	0
SE6	465	4.27	1.137	4	0.9	29	0
P11	464	3.90	1.325	5	1.1	0	0
P12	463	3.43	1.414	6	1.3	0	0

续表

	N	均值	标准差	缺失		极值数目[a]	
				计数	百分比	低	高
P13	467	3.99	1.340	2	0.4	0	0
P14	468	3.79	1.348	1	0.2	0	0
P15	467	4.02	1.249	2	0.4	0	0
P16	466	4.15	1.303	3	0.6	0	0
P17	467	4.05	1.280	2	0.4	0	0
P18	466	3.42	1.329	3	0.6	49	22
P21	465	3.86	1.198	4	0.9	0	0
P22	467	3.92	1.182	2	0.4	0	0
P23	463	3.96	1.203	6	1.3	0	0
P24	465	3.69	1.233	4	0.9	0	0
P31	464	3.72	1.283	5	1.1	0	0
P32	467	3.51	1.273	2	0.4	37	23
P33	464	3.70	1.253	5	1.1	0	0
G11	462	4.24	1.529	7	1.5	0	0
G12	463	3.93	1.335	6	1.3	0	0
G13	466	3.69	1.264	3	0.6	0	0
G14	467	3.44	1.364	2	0.4	49	29
G21	466	3.33	1.326	3	0.6	0	0
G22	467	3.82	1.434	2	0.4	0	0
G23	464	2.87	1.327	5	1.1	0	0
G24	468	3.23	1.338	1	0.2	0	0
G25	469	3.54	1.340	0	0.0	39	28
G26	469	3.36	1.371	0	0.0	0	0
E11	469	3.90	1.362	0	0.0	0	0
E12	469	3.64	1.242	0	0.0	0	0
E13	469	4.26	1.154	0	0.0	37	0
E21	466	3.79	1.188	3	0.6	0	0
E22	465	3.66	1.358	4	0.9	0	0
E23	467	4.03	1.155	2	0.4	0	0
E24	463	3.59	1.375	6	1.3	0	0
E31	467	3.82	1.218	2	0.4	0	0

续表

	N	均值	标准差	缺失		极值数目[a]	
				计数	百分比	低	高
E32	465	3.74	1.281	4	0.9	0	0
E33	466	3.80	1.295	3	0.6	0	0
E34	467	3.84	1.312	2	0.4	0	0
O11	468	3.70	1.264	1	0.2	0	0
O12	464	3.71	1.296	5	1.1	0	0
O13	466	3.82	1.209	3	0.6	0	0
O14	465	3.66	1.323	4	0.9	0	0
O15	464	3.52	1.364	5	1.1	0	0
O21	466	3.13	1.307	3	0.6	0	0
O22	467	3.87	1.159	2	0.4	0	0
O23	467	3.61	1.316	2	0.4	0	0
O24	464	3.70	1.340	5	1.1	0	0
C1	454	3.39	1.461	15	3.2	0	0
C2	468	3.76	1.221	1	0.2	0	0
C3	467	3.88	1.249	2	0.4	0	0
C4	466	3.56	1.330	3	0.6	45	30
C5	466	3.72	1.343	3	0.6	0	0
C6	467	3.55	1.378	2	0.4	0	0
Q1	464	3.23	1.433	5	1.1	0	0
Q2	469	3.25	1.448	0	0.0	0	0
Q3	469	3.49	1.386	0	0.0	52	38

a. 超出范围 ($Q1 - 1.5 \times IQR$, $Q3 - 1.5 \times IQR$) 的案例数。

附件4 初始正态程度表

变量	偏度		峰度		偏度和峰度	
	Z值	P值	Z值	P值	卡方	P值
CP1	3.684	0.000	-6.876	0.000	60.852	0.000
CP2	8.290	0.000	1.996	0.046	72.703	0.000
CP3	9.042	0.000	2.730	0.006	89.218	0.000
CP4	8.024	0.000	1.778	0.075	67.545	0.000
CP5	10.198	0.000	4.445	0.000	123.759	0.000
CP6	9.746	0.000	3.608	0.000	108.008	0.000
CP7	9.978	0.000	4.124	0.000	116.564	0.000
CP8	10.436	0.000	4.433	0.000	128.566	0.000
CP9	10.608	0.000	4.911	0.000	136.642	0.000
CP10	11.096	0.000	5.543	0.000	153.853	0.000
DE1	-5.486	0.000	-3.723	0.000	43.958	0.000
DE2	-6.080	0.000	-3.396	0.001	48.496	0.000
DE3	-5.587	0.000	-1.039	0.299	32.292	0.000
DE4	-2.766	0.006	-5.345	0.000	36.220	0.000
SE1	-4.326	0.000	-0.640	0.522	19.126	0.000
SE2	-4.087	0.000	0.125	0.900	16.718	0.000
SE3	-3.498	0.000	-2.694	0.007	19.493	0.000
SE4	-3.754	0.000	-0.905	0.366	14.907	0.001
SE5	-4.571	0.000	0.203	0.839	20.937	0.000
SE6	-3.468	0.001	-0.443	0.658	12.225	0.002
P11	-3.419	0.001	-2.541	0.011	18.144	0.000

续表

变量	偏度 Z值	偏度 P值	峰度 Z值	峰度 P值	偏度和峰度 卡方	偏度和峰度 P值
P12	-0.326	0.744	-6.108	0.000	37.411	0.000
P13	-3.966	0.000	-2.313	0.021	21.078	0.000
P14	-3.237	0.001	-2.488	0.013	16.673	0.000
P15	-3.741	0.000	-1.334	0.182	15.774	0.000
P16	-4.038	0.000	-1.241	0.215	17.847	0.000
P17	-3.326	0.001	-1.345	0.178	12.872	0.002
P18	-1.500	0.134	-4.182	0.000	19.740	0.000
P21	-3.585	0.000	-1.114	0.265	14.089	0.001
P22	-3.376	0.001	-0.660	0.509	11.835	0.003
P23	-3.401	0.001	-0.892	0.372	12.362	0.002
P24	-2.308	0.021	-1.470	0.142	7.487	0.024
P31	-2.193	0.028	-2.337	0.019	10.271	0.006
P32	-1.400	0.162	-2.628	0.009	8.863	0.012
P33	-2.308	0.021	-1.608	0.108	7.914	0.019
G11	-4.900	0.000	-4.008	0.000	40.069	0.000
G12	-3.896	0.000	-1.581	0.114	17.679	0.000
G13	-1.994	0.046	-2.493	0.013	10.192	0.006
G14	-0.953	0.341	-4.492	0.000	21.090	0.000
G21	-0.110	0.912	-4.238	0.000	17.974	0.000
G22	-2.883	0.004	-4.555	0.000	29.062	0.000
G23	2.117	0.034	-4.046	0.000	20.856	0.000
G24	-0.073	0.942	-5.027	0.000	25.275	0.000
G25	-1.660	0.097	-4.711	0.000	24.951	0.000
G26	-0.949	0.342	-4.937	0.000	25.271	0.000
E11	-4.770	0.000	-1.502	0.133	25.012	0.000
E12	-2.028	0.043	-2.558	0.011	10.658	0.005
E13	-4.370	0.000	0.001	0.999	19.101	0.000
E21	-2.292	0.022	-0.858	0.391	5.991	0.050
E22	-1.919	0.055	-3.646	0.000	16.978	0.000

附件 4　初始正态程度表

续表

变量	偏度		峰度		偏度和峰度	
	Z 值	P 值	Z 值	P 值	卡方	P 值
E23	-3.516	0.000	-0.854	0.393	13.094	0.001
E24	-1.767	0.077	-4.514	0.000	23.500	0.000
E31	-3.161	0.002	-0.453	0.650	10.197	0.006
E32	-2.395	0.017	-1.483	0.138	7.935	0.019
E33	-2.907	0.004	-1.947	0.051	12.244	0.002
E34	-2.941	0.003	-2.196	0.028	13.470	0.001
O11	-2.871	0.004	-2.449	0.014	14.238	0.001
O12	-3.591	0.000	-2.101	0.036	17.308	0.000
O13	-3.998	0.000	-0.736	0.462	16.528	0.000
O14	-1.955	0.051	-3.310	0.001	14.775	0.001
O15	-1.720	0.085	-4.074	0.000	19.556	0.000
O21	0.640	0.522	-4.272	0.000	18.663	0.000
O22	-3.374	0.001	-0.713	0.476	11.890	0.003
O23	-2.423	0.015	-3.081	0.002	15.362	0.000
O24	-2.530	0.011	-3.006	0.003	15.437	0.000
C1	-0.462	0.644	-7.501	0.000	56.479	0.000
C2	-1.271	0.204	-2.243	0.025	6.646	0.036
C3	-3.022	0.003	-1.167	0.243	10.492	0.005
C4	-2.376	0.017	-2.695	0.007	12.909	0.002
C5	-2.671	0.008	-3.216	0.001	17.477	0.000
C6	-1.397	0.162	-3.678	0.000	15.484	0.000
Q1	0.826	0.409	-5.734	0.000	33.561	0.000
Q2	0.901	0.368	-6.631	0.000	44.780	0.000
Q3	-1.005	0.315	-3.710	0.000	14.774	0.001

附件5 正态化数据表

变量	Z值	偏度 P值	Z值	峰度 P值	偏度和峰度 卡方	P值
CP1	3.171	0.002	-4.630	0.000	31.494	0.000
CP2	5.726	0.000	-3.693	0.000	46.429	0.000
CP3	6.306	0.000	-2.617	0.009	46.616	0.000
CP4	5.206	0.000	-4.014	0.000	43.215	0.000
CP5	7.092	0.000	-1.357	0.175	52.133	0.000
CP6	7.228	0.000	-1.272	0.203	53.861	0.000
CP7	6.954	0.000	-1.675	0.094	51.165	0.000
CP8	7.894	0.000	-0.250	0.802	62.372	0.000
CP9	7.001	0.000	0.716	0.474	49.532	0.000
CP10	7.524	0.000	1.472	0.141	58.775	0.000
DE1	-2.227	0.026	-5.383	0.000	33.933	0.000
DE2	-2.795	0.005	-6.764	0.000	53.567	0.000
DE3	-1.606	0.108	-3.338	0.001	13.724	0.001
DE4	-0.257	0.797	-3.133	0.002	9.879	0.007
SE1	-1.066	0.286	-2.086	0.037	5.490	0.064
SE2	-0.880	0.379	-1.650	0.099	3.497	0.174
SE3	-0.672	0.502	-1.216	0.224	1.931	0.381
SE4	-0.854	0.393	-1.722	0.085	3.693	0.158
SE5	-1.055	0.291	-1.677	0.093	3.927	0.140
SE6	-1.154	0.249	-1.744	0.081	4.372	0.112
P11	-0.625	0.532	-2.274	0.023	5.563	0.062
P12	0.264	0.792	-3.010	0.003	9.130	0.010
P13	-1.018	0.309	-1.881	0.060	4.576	0.101

续表

变量	偏度		峰度		偏度和峰度	
	Z值	P值	Z值	P值	卡方	P值
P14	-0.340	0.734	-2.491	0.013	6.319	0.042
P15	-0.820	0.412	-1.777	0.076	3.831	0.147
P16	-1.202	0.230	-2.809	0.005	9.334	0.009
P17	-0.926	0.354	-2.349	0.019	6.376	0.041
P18	0.273	0.785	-2.256	0.024	5.166	0.076
P21	-0.568	0.570	-1.172	0.241	1.697	0.428
P22	-0.599	0.549	-1.082	0.279	1.529	0.466
P23	-0.635	0.525	-1.277	0.202	2.034	0.362
P24	-0.204	0.839	-1.469	0.142	2.199	0.333
P31	-0.267	0.789	-1.856	0.063	3.517	0.172
P32	0.083	0.934	-1.755	0.079	3.088	0.214
P33	-0.421	0.674	-1.042	0.297	1.263	0.532
G11	-1.975	0.048	-5.912	0.000	38.853	0.000
G12	-0.611	0.541	-2.508	0.012	6.661	0.036
G13	-0.275	0.784	-1.631	0.103	2.735	0.255
G14	0.244	0.807	-2.586	0.010	6.746	0.034
G21	0.367	0.714	-2.261	0.024	5.245	0.073
G22	-0.541	0.588	-3.429	0.001	12.052	0.002
G23	1.492	0.136	-3.219	0.001	12.590	0.002
G24	0.633	0.526	-2.562	0.010	6.965	0.031
G25	-0.002	0.998	-2.158	0.031	4.655	0.098
G26	0.525	0.600	-2.792	0.005	8.069	0.018
E11	-0.443	0.658	-2.542	0.011	6.660	0.036
E12	-0.219	0.827	-1.422	0.155	2.070	0.355
E13	-1.182	0.237	-1.554	0.120	3.811	0.149
E21	-0.192	0.847	-0.613	0.540	0.412	0.814
E22	-0.138	0.890	-2.549	0.011	6.518	0.038
E23	-0.720	0.472	-1.037	0.300	1.594	0.451
E24	-0.235	0.815	-1.768	0.077	3.181	0.204
E31	-0.417	0.676	-1.305	0.192	1.879	0.391
E32	-0.248	0.804	-1.944	0.052	3.842	0.146

续表

变量	偏度		峰度		偏度和峰度	
	Z 值	P 值	Z 值	P 值	卡方	P 值
$E33$	-0.423	0.672	-1.968	0.049	4.054	0.132
$E34$	-0.494	0.621	-2.214	0.027	5.144	0.076
$O11$	-0.291	0.771	-1.619	0.105	2.706	0.259
$O12$	-0.228	0.819	-1.820	0.069	3.364	0.186
$O13$	-0.505	0.614	-1.261	0.207	1.844	0.398
$O14$	-0.192	0.847	-2.153	0.031	4.673	0.097
$O15$	0.163	0.871	-2.592	0.010	6.746	0.034
$O21$	0.745	0.456	-2.392	0.017	6.278	0.043
$O22$	-0.560	0.575	-0.986	0.324	1.286	0.526
$O23$	-0.039	0.969	-2.077	0.038	4.315	0.116
$O24$	-0.221	0.825	-2.327	0.020	5.465	0.065
$C1$	0.486	0.627	-3.586	0.000	13.098	0.001
$C2$	-0.378	0.705	-1.381	0.167	2.051	0.359
$C3$	-0.534	0.593	-1.653	0.098	3.017	0.221
$C4$	0.084	0.933	-2.203	0.028	4.861	0.088
$C5$	-0.247	0.805	-2.360	0.018	5.631	0.060
$C6$	0.081	0.936	-2.829	0.005	8.012	0.018
$Q1$	0.722	0.470	-3.592	0.000	13.427	0.001
$Q2$	0.687	0.492	-3.672	0.000	13.955	0.001
$Q3$	0.200	0.842	-2.981	0.003	8.929	0.012

图书在版编目(CIP)数据

家族企业与员工的双赢互动：海峡两岸企业民主参与实证研究／郑文智著.--北京：社会科学文献出版社，2017.4（2017.9 重印）
（华侨大学哲学社会科学文库.管理学系列）
ISBN 978－7－5097－9771－6

Ⅰ.①家… Ⅱ.①郑… Ⅲ.①海峡两岸－家族－私营企业－企业管理－民主管理－研究 Ⅳ.①F279.245

中国版本图书馆 CIP 数据核字（2016）第 235263 号

华侨大学哲学社会科学文库·管理学系列
家族企业与员工的双赢互动
——海峡两岸企业民主参与的实证研究

著　　者／郑文智
出 版 人／谢寿光
项目统筹／王　绯　刘　荣
责任编辑／赵慧英　郑茵中

出　　版／社会科学文献出版社·社会政法分社（010）59367156
　　　　　地址：北京市北三环中路甲29号院华龙大厦　邮编：100029
　　　　　网址：www.ssap.com.cn
发　　行／市场营销中心（010）59367081　59367018
印　　装／北京京华虎彩印刷有限公司
规　　格／开本：787mm×1092mm　1/16
　　　　　印　张：19.5　字　数：300千字
版　　次／2017年4月第1版　2017年9月第2次印刷
书　　号／ISBN 978－7－5097－9771－6
定　　价／78.00元

本书如有印装质量问题，请与读者服务中心（010-59367028）联系

▲ 版权所有 翻印必究